EDMUND W. FALLER

Gewaltsame Flugzeugentführungen aus völkerrechtlicher Sicht

Schriften zum Völkerrecht

Band 21

Gewaltsame Flugzeugentführungen aus völkerrechtlicher Sicht

Von

Dr. Edmund W. Faller, LL.M.

DUNCKER & HUMBLOT / BERLIN

Gedruckt 1972 bei Buchdruckerei Bruno Luck, Berlin 65
Printed in Germany
ISBN 3 428 02657 8

Vorwort

Das Manuskript der vorliegenden Arbeit wurde im August 1970 abgeschlossen. Es wurde durch Hinweise auf wesentliche spätere Entwicklungen ergänzt.

Meinem hochverehrten Lehrer, Herrn Professor Dr. *Seidl-Hohenveldern* bin ich für die Anregung zu diesem Forschungsvorhaben und dessen verständnisvolle Betreuung zu tiefem Dank verpflichtet. Dem Nestor des Luftrechts, Herrn Professor Dr. Alex *Meyer*, danke ich als sein früherer Assistent und Schüler für wertvolle Hinweise. Mein Dank gilt ferner Herrn Professor Dr. Alfred *Rudolf* für seine unermüdliche tatkräftige Unterstützung und kritischen Anmerkungen. Dieser förderlichen Kritik bedurfte es um so mehr, als die weltweit in vielfältigen Erscheinungsformen auftretenden Flugzeugentführungen ein hochaktuelles, noch in ständiger Entwicklung begriffenes Phänomen darstellen, bei dessen rechtlicher Behandlung häufig genug Neuland zu betreten war.

Edmund W. Faller

Inhaltsverzeichnis

Abkürzungsverzeichnis 15

Einführung 17

I. Die Gefährdung der Luftfahrt durch gewaltsame Flugzeugentführungen 17

II. Flugzeugentführungen als Problem des Völkerrechts 19

1. Die völkerrechtliche Fragestellung 19

2. Der Vorrang von Zweckmäßigkeitserwägungen 20

III. Möglichkeiten zur weltweiten Bekämpfung 20

1. Das Fehlen geeigneter Schutzmaßnahmen vor dem Start und während des Fluges 21

2. Die Notwendigkeit einheitlicher rechtlicher Sanktionen der Landestaaten 24

IV. Über die Aufgabe der Arbeit 25

Erster Teil

Erster Abschnitt: Der Tatbestand der Flugzeugentführung 28

Erstes Kapitel:

Überblick über völkerrechtlich bedeutsame Hijacking-Fälle 28

I. Allgemeines 28

II. Flugzeugentführungen in Europa 28

III. Flugzeugentführungen im Mittelmeerraum 31

IV. Flugzeugentführungen in anderen Teilen der Welt 35

1. Asien 35

2. Afrika 37

3. Amerika ... 37

Zweites Kapitel: Typische Wesensmerkmale der Flugzeugentführungen 40

I. Begriffsbestimmung ... 40

II. Zur Begriffsbezeichnung ... 41

Drittes Kapitel: Der politische Aspekt vieler Flugzeugentführungen 45

I. Einleitung ... 45

II. Flugzeugentführungen als Kriegshandlungen? ... 46

1. Der Begriff der Kriegshandlung ... 47
2. Der Mohamed Ali-Fall ... 50
3. Ergebnis ... 51

III. Flugzeugentführungen als politische Terrorakte ... 52

IV. Zusammenfassung ... 53

V. Zur Haltung der mit Israel verfeindeten Landestaaten ... 53

Zweiter Abschnitt: Der gegenwärtige Stand der internationalen und nationalen Bemühungen um eine wirksame Bekämpfung gewaltsamer Flugzeugentführungen 56

Erstes Kapitel: Die bisherige Tätigkeit der für die Sicherheit der internationalen Zivilluftfahrt verantwortlichen zwischenstaatlichen Organisationen 56

I. Die Internationale Zivilluftfahrt-Organisation (ICAO) ... 56

1. Die Empfehlung zur unverzüglichen Ratifizierung des Tokioter Abkommens ... 56
2. Die Vorarbeiten zur Schaffung eines neuen multilateralen Abkommens ... 59

II. Die Behandlung des Hijacking-Problems innerhalb der Vereinten Nationen ... 62

Zweites Kapitel: Der Tatbestand der Flugzeugentführung im nationalen Recht 66

I. USA ... 66

II. Australien ... 68

III. Portugal ... 69

IV. Mexiko ... 69

V. Kuba ... 70

VI. Argentinien ... 70

VII. Frankreich ... 70

VIII. Deutschland ... 71

Zweiter Teil

Erster Abschnitt: Die völkerrechtliche Zulässigkeit direkter hoheitlicher Maßnahmen gegenüber Flugzeugen, die in die Hand bewaffneter Entführer gefallen sind 73

Einleitung ... 73

Erstes Kapitel: Die Ausübung von Hoheitsgewalt und ihre territoriale Begrenzung im Gefüge des allgemeinen internationalen Luftrechts 74

I. Das Prinzip der Lufthoheit als Grundlage des internationalen Luftrechts ... 74

II. Ergebnis ... 76

III. Der Grundsatz der Meeresfreiheit in seiner Bedeutung für die Luftfahrt ... 76

IV. Der Grundsatz der ausschließlichen Hoheitsgewalt des Flaggenstaates bei Flügen über der hohen See ... 77

V. Ergebnis ... 80

Zweites Kapitel: Das Recht der Nacheile (hot pursuit, droit de suite) 80

I. Zur Anwendbarkeit dieses Rechtsinstituts auf die Luftfahrt ... 80

II. Die tatsächlichen und rechtlichen Grenzen der Anwendbarkeit ... 83

III. Der rechtliche Zusammenhang zwischen der Ausübung des Nacheilerrechts und der Breite der Küstengewässer ... 84

IV. Ergebnis ... 86

Drittes Kapitel: Gestattet das Völkerrecht das Anhalten eines entführten fremden Flugzeugs im Wege einer Geschäftsführung ohne Auftrag? 86

Zweiter Abschnitt: Gelten die völkerrechtlichen Piraterieregeln auch für die gewaltsame Entführung von Luftfahrzeugen? 88

Erstes Kapitel: Allgemeines 88

I. Einleitung ... 88

II. Der Cadon-Fall ... 89

III. Die heutige Bedeutung des Piraterierechts ... 89

IV. Gang der Darstellung ... 91

V. Bisherige Kodifikationsversuche ... 91

1. Kodifikationsarbeiten im Rahmen des Völkerbundes ... 91
2. Der Entwurf der Harvard Law School ... 92
3. Die Arbeit der UN-Völkerrechtskommission ... 93

Zweites Kapitel: Die Rechtsnatur der Piraterieregeln 93

I. Das klassische Piraterierecht ... 93

II. Der Meinungsstreit über die Rechtsnatur der Piratieregeln ... 95

III. Stellungnahme zu diesem Meinungsstreit ... 95

1. Der Pirat — als Feind der Menschheit rechtlos? ... 95
2. Das Piraterierecht — ein Beispiel für das Bestehen völkerrechtlicher Strafnormen oder lediglich eine vom Völkerrecht eingeräumte besondere staatliche Strafkompetenz? ... 97

a) Entscheidungen nationaler Gerichte ... 97

b) Die Stellung des Einzelnen innerhalb der Völkerrechtsordnung 98

aa) Der Begriff der Völkerrechtssubjektivität ... 98

bb) Die Rechtslage bis zum Ende des 1. Weltkrieges ... 99

cc) Gegenwärtige Rechtslage ... 100

c) Überprüfung der überkommenen Piraterieregeln anhand dieser Grundsätze ... 102

IV. Ergebnis ... 104

V. Die Rechtslage nach Inkrafttreten des Genfer Abkommens über die Hohe See ... 105

VI. Zusammenfassung 107

Drittes Kapitel: Der Tatbestand der völkerrechtlichen Piraterie 108

I. Abgrenzung von innerstaatlichen Pirateriebestimmungen.......... 108

II. Die im GAHS niedergelegte Definition 109

III. Die Voraussetzungen für eine universelle Geltung völkerrechtlicher Normen 112

1. Der gewohnheitsrechtbildende Charakter von Verträgen 112

2. Der Nordsee-Festlandsockel-Fall 114

Viertes Kapitel: Die einzelnen Tatbestandsmerkmale der Piraterie 116

I. Der traditionelle Pirateriebegriff 117

II. Die Ausdehnung des Pirateriebegriffs im modernen Völkerrecht .. 117

1. Die Erstreckung der Pirateriereregeln auf Luftfahrzeuge 118

2. Der Schauplatz der Piraterie 119

3. Tathandlung und Motive 121

a) Die Piraterie — eine Gewalttat 121

b) Der private Charakter der Tat 123

aa) Wesensmäßige Beschränkung auf nicht durch ein Völkerrechtssubjekt autorisierte Gewaltakte 123

bb) Das Erfordernis der „private ends“ 125

cc) Der Santa Maria-Fall 125

4. Gewaltakte an Bord von See- und Luftfahrzeugen 127

III. Zusammenfassung 132

IV. Ergebnis 133

1. Flugzeugentführungen als Akte völkerrechtlicher Piraterie 133

2. Die Lücke im Genfer Hochseeabkommen 133

3. Die Möglichkeit einer Abkommensänderung 134

4. Zur Ausdehnung des Pirateriebegriffs im Wege besonderer vertraglicher Vereinbarung 136

Dritter Teil

Zur Frage der Erforderlichkeit neuen Völkervertragsrechts für die Bekämpfung transnationaler Flugzeugentführungen 138

Erstes Kapitel: Straftaten mit Auslandselementen als Gegenstand inländischer Jurisdiktion 138

I. Einleitung ... 138

II. Der sachliche Geltungsbereich nationaler Strafgerichtsbarkeiten und ihre völkerrechtlichen Grenzen ... 139

III. Die kumulative Geltung nationaler Strafkompetenzen ... 146

IV. Erfordern die besonderen Verhältnisse der internationalen Luftfahrt eine von den allgemeinen strafrechtlichen Jurisdiktionsbefugnissen abweichende Zuständigkeitsregelung? ... 147

V. Die grundlegende Bedeutung des Territorialitätsprinzips für eine Bestrafung von Flugzeugentführern in den Landestaaten ... 147

VI. Zusammenfassung ... 149

Zweites Kapitel: Die juridiktionellen Grundsätze des Tokioter Abkommens von 1963 über strafbare und bestimmte andere Handlungen an Bord von Luftfahrzeugen 150

I. Die Vorgeschichte des Abkommens ... 150

II. Der sachliche und geographische Anwendungsbereich des Abkommens ... 151

III. Die Regelung der strafrechtlichen Zuständigkeiten ... 151

IV. Die vertragliche Anerkennung der strafrechtlichen Zuständigkeit des Eintragungsstaates ... 152

V. Kritische Würdigung und Alternativvorschlag ... 153

1. Welche Vorteile brächte eine globale Ratifizierung für die Strafverfolgung transnationaler Flugzeugentführungen? ... 153
2. Grundsätzliche Bedenken ... 155
3. Die Alternative: Schaffung eines besonderen Straftatbestandes zum Schutze der Sicherheit des Flugverkehrs ... 157
4. Ergebnis ... 158

Drittes Kapitel: Besteht kraft geltenden Völkerrechts eine staatliche Verpflichtung zur strafrechtlichen Verfolgung von Flugzeugentführern? 159

I. Einleitung ... 159

II. Die vertraglichen Verpflichtungen gemäß Art. 12 des Abkommens von Chicago 159

III. Wesen und Inhalt der Luftverkehrsregeln 160

IV. Flugzeuginsassen als Verkehrsteilnehmer 161

V. Der Kreis der zur Beachtung der Luftverkehrsvorschriften Verpflichteten im deutschen Recht 163

VI. Zusammenfassung 164

VII. Ergebnis 165

Viertes Kapitel: Ausblick auf künftige völkervertragliche Regelungen: Der ICAO-Entwurf eines internationalen Abkommens über die rechtswidrige Inbesitznahme von Luftfahrzeugen 168

I. Einleitung 168

II. Der sachliche und geographische Anwendungsbereich des Abkommens 168

1. Der Begriff der strafbaren Handlung 168
2. Zur Begriffsbezeichnung 171
3. Die unter den Abkommensentwurf fallenden Luftfahrzeuge 171
4. Der geographische Geltungsbereich 172

III. Die Bestrafung der Hijacking-Tatbestände nach nationalem Recht 173

IV. Die Regelung der strafrechtlichen Zuständigkeiten 174

V. Staatliche Verpflichtung zur vorläufigen Festnahme von Hijackern 176

VI. Die vertragliche Regelung der Strafverfolgung 177

VII. Auslieferung (Art. 8) 178

1. Flugzeugentführungen als Auslieferungstaten 178
2. Zur Auslieferung politischer Täter 179
3. Der Begriff des politischen Verbrechens in der internationalen Auslieferungspraxis 179
   a) Das Prinzip der Nichtauslieferung politischer Straftäter 179
   b) Zur Abgrenzung des asylwürdigen politischen Delikts gegenüber dem gemeinen Verbrechen 180
   c) Zur Asylwürdigkeit von Flugzeugentführungen als Mittel einer Flucht vor politischer Verfolgung 183
      aa) Der Jugoslawische Flugzeugfall 184
      bb) Der Kolcynski-Fall 186

d) Ergebnis 186

VIII. Zusammenfassung 187

Schlußbetrachtung 190

Anhang A: Draft Convention Concerning the Unlawful Seizure of Aircraft Prepared by the Legal Committee of the ICAO During its Seventeenth Session 192

Anhang B: Text des Abkommens zur Bekämpfung der widerrechtlichen Inbesitznahme von Luftfahrzeugen, gezeichnet in Den Haag am 16. Dezember 1970 195

Literaturverzeichnis 201

Abkürzungsverzeichnis

ABAJ	= American Bar Association Journal
A. C.	= British House of Lords and Judicial Committee of the Privy Council, Appeal Cases
AF	= Annuaire Français de Droit International
AJIL	= American Journal of International Law
Ann.	= Annuaire de l'institut de droit international
ArchfLR	= Archiv für Luftrecht
ArchÖR	= Archiv des öffentlichen Rechts
ArchVR	= Archiv des Völkerrechts
ASDA	= Association Suisse de Droit Aérien
A. S. Proc.	= Proceedings of the American Society of International Law
BGBl.	= Bundesgesetzblatt
BYIL	= British Yearbook of International Law
CanBR	= Canadian Bar Review
CanYIL	= Canadian Yearbook of International Law
CINA	= Convention Internationale portant Réglementation de la Navigation Aérienne
C. Rob.	= Christopher Robinson's English Admiralty Reports
CITEJA	= Comité International Technique d'Experts Juridiques Aériens
CJIA	= Comité Juridique International de l'Aviation
CLP	= Current Legal Problems (Hrsg. Keeton u. Schwarzenberger)
Cmd	= Great Britain, Parliamentary Papers by Command
GAHS	= Genfer Abkommen über die Hohe See v. 29. 4. 1958
Genfer Seerechts-konferenz	= Seerechtskonferenz, United Nations 1958. Final Act, Protocol and Declarations UN Doc. (A) Conf. 13/L. 52—57
Grot. Soc.	= Transactions of the Grotius Society
Hackworth	= Digest of International Law, US Government Printing Office, 8 Bände
Harv. Entw.	= Entwurf der Harvard Law School
Harv. L. Rev.	= Harvard Law Review
Harv. Res.	= Harvard Law School Research
IATA	= International Air Transport Association
ICAO	= International Civil Aviation Organization — Internationale Zivilluftfahrt-Organisation
ICJ	= International Court of Justice
ICLQ	= International and Comparative Law Quarterly
IFALPA	= International Federation of Air Line Pilots' Association
IGH	= Internationaler Gerichtshof — International Court of Justice

ILA	= International Law Association
ILR	= International Law Reports (Hrsg. Lauterpacht)
Interpol	= Organisation internationale de police criminelle
JALC	= Journal of Air Law and Commerce
JIR	= Jahrbuch für internationales Recht
JuS	= Juristische Schulung
LNTS	= League of Nations Treaties Series
McGLJ	= McGill Law Journal
Niemeyer	= Niemeyers Zeitschrift für internationales Recht
PICAO	= Provisional International Civil Aviation Organization
Q. B.	= Queen's Bench Division of the English High Court of Justice
RdC	= Recueil des Cours de l'Académie de Droit International
RDI (Paris)	= Revue de droit international (La Pradelle u. Politis)
RepILA	= International Law Association, Reports
RFDA	= Revue Française de Droit Aérien
RGA	= Revue Générale de l'Air
RGDIP	= Revue Générale de Droit International Public
RIDP	= Revue Internationale de Droit Pénal
Sp.	= Spinks' Admiralty and Ecclesiastical Reports (Gr. Brit.)
StIGH	= Ständiger Internationaler Gerichtshof
SVLR	= Schweizer Vereinigung für Luftrecht
SVN	= Satzung der Vereinten Nationen
UNO	= United Nations Organization
UNTS	= United Nations Treaties Series
UNYB	= United Nations Yearbook
VN	= Vereinte Nationen
VR	= Völkerrecht
WdVR	= Wörterbuch des Völkerrechts von Strupp/Schlochauer
ZaöRVR	= Zeitschrift für ausländisches öffentliches Recht und Völkerrecht
ZIPRStR	= Zeitschrift für internationales Privat- und Strafrecht
ZIR	= Zeitschrift für internationales Recht
ZLR	= Zeitschrift für Luftrecht
ZLW	= Zeitschrift für Luftrecht und Weltraumrechtsfragen
ZöR	= Zeitschrift für öffentliches Recht
ZstW	= Zeitschrift für die gesamte Strafrechtswissenschaft
ZVR	= Zeitschrift für Völkerrecht

Einführung

I. Die Gefährdung der Luftfahrt durch gewaltsame Flugzeugentführungen

In jüngster Zeit wird die Sicherheit des internationalen Luftverkehrs immer häufiger durch Zwischenfälle bedroht, bei denen die Besatzungen von Verkehrsflugzeugen durch Insassen mit Waffengewalt gezwungen wurden, den Flugkurs zu ändern und in einem anderen als dem vorgesehenen Bestimmungsstaat zu landen. Wurden in früheren Jahren lediglich vereinzelte Fälle solcher gewaltsamen Flugzeugentführungen bekannt[1], so stieg deren Zahl im Laufe des Jahres 1968 sprunghaft auf achtunddreißig an. In den folgenden Jahren haben diese in Kreisen der Luftfahrt als *Hijacking*[2] bezeichneten Gewalttaten weiterhin erheblich zugenommen: Mit achtundachtzig versuchten oder vollendeten Flugzeugentführungen im Jahre 1969 und weiteren zweiundsechzig Hijacking-Fällen bis zum September 1970 hat sich deren Gesamtzahl bereits auf mehr als zweihundert erhöht[3]. Angesichts dieser erschreckenden Bilanz ist es wohl verständlich, daß die internationale Presse in

---

[1] Eine Ausnahme bildet das Jahr 1961, in dem bereits sieben amerikanische und venezolanische Flugzeuge nach Kuba und Curaçao sowie eine portugiesische Verkehrsmaschine nach Tanger entführt wurden.

[2] Dieser aus der amerikanischen Umgangssprache stammende Begriff hat seinen Ursprung in einem bei Raubüberfällen gebräuchlichen Befehl an das Opfer: „Stick your hands up *high, Jack*" oder einfach „Hands up *high, Jack*", wobei „Jack" die gewöhnliche Anrede für eine männliche Person unbekannter Identität bedeutete. Besonders gebräuchlich wurde der Ausdruck in den USA zur Zeit der Prohibition; und zwar diente er zur Bezeichnung bestimmter bewaffneter Banden, die sich darauf spezialisiert hatten, den von der hohen See aus operierenden Alkoholschmugglern, den sogenannten rumrunners, das illegal eingeführte Gut vor oder nach der Landung gewaltsam wegzunehmen. Nachdem sich alsdann für die Täter aller mit Waffengewalt ausgeführten Überfälle statt des herkömmlichen Ausdrucks „robber" die Bezeichnung „high-jacker" eingebürgert hatte, lag es wohl nahe, diese Bezeichnung auf den neuen, durch die Besonderheiten der Luftfahrt geprägten Tätertyp zu übertragen. Mittlerweile hat dieser Ausdruck nicht nur Eingang in das luftrechtliche Schrifttum, sondern auch in die offiziellen Dokumente internationaler Organisationen und Staatenkonferenzen gefunden. Den späteren Wechsel der Schreibweise von *„high"* zu *„hijacker"* bezeichnet *Mencken*, The American Language Supplement II, 1948, S. 671, als „a corruption typical of a modern tendency in America". Hinsichtlich der Zweckmäßigkeit dieser Bezeichnung vgl. die Ausführungen zur Begriffsbezeichnung im 1. Teil, II. Kapitel.

[3] Diese Angaben beruhen auf Auskünften der amerikanischen Federal Aviation Agency, des US-Department of Justice, der International Air Transport Association (IATA) sowie einer eigenen langjährigen Fallsammlung.

ihren Kommentaren wiederholt erklärt hat, der Weltluftverkehr werde gegenwärtig von einer „Welle der Luftpiraterie" heimgesucht[4].

Welche Bedrohung das *Hijacking* für die Sicherheit des Flugverkehrs bedeutet, zeigt ein Blick auf die besonderen Verhältnisse der Luftfahrt und die ihr eigentümlichen Gefahrenlagen: Moderne Verkehrsflugzeuge, die mit einem Gewicht von über 100 Tonnen sowie mehreren hundert Passagieren an Bord dichtbesiedelte Gebiete überfliegen, sind aufgrund ihrer komplizierten Technik und der hohen Reisegeschwindigkeiten äußerst anfällig gegenüber unbefugten Eingriffen in ihre Flugführung. Jede gewaltsame Beeinträchtigung des labilen Flugzustandes kann zum sofortigen Absturz und damit zum Tod sämtlicher Insassen sowie Dritter auf der Erde führen.

Nach Auskunft des Internationalen Pilotenverbandes[5] besteht die Gefahr eines durch einen Hijacking-Zwischenfall verursachten Absturzes vornehmlich aufgrund folgender Umstände:

1. Ein Kampf zwischen der Besatzung und den Tätern kann zum völligen Verlust der Kontrolle über das Luftfahrzeug führen.
2. Bei den in großen Höhen fliegenden Düsenverkehrsflugzeugen genügt bereits ein einziges bei einem Schußwechsel abprallendes Geschoß, um die Wandung der Druckkabine zu durchschlagen und die gesamte Druckluft explosionsartig entweichen zu lassen.
3. Da das Flugzeug von seinem ursprünglichen Kurs gewaltsam abgedrängt wird und die Besatzung folglich nicht länger in der Lage ist, den Anweisungen der Flugsicherheitsbehörden zu folgen, droht in den bereits überfüllten Luftstraßen ein Zusammenstoß mit anderen Flugzeugen.
4. Als sonstige Absturzursachen kommen schließlich noch ungenügende Treibstoffreserven, schlechte Sichtverhältnisse und mangelnde Vertrautheit der Besatzung mit dem Ort der erzwungenen Landung sowie fehlende Eignung dieses Platzes für eine gefahrlose Landung des betreffenden Flugzeugtyps in Betracht.

Die Gefährlichkeit des Hijackings wird sich mit dem allgemeinen Einsatz von Großraumflugzeugen, den sogenannten Jumbo-Jets, mit einer Beförderungskapazität von 400 bis 500 Passagieren sowie der nicht allzufernen Einführung des Überschall-Reiseverkehrs noch beträchtlich erhöhen[6].

---

[4] So u. a. wiederholt die Frankfurter Allgemeine Zeitung, der Spiegel, Le Monde, die New York Times, Newsweek und Time Magazine. Auf eine genaue Fundstellenangabe wurde wegen des geringen wissenschaftlichen Wertes dieser Feststellung verzichtet.

[5] International Federation of Airline Pilots' Association (IFALPA), Bericht vor der 16. Vollversammlung der Internationalen Zivilluftfahrtorganisation (ICAO) im September 1968, ICAO Doc. A 16-Min. LE/3, S. 30.

[6] Der erste planmäßige Transatlantikflug eines Jumbo-Jets vom Typ Boeing 747 erfolgte am 22. 1. 1970 auf der Strecke New York—London, die erste gewaltsame Entführung eines solchen Großraumflugzeugs nach Kuba

II. Flugzeugentführungen als Problem des Völkerrechts

Das charakteristische Merkmal aller Hijacking-Zwischenfälle ist der Plan des Täters, das gewaltsam in Besitz genommene Luftfahrzeug und seine Insassen aus der Jurisdiktion eines Staates in den Hoheitsbereich eines anderen Staates zu verbringen. Damit reichen die Auswirkungen dieser gefährlichen Gewalttaten über die Grenzen eines einzelnen Landes und seiner nationalen Strafgewalt hinaus und berühren unmittelbar die Rechtssphäre anderer Staaten. Mit dem von *Jessup* in seinem Werk „Transnational Law“[7] geprägten Begriff lassen sich daher die Hijacking-Fälle wohl am treffendsten als grenzüberschreitende oder *transnationale Unrechtstatbestände* charakterisieren.

1. Die völkerrechtliche Fragestellung

Für das Völkerrecht werfen diese transnationalen Gewaltakte eine Fülle von Fragen auf. In der Reihenfolge des zeitlichen Ablaufs eines Hijacking-Zwischenfalles sind hier als wichtigste zu nennen:

a) Die durch den Schauplatz der Tat und die Staatszugehörigkeit des entführten Luftfahrzeugs entstehenden Rechtsprobleme: Entführungen von Luftfahrzeugen, die nach internationalem Luftrecht die Staatszugehörigkeit des Registerstaates besitzen, wurden begonnen oder fortgesetzt beim Flug durch den Luftraum über der hohen See und der Anschlußzone sowie über den Landgebieten und Küstengewässern eines oder mehrerer Staaten. Hier stellt sich die Frage nach dem räumlichen und sachlichen Geltungsbereich staatlicher Jurisdiktion und ihrer durch die Völkerrechtsordnung gezogenen Grenzen. Dabei geht es zunächst um die Zulässigkeit hoheitlicher Zwangsmaßnahmen, die darauf abzielen, ein im nationalen Luftraum befindliches Flugzeug fremder Nationalität oder aber ein bereits über die Landesgrenzen hinaus gelangtes eigenes oder fremdes Luftfahrzeug zu verfolgen und aufzubringen, um die rechtmäßige Kommandogewalt an Bord wiederherzustellen. Sodann fragt es sich, welche nationale Gerichtsbarkeit zur strafrechtlichen Ahndung berufen ist, welches materielle Strafrecht hierbei Anwendung findet und ob im Falle der strafrechtlichen Zuständigkeit mehrerer Staaten für dieselbe Tat völkerrechtliche Regeln zur Lösung dieses Kompetenzkonfliktes bestehen.

---

im August 1970. Am 6. September 1970 wurde ein weiterer Jumbo-Jet auf dem Flug Amsterdam—New York von Angehörigen der Palästinensischen Befreiungsfront zur Kursänderung gezwungen und nach einer Zwischenlandung in Beirut auf dem Kairoer Flughafen in die Luft gesprengt.

[7] *Philip Jessup*, Transnational Law, New York, 1956.

b) Mit der erzwungenen Landung in einem anderen als dem im Flugplan vorgesehenen Zielstaat ergeben sich weitere völkerrechtliche Probleme: Welche Befugnisse besitzen die Strafverfolgungsbehörden des Landestaates bezüglich einer außerhalb ihres Hoheitsgebietes an Bord ausländischer Luftfahrzeuge begangenen Straftat? Läßt sich eine Strafwürdigkeit dieser transnationalen Gewaltakte bereits unmittelbar aus dem geltenden Völkerrecht herleiten oder bestimmt sie sich bislang ausschließlich nach innerstaatlichem Recht? Besteht für den Landesstaat eine völkerrechtliche Verpflichtung zur strafrechtlichen Verfolgung oder zur Auslieferung an den Flaggenstaat? Verlangen diejenigen Entführungsfälle, bei denen eine politisch motivierte Handlungsweise offenkundig ist, eine abweichende rechtliche Beurteilung? Welche Rechte und Pflichten bestehen endlich gegenüber den entführten Passagieren, der Besatzung, dem Flugzeug und seiner Ladung?

c) Von erheblicher völkerrechtspolitischer Bedeutung ist schließlich die Frage, ob eine wirksame Bekämpfung gewaltsamer Flugzeugentführungen bereits auf der Grundlage des geltenden Völkerrechts möglich ist oder es hierzu der Schaffung eines besonderen multilateralen Rechtshilfeabkommens bedarf — vergleichbar den bestehenden Kollektivverträgen zur Bekämpfung der Piraterie, des Sklaven-, Frauen- und Kinderhandels oder des Völkermords.

2. *Der Vorrang von Zweckmäßigkeitserwägungen*

Mag die Fülle der angeführten Rechtsprobleme zunächst auch verwirren, so ist doch bereits an dieser Stelle darauf hinzuweisen, daß den einzelnen Punkten dieses umfangreichen Fragenkatalogs bei der Bekämpfung der Hijacking-Zwischenfälle keineswegs die gleiche praktische Bedeutung zukommt. Diese Tatsache ist bei einer sachgerechten Erörterung zu berücksichtigen, die folglich unter dem „Gebot von Notwendigkeiten"[8] stehen muß, welche sich aus den gegenwärtigen politischen Verhältnissen, der Eigenart dieser Gewaltakte sowie den technisch-betrieblichen Gegebenheiten des internationalen Luftverkehrs ergeben.

III. Möglichkeiten zur weltweiten Bekämpfung

Obgleich Hijacking-Fälle in der Geschichte der Luftfahrt nun schon seit mehr als zwanzig Jahren bekannt sind, ist es bislang nicht gelungen, ihnen wirksam zu begegnen. Hierzu bedarf es einiger Erläuterungen.

---

[8] *Mendelssohn-Bartholdy*, A., in Das internationale Strafrecht im künftigen Strafgesetzbuch, Dt. Str. R. Z. 1914, S. 89.

Zur Bekämpfung dieser Gewaltakte kommen folgende Möglichkeiten in Betracht:

a) *Präventive* Kontroll- und Sicherheitsvorkehrungen vor dem Abflug. Ihre Aufgabe wäre es zu verhüten, daß potentielle Täter überhaupt an Bord eines Luftfahrzeugs gelangen können.

b) Technische und polizeiliche Maßnahmen der *konkreten* Verbrechensbekämpfung, die darauf abzielen, die Tatverwirklichung mit Mitteln zu vereiteln, die für die Flugsicherheit gefahrlos sind. Hierzu zählt auch die Verfolgung, das Anhalten und Aufbringen der in die Hand eines Hijackers geratenenen Flugzeuge.

c) *Repressive* Maßnahmen der Strafverfolgung nach der Landung. Ihre Aufgabe muß es sein, den Täter ungeachtet seiner Nationalität in dem jeweiligen Landestaat einer der Schwere seiner Tat angemessenen Bestrafung zuzuführen oder aber ihn auszuliefern. Von größter Bedeutung ist hierbei die generalpräventive Wirkung dieser Maßnahmen, also ihre verbrechenshemmende, psychologische Einwirkung auf die Allgemeinheit.

1. Das Fehlen geeigneter Schutzmaßnahmen vor dem Start und während des Fluges

a) Es gibt bereits eine beträchtliche Anzahl von Vorschlägen zur frühzeitigen Erkennung und Bekämpfung potentieller Täter, doch fehlt es ihnen allen entweder an der erforderlichen technischen Zuverlässigkeit oder aber an der praktischen Durchführbarkeit. So bietet der naheliegende Gedanke, alle Passagiere vor dem Einsteigen durch elektronische Geräte auf mitgeführte Waffen zu überprüfen, in der Praxis kaum überwindbare Schwierigkeiten. Denn alle bisher bekannten Kontrollgeräte sprechen nicht nur auf Waffen, sondern auch auf jeden anderen mitgeführten harmlosen Metallgegenstand, nicht aber auf Dynamit und Plastiksprengstoffe an, die bereits mehrfach von Entführern verwandt wurden[9]. Zwar wird in dem von Flugzeugentführungen am stärksten betroffenenen Land, den USA, schon seit längerer Zeit an der Verbesserung derartiger Kontrollsysteme gearbeitet, aber — wie die unvermindert hohe Zahl erzwungener Landungen auf Kuba zeigt — bislang ohne nennenswerten Erfolg. Nach sorgfältiger Prüfung der Verwendungsmöglichkeiten von Röntgenstrahlen, Radar und elektromag-

---

[9] So benutzten etwa die Angehörigen der „Volksfront für die Befreiung Palästinas“ bei ihren spektakulären Flugzeugentführungen im September 1970 kunststoffummantelte Handgranaten sowie Pistolen, bei denen nahezu alle Metallteile durch Plastik ersetzt worden waren, und gelangten auf diese Weise ungehindert durch alle Kontrollen.

netischen Suchgeräten hat die amerikanische Bundesluftfahrtbehörde (Federal Aviation Agency) hierzu erklärt:

„Counting proposed weapon detection devices, the FAA has reviewed about 100 different suggestions on how to stop hijackers. None have been deemed practical at least for immediate application ... Many of the detection methods now under consideration involve a number of drawbacks and even might be a potential source of harm to the passenger ... In some cases there is a high probability of the device giving a false alarm. In other cases, use of the method would unduly delay passengers and aggravate congestion in the terminal[10]."

Damit ist bereits die Hauptschwierigkeit für den Einsatz derartiger Kontrollgeräte aufgezeigt, nämlich ihre mangelnde Praktikabilität angesichts der Millionenzahl der auf den großen Flughäfen abzufertigenden Fluggäste[11]. Im übrigen dürfte es aber auch rechtlich bedenklich sein, jeden an Bord gehenden Fluggast bereits ohne den konkreten Verdacht einer strafbaren Handlung einer Durchsuchung seines Gepäcks oder gar einer Leibesvisitation zu unterziehen[12]; es sei denn, der Passagier habe sich hierzu im Rahmen der seiner Flugreise zugrunde liegenden Beförderungsbedingungen vertraglich verpflichtet[13].

b) Befindet sich das Luftfahrzeug aber erst einmal im Flug, so kann aus den bereits erörterten Gründen jeder Widerstand gegenüber einem zum Äußersten entschlossenen Täter verhängnisvolle Folgen haben.

---

[10] *Congress Report on Aircraft Piracy* v. 11. 3. 1969, Committee on Interstate and Foreign Commerce, House of Representatives, 91. Congress Union Calendar N. 17, House Report No. 91—33, S. 5. Nachfolgend abgekürzt als Congress Report on Aircraft Piracy.

[11] Die zu erwartenden Folgen hat ein Journalist am Beispiel des Zürcher Flughafens Kloten aufgezeigt, von dem in den Spitzenzeiten stündlich etwa 25 Flugzeuge starten. Bei nur 80—100 Passagieren pro Flugzeug müßten alsdann in einer Stunde mindestens 2000 Flugreisende überprüft werden. Rechne man als Dauer einer Kontrolle nur drei Minuten, so müßten zur Überwachung einhundert Beamte eingesetzt werden. Vgl. Neue Zürcher Zeitung vom 13. 9. 1969. Bei den großen internationalen Flughäfen, wie New York, London, Rom und Paris würden sich diese Zahlen noch vervielfachen.

[12] Vgl. hierzu auch die Stellungnahme der Bundesregierung vom 25. 8. 1968 auf eine entsprechende Anfrage des Abgeordneten Hirsch, im 5. D. Bundestag, 185—187 Sitzung, in „Das Parlament", Nr. 42 (19. 10. 1968).

[13] Aus der Sicht des deutschen Rechts bestehen hingegen keine Bedenken gegen die strikten polizeilichen Kontrollmaßnahmen auf europäischen Flughäfen, die im unmittelbaren Zusammenhang mit den zahlreichen, von Angehörigen einer palästinensischen Untergrundorganisation ausgeführten Überfällen auf Verkehrsflugzeuge ergriffen worden sind. Angesichts der von dieser Gruppe angekündigten weiteren Angriffe und Entführungen besteht hier eine aus den vorliegenden Tatsachen objektiv erkennbare Gefährdung der öffentlichen Sicherheit und Ordnung. Die zur Abwehr dieser Gefahr von den Polizeibehörden getroffenen Maßnahmen, einschließlich der Gepäckdurchsuchungen und Leibesvisitationen, entsprechen, soweit sie in einer die Menschenwürde nicht antastenden Weise erfolgen, dem Grundsatz der Verhältnismäßigkeit und verletzen auch nicht die sonstigen gesetzlichen Voraussetzungen für die Zulässigkeit polizeilichen Einschreitens.

Deshalb lehnen fast alle Luftfahrtgesellschaften eine Bewaffnung ihrer Besatzungen ab, da jeder Gebrauch von Schußwaffen an Bord die Flugsicherheit in der Regel stärker gefährdet als die Entführung selbst[14].

Als unwirksam hat sich auch die auf einigen Flugstrecken eingeführte Maßnahme erwiesen, den Zugang zur Pilotenkanzel während des Fluges verschlossen zu halten, um auf diese Weise ein Eindringen der Täter zu verhindern. Denn, wie die Praxis gezeigt hat, benutzten die Täter in solchen Fällen Stewardessen oder Passagiere als Geiseln und ließen die Aufforderung zur Kursänderung über die Bordsprechanlage übermitteln. Eine Sprechverbindung muß aber gerade bei verschlossenem Zugang während des Fluges bestehen bleiben, um der Besatzung bei Notfällen im Fluggastraum — z. B. bei Entstehen eines Brandes — eine Möglichkeit zum Eingreifen oder zur Notlandung zu geben. Die übrigen empfohlenen Schutzmaßnahmen zeugen zumeist mehr von einer reichen Phantasie als vom Sachverstand ihrer Urheber. Das gilt sowohl von dem Vorschlag, die Entführer durch Injektionspistolen oder aber in einer Luftschleuse zwischen Fluggastraum und Cockpit mit Gas bewußtlos zu machen, als auch von der Empfehlung, Fernsehkameras zur ständigen Kontrolle aller Fluggäste zu installieren. Nur der Vollständigkeit halber seien noch der Vorschlag zum Bau eines dem Flugplatz von Havanna nachgebildeten Scheinflughafens auf amerikanischem Boden erwähnt, auf dem entführungsbedrohte Piloten ihre Maschinen landen sollen, sowie endlich die von den Karikaturisten bereits dankbar aufgegriffene Idee, unter den Angreifern Falltüren zum Sturz in die Tiefe zu öffnen.

Das Fehlen praktikabler Abwehrmaßnahmen stellt jeden Flugkapitän gegenwärtig bei einem Überfall an Bord vor die schwere Entscheidung, entweder den Anweisungen der Täter Folge zu leisten — und damit unter Umständen Flugzeug und Insassen erheblich zu gefährden — oder aber sich zu widersetzen — und hierdurch möglicherweise eine noch größere Gefahr für die Sicherheit der ihm anvertrauten Insassen hervorzurufen. In realer Einschätzung dieser Sachlage haben die meisten Luftverkehrsgesellschaften ihre Besatzungen bereits angewiesen, derartigen bewaffneten Angriffen grundsätzlich keinen Widerstand entgegenzusetzen, sofern es flugtechnisch überhaupt möglich ist, den angegebenen Landestaat zu erreichen[15]. Es dürfte vor allem dieser durch

[14] Eine Ausnahme bildet die russische Fluggesellschaft Aeroflot, deren Piloten bewaffnet sind. In einigen Verkehrsflugzeugen der israelischen und äthiopischen Luftverkehrsgesellschaften reisen auf den entführungsgefährdeten Strecken bewaffnete Sicherheitsbeamte mit. Abgesehen von der Fragwürdigkeit einer solchen Maßnahme gegenüber einer Gruppe von Tätern und der Unmöglichkeit, sämtliche Flüge zu begleiten, erscheint auch das durch die Möglichkeit eines Schußwechsels eingegangene Risiko bedenklich.

[15] Aus luftrechtlicher Sicht ist diese Sachlage insofern bedeutungsvoll, als sie deutlich genug zeigt, daß es bei allen über das Versuchsstadium hinaus-

Resignation geprägten Haltung zu verdanken sein, daß bislang in fast allen Fällen Katastrophen verhütet werden konnten. Allerdings kann hierbei nicht übersehen werden, daß ein solches fortwährendes Nachgeben das Täter-Risiko immer mehr senkt und damit ständig weitere Abenteurer auf die Spur ihrer straflos ausgegangenen Vorgänger lockt.

2. Die Notwendigkeit einheitlicher rechtlicher Sanktionen der Landestaaten

Die Erkenntnis, daß es gegenwärtig kaum möglich ist, die Entführung eines Luftfahrzeugs am Boden oder in der Luft zu verhindern, zwingt dazu, den Kampf gegen diese gefährlichen Gewaltakte auf rechtliche Maßnahmen nach der Landung zu konzentrieren, deren Ziel eine weltweite Verfolgung und Bestrafung aller Flugzeugentführer sein muß. Hierbei sind zwei Besonderheiten der Hijacking-Fälle zu berücksichtigen: Zunächst der für eine Strafverfolgung äußerst günstige Umstand, daß die Ergreifung und Überführung der Täter kaum Schwierigkeiten bereitet. Denn das entführte Verkehrsflugzeug muß zur sicheren Landung einen geeigneten Flugplatz anfliegen, der in aller Regel aus einem umschlossenen und bewachten Areal besteht. Da ferner die Flugleitung im Kontrollturm von der bevorstehenden Landung unterrichtet ist, können die Sicherheitsorgane rechtzeitig zur Stelle sein, um ein Entkommen des Täters aus dem Flugzeug zu verhindern. Zugleich hat der Hijacker durch seine Tat bewirkt, daß den Strafverfolgungsbehörden am Landeort in den entführten Fluggästen und der Besatzung verläßliche Tatzeugen zur Verfügung stehen, deren Aussage eine zweifelsfreie Überführung des Täters ermöglicht.

Demgegenüber steht der für eine wirksame Bekämpfung — insbesondere aber für eine weltweite Abschreckung — äußerst nachteilige Umstand, daß es dem Hijacker im Rahmen der vorhandenen Treibstoffreserven heute noch freigestellt ist, aus einer großen Anzahl von Staaten dasjenige Land als Ziel auszuwählen, in dem er sich die günstigste Behandlung erhofft. Dieser letztgenannte Umstand verdient besondere Beachtung; denn durch ihn rückt die Frage nach der von dem Landestaat bei einem Hijacking-Zwischenfall eingenommenen Haltung in den Mittelpunkt des hier zu erörternden Problemkreises. Solange es noch

---

gelangten Hijacking-Fällen müßig ist, die bei sonstigen Straftaten an Bord von Luftfahrzeugen so wichtige Frage nach den polizeilichen Befugnissen des Luftfahrzeugkommandanten auf internationalen Flügen zu stellen. Denn die gelungene Überwältigung der Besatzung macht es ihr gerade unmöglich, vor der erzwungenen Landung überhaupt irgendwelche Maßnahmen der Gefahrenabwehr und Strafverfolgung zu ergreifen.

möglich ist, die in der Zivilluftfahrt eingesetzten Verkehrsflugzeuge gewaltsam in einen fremden Staat zu entführen, ohne daß der Täter dort mit einer der Schwere seiner Tat angemessenen Bestrafung oder seiner Auslieferung zu rechnen hat, wird die Hijacking-Welle nicht verebben. Deshalb kann dem Kampf gegen diese Gewalttaten nur dann ein Erfolg beschieden sein, wenn es gelingt, alle Mitglieder der Staatengemeinschaft zu einem raschen und entschlossenen solidarischen Handeln zu veranlassen.

Auf die Dringlichkeit einer engen staatlichen Zusammenarbeit zum Schutze der internationalen Luftfahrt vor gefährlichen Gewaltakten hat der Generalsekretär der Vereinten Nationen, *U Thant*, bereits in seinem Jahresbericht 1968 nachdrücklich hingewiesen und hierzu erklärt:

„If the hitherto peaceful world of civil aviation is to be saved from chaos and anarchy, governments and peoples must condem acts of this kind and take all possible measures to prevent them[16].“

Die bisher in den politischen Spannungsgebieten des Nahen Ostens und des karibischen Raumes geübte Staatenpraxis läßt allerdings deutlich genug erkennen, daß man sich hierbei keinen Illusionen hingeben darf. Dennoch darf nicht verkannt werden, daß allen politischen Spannungen zum Trotz ein erhebliches gemeinsames — weil reziprokes — Interesse aller Staaten an einem ungestörten und sicheren Betrieb des weltumspannenden Netzes von Flugliniendiensten besteht. Die internationale Zivilluftfahrt wird aber künftig ihre Aufgabe, schnelle und sichere Verbindungen zwischen den Völkern zu schaffen, nur dann noch erfüllen können, wenn alle beteiligten Regierungen ihren Beitrag zur Bekämpfung gewaltsamer Flugzeugentführungen leisten, deren Opfer die Luftfahrzeuge und Staatsangehörigen vieler Länder bereits geworden sind.

IV. Über die Aufgabe der Arbeit

1. Die vorliegende Arbeit will den Versuch unternehmen, praktikable Vorschläge für eine rasche und wirkungsvolle internationale Bekämpfung gewaltsamer Flugzeugentführungen zu erarbeiten. Bislang fehlt es für den hier zu behandelnden Gegenstand an einer umfassenden völkervertragsrechtlichen Regelung. Wohl hat der Rechtsausschuß der Internationalen Zivilluftfahrt-Organisaton (ICAO) im März 1970 den Entwurf eines entsprechenden multilateralen Abkommens vorgelegt[17], der nach Genehmigung durch den Rat der Organisation von einer internationalen Staatenkonferenz im Dezember 1970 ziemlich unverändert

[16] Annual Report 1968, Introduction, UN Doc. A/7201/Add. 1, Paragraph 170.
[17] ICAO Doc. 8865—LC/159.

angenommen worden ist. Es kann kein Zweifel darüber bestehen, daß die Schaffung eines besonderen Flugzeugentführungs-Abkommens die theoretisch einfachste und dogmatisch befriedigendste Lösung darstellt. Weniger zweifelsfrei ist dagegen die Frage zu beantworten, ob dieser Weg auch praktisch und notwendig ist. Denn erfahrungsgemäß verstreicht ein längerer Zeitraum, bis ein derartiges Vertragswerk schließlich die für eine weltweite Wirksamkeit erforderliche Zahl von Ratifikationen erlangt. Ein anschauliches Beispiel hierfür bietet der in diesem Zusammenhang besonders interessante Entwurf des Abkommens über strafbare und bestimmte andere Handlungen an Bord von Luftfahrzeugen, der nach jahrzehntelangen Vorarbeiten endlich am 14. September 1963 in Tokio unterzeichnet wurde[18]. Die für sein Inkrafttreten erforderlichen ersten zwölf Ratifikationen lagen erst sechs Jahre später vor[19]. Wenngleich seither auch weitere Ratifikationen am Sitz der ICAO hinterlegt worden sind, so wird es diesem Abkommen doch weiterhin für lange Zeit innerhalb der gegenwärtig aus 125 Staaten bestehenden Völkergemeinschaft an der für eine wirksame Anwendung notwendigen allgemeinen Geltung fehlen.

Angesichts der ständig wachsenden Zahl gemeingefährlicher Hijacking-Fälle in allen Teilen der Welt wäre es aber unerträglich, wenn deren Bekämpfung bis zum Inkrafttreten eines besonderen Flugzeugentführungs-Abkommens auf sich warten ließe; zumal die bei der Behandlung des Tokioter Abkommens aufgetretenen politischen Gegensätze sowie ein noch lange nicht überwundener „Zuständigkeitschauvinismus“[20] auf dem Gebiet des internationalen Strafrechts auch hier einer weltweiten Ratifizierung hindernd im Wege stehen. Daher ist es dringend geboten, während dieser Interimszeit bereits alle aufgrund des geltenden Rechts zur Verfügung stehenden Möglichkeiten voll auszuschöpfen, mögen sie auch lediglich provisorischen Charakters sein und jeweils nur einen ersten Schritt auf dem Wege zu einer weltweiten Bekämpfung darstellen. Ein solches Vorgehen schafft zudem Klarheit darüber, ob überhaupt ein Bedürfnis für ein besonderes Flugzeugentführungs-Abkommen besteht. Denn wie *Rudolf* zutreffend ausgeführt hat, sollte ein solches Abkommen nur für Sachfragen angestrebt werden, die nach dem geltenden Recht nicht oder noch nicht befriedigend gelöst werden können. Dehalb sollte auch jedem Plan für ein Abkommen eine eingehende Untersuchung der bestehenden und allgemein anerkannten Rechtsgrundsätze vorausgehen[21].

---

[18] Nachfolgend als *Tokioter Abkommen* bezeichnet.

[19] Das Tokioter Abkommen ist am 4. 12. 1969 in Kraft getreten.

[20] *Dahm*, Völkerstrafrecht, S. 30.

[21] *Rudolf*, A., Müssen in fremden Staatsgebiet niedergegangene unbemannte Raumfahrzeuge oder Teile davon zurückgegeben werden, in ZLW 1960, S. 275/276.

Vordringlichste Aufgabe dieser Arbeit ist es daher, zu prüfen, ob sich bereits im geltenden Völkerrecht geeignete Rechtsgrundlagen für eine einheitliche internationale Bekämpfung der Hijacking-Zwischenfälle nachweisen lassen. Wegen der Neuartigkeit und Komplexität des zu behandelnden Gegenstandes ist es dabei erforderlich, eine Reihe von Normen aus den Bereichen des allgemeinen Völkerrechts sowie des internationalen See- und Luftrechts auf ihre Aussage zum anstehenden Problemkreis zu überprüfen und hierbei deren Inhalt, Zweck und Grenzen im Licht der heutigen Verhältnisse erneut zu überdenken.

2. Zur Abgrenzung des Themas sei vermerkt, daß allein die völkerrechtliche Problematik behandelt ist. Innerstaatliche Rechtsfragen und Regelungen sind nur insoweit berücksichtigt, als sie zur Prüfung der Zulässigkeit und Zweckmäßigkeit der vorgeschlagenen Lösungen erforderlich sind.

Nicht erörtert sind ferner Flugzeugentführungen, die sich als echte kriegsrechtliche Kampfhandlungen darstellen. Die notwendige Beschränkung auf das Friedensvölkerrecht folgt weniger aus der Tatsache, daß sich gerade das Luftkriegsrecht gegenwärtig in einer einschneidenden Krise befindet und dringend der Neuregelung bedarf, als vielmehr aus dem Anliegen der Arbeit, dem Schutz der internationalen Zivilluftfahrt vor gemeingefährlichen Gewaltakten. Ein solcher ziviler Luftverkehr ist jedoch — wie jeder andere friedliche Verkehr — nur zwischen denjenigen Staaten denkbar, die sich wenigstens formell miteinander im Friedenszustand befinden[22]. Diese gebotene Beschränkung entbindet jedoch nicht von der Pflicht, auch diejenigen Hijacking-Fälle, in denen die Täter sich als zur Kriegsführung berechtigte Kombattanten ausgaben, in den Kreis der zu erörternden Handlungen miteinzubeziehen und die Richtigkeit dieser Behauptung im Interesse der Sicherheit der internationalen Luftfahrt anhand des Kriegsvölkerrechts zu überprüfen.

---

[22] Vgl. hierzu auch Art. 89 des Abkommens von Chicago über die Internationale Zivilluftfahrt vom 7. 12. 1944, der bestimmt, daß im Falle des Krieges die Handlungsfreiheit der Vertragsstaaten, sei es als Kriegführende oder Neutrale, durch dieses Abkommen nicht berührt wird. In gleicher Weise hat sich die UN-Völkerrechtskommission bei dem Entwurf der vier Genfer Seerechtskonventionen bewußt auf diejenigen Regelungen beschränkt, die in Friedenszeiten gelten: „The draft regulates the law in time of peace only" (ILC Report 1956, Doc. A/3159, S. 4).

Erster Teil

Erster Abschnitt

Der Tatbestand der Flugzeugentführung

Erstes Kapitel: Überblick über völkerrechtlich bedeutsame Hijacking-Fälle

I. Allgemeines

Für die Erarbeitung praxisgerechter Lösungsvorschläge erscheint es unumgänglich, zunächst anhand charakteristischer Beispiele die vielfältigen Erscheinungsformen dieser Gewaltakte darzustellen. Denn nur bei tatsächlicher Kenntnis der Komplexität dieser Tatbestände und ihrer schwerwiegenden Folgen, der unterschiedlichen Tätergruppen sowie endlich der Reaktionen des Lande- und Flaggenstaates auf diese Taten ist eine zuverlässige rechtliche Beurteilung dieses neuen transnationalen Verbrechenstyps möglich.

Schauplatz dieser Zwischenfälle sind in aller Regel die politischen Spannungsgebiete der Erde. Das wird verständlich, wenn man bedenkt, daß ein *Hijacker* nur einen solchen Staat als Ziel auswählen wird, in dem ihm aufgrund der zur Tatzeit bestehenden politischen Verhältnisse weder die Gefahr einer schweren Bestrafung noch einer Auslieferung an den Flaggenstaat droht[1].

II. Flugzeugentführungen in Europa

Die ersten derartigen Vorkommnisse ereigeneten sich in der Nachkriegszeit in Europa; und zwar betrafen sie Fälle einer Flucht aus den Ostblockstaaten. So gelang es 1948 einer Gruppe von Bulgaren, ein in Sofia gestartetes Verkehrsflugzeug gewaltsam nach Istanbul umzuleiten[2].

---

[1] Eine Ausnahme bildet die Tat des 20jährigen amerikanischen Soldaten *Minichiello*, der — um einer Bestrafung wegen Diebstahls zu entgehen — am 31. 10. 1969 eine Boeing 707 der TWA von Kalifornien über den amerikanischen Kontinent und den Atlantik hinweg nach Rom entführte. Er wurde am 11. November 1970 wegen dieser Tat zu siebeneinhalb Jahren Gefängnis verurteilt.

[2] Erwähnt bei *Jeschek*, H., Die an Bord von Luftfahrzeugen begangenen

Im Oktober 1951 flüchteten drei Jugoslawen unter Benutzung eines in ihre Gewalt gebrachten Flugzeuges in die Schweiz[3]. In gleicher Weise gelangte 1956 eine Gruppe von ungarischen Flüchtlingen an Bord eines ungarischen Verkehrsflugzeuges nach Bayern, nachdem sie zuvor die Besatzung überwältigt und hierbei einen der Piloten getötet hatten[4]. Im Juni 1958 flüchteten drei Tschechen mittels eines von ihnen gecharterten Flugzeugs nach Österreich. Sie zwangen den Piloten mit vorgehaltener Maschinenpistole zur Landung auf dem Wiener Flughafen. Von besonderem Interesse sind in diesem Fall die von dem Landestaat Österreich ergriffenen Maßnahmen. Während das Schweizer Bundesgericht die Flugzeugentführung der Jugoslawen als Flucht aus einem totalitären Staat und damit als eine politisch motivierte Tat gewertet hatte, wurden die Tschechen, als sie in Österreich um politisches Asyl baten, festgenommen und in Untersuchungshaft gebracht. Die Staatsanwaltschaft erhob Anklage wegen gefährlicher Bedrohung, wobei es als erschwerend angesehen wurde, daß die Nötigung des Piloten im österreichischen Luftraum fortgesetzt worden war[5].

Elf Jahre danach wurden erneut Flugzeuge zur Flucht aus dem Ostblock benutzt; und zwar zwei Verkehrsmaschinen der polnischen Luftfahrtgesellschaft Lot:

1. Im Oktober 1969 zwangen die beiden Ostdeutschen *Klemt* und *von Hof* die Piloten der polnischen Kursmaschine Warschau-Brüssel kurz vor der Zwischenlandung in Ost-Berlin, den im französischen Sektor gelegenen Flughafen Tegel anzufliegen und dort zu landen. Der Versuch russischer Düsenjäger, die Maschine auf ostdeutsches Gebiet abzudrängen, scheiterte. Den beiden Tätern wurde von den französischen Behörden politisches Asyl gewährt, zugleich wurden sie jedoch in Untersuchungshaft genommen und am 20. November 1969 von einem in Berlin tagenden französischen Gericht zu je zwei Jahren Gefängnis verurteilt[6]. In der Urteilsbegründung wies der Vorsitzende, der Präsident

---

Straftaten und ihre Folgen, in Deutsche Beiträge zum VII. Int. Strafrechtskongreß, Athen, 20. 9.—2. 10. 1957, Berlin, 1957, S. 196.

[3] *Jeschek*, a.a.O., Dieser jugoslawische Flugzeug-Fall wird in dieser Arbeit noch ausführlicher behandelt; vgl. ferner *Götz*, Jugoslawischer Flugzeug-Fall, in WdVR, Bd. II, S. 177 f. Siehe hierzu auch die Entscheidung des Schweizer Bundesgerichts vom 30. 4. 1952 (BGE 78 I 39), das über den Auslieferungsantrag der jugoslawischen Regierung zu befinden hatte, sowie die Anmerkung von *Guggenheim* zu diesem Fall im Annuaire Suisse de Droit International, Bd. 10, S. 218.

[4] *Jeschek*, a.a.O.

[5] Erwähnt bei *Westerburg*, W., Die Polizeigewalt des Luftfahrzeugkommandanten, Bonn, 1961, S. 14.

[6] Den beiden Angeklagten wurde vorgeworfen, den alliierten Direktiven über die Flugkontrolle und den Landungsvorgang für Flugzeuge im Luftraum zuwidergehandelt, durch rechtswidriges Eingreifen die Sicherheit der

des Pariser Oberlandesgerichts, darauf hin, daß durch die Tat sehr leicht eine tragische Katastrophe hätte entstehen können.

2. Am Tage der Urteilsverkündung wurde eine auf dem Flug von Breslau nach Warschau befindliche polnische Verkehrsmaschine von zwei jungen Polen zur Kursänderung nach Wien gezwungen. Während die beiden Täter, *Szymankiewicz* und *Zolotucho*, verhaftet wurden, kehrte die Maschine mit der Besatzung und vierzehn Fluggästen am gleichen Tage nach Warschau zurück. Am 11. März 1970 verurteilte ein Wiener Schöffengericht Szymankiewicz und Zolotucho, die als Motive ihrer Tat Unzufriedenheit mit der in Polen herrschenden Gesellschaftsordnung angegeben hatten, wegen Erpressung, Einschränkung der persönlichen Freiheit und Übertretung des Waffengesetzes zu zwei Jahren und drei Monaten bzw. zwei Jahren schweren verschärften Kerkers.

3. Zwei weitere polnische Verkehrsflugzeuge wurden am 5. Juni und 19. August 1970 nach Dänemark entführt.

4. Nachdem bereits am 5. Mai 1970 ein tschechoslowakisches Flugzeug gewaltsam nach Österreich umgeleitet worden war, wurde am 8. Juni 1970 eine tschechoslowakische Linienmaschine durch eine achtköpfige Gruppe zur Landung in Nürnberg gezwungen, wo die Entführer um politisches Asyl baten. Durch Urteil des Landgerichts Nürnberg vom 16. September 1970 wurden drei der Täter wegen Freiheitsberaubung in Tateinheit mit Nötigung zu 2 Jahren und 6 Monaten Freiheitsstrafe, die anderen zu Jugendstrafen von 8 Monaten bis zu zwei Jahren verurteilt. Das Gericht verneinte das Vorliegen einer strafausschließenden Notstandssituation, da die Entführer nicht hätten dartun können, daß ihnen in der Heimat wegen der von ihnen behaupteten antikommunistischen Haltung eine Verhaftung oder gar Aburteilung gedroht und folglich eine gegenwärtige Gefahr für Leib oder Leben bestanden habe. Bei der Strafzumessung berücksichtigte das Gericht zugunsten der Entführer, daß sie die Tat nicht aus gewinnsüchtigen Beweggründen begingen, sondern um dem unfreien Leben, das sie nach ihren Angaben in der Tschecho-

---

Anflugwege zu den Berliner Flughäfen gefährdet und rechtswidrig Waffen und Munition im Besitz gehabt und getragen zu haben. Nach der Anklageschrift haben die beiden Flüchtlinge gegen folgende Vorschriften verstoßen: Verordnung 511 der Kommandantura, Artikel drei, Absatz 13; Alliierte Durchführungsverordnung zur Directive d'air (45) 71, zweite Revision; Verordnung 534 der Kommandantura und Paragraph 315 des deutschen Strafgesetzbuches, sowie Gesetz Nummer 43 und Befehl Nummer zwei des Kontrollrates. Beide hätten rechtswidrig und mit Gewalt die Besatzung des Flugzeuges zur Kursänderung und zur Landung auf dem Flughafen Berlin-Tegel genötigt: Paragraph 240 des deutschen Strafgesetzbuches. *Ulrich von Hof* hatte sich zusätzlich noch gemäß Paragraph 223 des Deutschen Strafgesetzbuches wegen vorsätzlicher Körperverletzung eines Mitgliedes der Besatzung des Flugzeugs zu verantworten.

slowakei zu führen gezwungen waren, zu entfliehen. Als strafschärfend wertete das Gericht dagegen die außerordentlich hohe Gefahr, der Besatzung und Fluggäste durch den gewaltsamen Eingriff in die Flugzeugführung ausgesetzt waren.

5. Während der von zwölf Sowjetbürgern am 15. Juni 1970 unternommene Versuch, eine sowjetische Linienmaschine auf dem Leningrader Flughafen zu entführen, scheiterte, zwangen zwei aus Litauen stammende Sowjetbürger am 15. Oktober 1970 die Besatzung einer russischen Antonow-Maschine mit Waffengewalt zum Flug in die Türkei. Hierbei erschossen sie eine Stewardess und verletzten beide Piloten erheblich.

6. Am 14. September 1970 landete ein auf dem Flug von Bukarest nach Prag befindliches rumänisches Verkehrsflugzeug in München. Es war zu dieser Kursänderung durch drei bewaffnete Ungarn, die sich in Begleitung einer Frau und zweier Kinder befanden, gezwungen worden. Die Entführer wurden wegen gemeinschaftlich begangener Freiheitsberaubung in 63 Fällen in Tateinheit mit Nötigung zu je zweieinhalb Jahren Freiheitsstrafe verurteilt.

III. Flugzeugentführungen im Mittelmeerraum

1. Am 22. Oktober 1956 erteilten französische Militärbehörden den französischen Piloten des Flugzeuges, das *Ben Bella* und vier weitere Führer der algerischen Revolution von Rabat nach Tunis bringen sollte, über der hohen See den Befehl, in Algier zu landen, wo die Fellagah-Führer festgenommen wurden. Während die marokkanische Regierung dieses Vorgehen gegen das einer marokkanischen Gesellschaft gehörige, aber in Frankreich registrierte Flugzeug als ein „arraisonnement relevant de la pure piraterie“[7] bezeichnete, rechtfertigte Frankreich sein Verhalten mit dem Hinweis, aufgrund der Eintragung der Maschine in seinem nationalen Luftfahrtregister habe sie nach internationalem Luftrecht die französische Staatszugehörigkeit besessen. Die Besatzung sei daher auch völkerrechtlich verpflichtet gewesen, den Anweisungen der französischen Behörden Folge zu leisten[8].

---

[7] Zitiert nach P. *de La Pradelle,* L'enlèvement aérien des Chefs Fellagah, RGA, 1956, S. 236.

[8] Der Streitfall wurde 1958 einem internationalen Schiedsgericht unter dem Vorsitz von *Ch. de Visscher* unterbreitet, das sich jedoch auf unbestimmte Zeit vertagte, nachdem der marokkanische Vertreter die Sitzung verlassen hatte (vgl. *Verplaetse,* International Law in Vertical Space, S. 73). Zum *Ben Bella-Fall* vgl. ferner P. *de La Pradelle,* a.a.O.; *Seidl-Hohenveldern,* Völkerrecht, S. 204 Rdz. 1008; ders., L'affaire du F. OABV, Annuaire Français de Droit International 1958, S. 282 f.; *Bedjaoui,* M., La Révolution algérienne et le Droit, 1961.

2. Am 30. Juni 1967 wurde der ehemalige kongolesische Premierminister *Moise Tschombé*, der in seinem Lande in Abwesenheit zum Tode verurteilt worden war und sich in Spanien aufhielt, an Bord eines von ihm gecharterten Flugzeuges über dem Mittelmeer gewaltsam nach Algerien entführt. Nach zweijähriger Haft ist Tschombé am 29. Juni 1969 in einem algerischen Gefängnis verstorben. Drei Monate nach seinem Tode wurde der Urheber dieser Enführung, der Franzose *Francis Bodenan*, auf freien Fuß gesetzt und in die Schweiz abgeschoben.

3. Aufgrund der gegenwärtigen politischen Verhältnisse in Griechenland wurden Flugzeuge der griechischen Luftverkehrsgesellschaft Olympic Airways bereits dreimal das Opfer gewaltsamer Entführungen:

a) Im November 1968 brachten zwei bewaffenete Italiener eine auf dem Flug von Paris nach Athen befindliche Boeing 707 in ihre Gewalt und zwangen sie zur Rückkehr nach Paris. In einem von den Tätern an die 130 Passagiere verteilten Flugblatt hieß es, diese Tat sei Teil eines Sabotageprogramms gegen die Militärregierung Griechenlands. Durch Urteil des Tribunal de Grande Instance Corbeil vom 2. 3. 1969 wurden die beiden Täter, Maurizio *Panichi* und Umberto *Givione* wegen Nötigung und unerlaubten Gebrauchs lebensgefährlicher Waffen zu fünf bzw. neun Monaten Gefängnis verurteilt[9].

b) Am 2. Januar 1969 wurde eine DC-3 der Olympic Airways über dem östlichen Mittelmeer von dem Griechen *Flamourides* mit vorgehaltener Pistole gezwungen, Ägypten anzufliegen. Griechische Düsenjäger nahmen die Verfolgung des entführten Flugzeugs auf, konnten aber aus Sicherheitsgründen nicht eingreifen. Nach der Landung in Kairo wurde der Täter festgenommen; Flugzeug und Insassen wurde sofort die Ausreise gestattet. Vertreter der schwedischen Botschaft suchten Flamourides in einem ägyptischen Lager auf und ermöglichten ihm die Einreise nach Schweden.

c) Am 16. April 1969 entführte der griechische Arzt Dr. *Tsironis* mit seiner Familie eine auf einem Inlandflug befindliche Verkehrsmaschine nach Albanien. Der Täter befindet sich gegenwärtig ebenfalls auf freiem Fuß in Schweden.

3. Am 23. Juli 1968 wurde eine Boing 707 der israelischen Fluggesellschaft ElAl, die in Rom mit 38 Passagieren zum Flug nach Tel-Aviv gestartet war, von Angehörigen einer arabischen Untergrundorganisation, die sich als *„Volksfront für die Befreiung Palästinas“* bezeichnet[10],

---

[9] Das Urteil ist abgedruckt in RGA 1969, N. 3, S. 355 f.

[10] Nachfolgend gemäß der von ihr selbst verwandten Bezeichnung „Popular Front for the Liberation of Palestine“ als *PFLP* abgekürzt.

zur Landung in Algerien gezwungen. Auf der Höhe der Insel Capri, also noch über italienischem Hoheitsgebiet, drangen drei bewaffnete Männer in die Pilotenkanzel ein, während zwei weitere die Fluggäste in Schach hielten. Algerien gestattete den nicht-israelischen Fluggästen noch am selben Tage, zehn israelischen Frauen und Kindern vier Tage später, die Ausreise. Die übrigen Israelis, einschließlich der neun männlichen Besatzungsmitglieder, wurden insgesamt 39 Tage in algerischem Gewahrsam festgehalten und erst am 31. August 1968 im Austausch gegen in Israel gefangengehaltene Palästinenser freigelassen. Am folgenden Tag überführte eine französische Besatzung die Boing 707 der El Al nach Rom. Die ablehnende Haltung der algerischen Regierung in der Frage der unverzüglichen Freilassung aller Passagiere und Besatzungsmitglieder führte zu einer erheblichen Verschärfung der Spannungen im Nahen Osten. Angesichts eines als sicher zu erwartenden sowjetischen Vetos sah die israelische Regierung von ihrem ursprünglichen Entschluß ab, in dieser Angelegenheit den Sicherheitsrat der Vereinten Nationen anzurufen. Mitentscheidend dürfte hierbei der Umstand gewesen sein, daß im Juli 1968 der algerische UN-Delegierte den Vorsitz im Sicherheitsrat führte. Als wirksamste Maßnahme zur Durchsetzung der Forderung auf Freilassung erwies sich neben dem Druck der öffentlichen Meinung und der Intervention einiger Regierungen, insbesondere Frankreichs und Italiens, ein Boykottaufruf der International Federation of Airline Pilots Associations (IFALPA), den gesamten zivilen Luftverkehr zwischen Europa und Algerien zum Erliegen zu bringen, falls die Freilassung nicht unverzüglich erfolge. Dieser Boykott wurde abgesagt, nachdem die algerische Regierung ihre Bereitschaft zur baldigen Freilassung erklärt hatte. Wenngleich damit der Streitfall beigelegt werden konnte, so stimmt es doch bedenklich, daß eine Lösung nur durch einen „gewerkschaftlichen Gegenzug gegen einen Akt der Piraterie, der die Freiheit der Luft in ähnlicher Weise bedroht wie einstens algerische Seeräuber den Schiffsverkehr“[11], erreicht werden konnte.

4. Kaum ein Jahr nach der Beilegung dieses Zwischenfalls, am 29. 8. 1969, zwangen wiederum Angehörige der PFLP ein amerikanisches Verkehrsflugzeug, das sich mit 113 Personen an Bord über dem Mittelmeer befand, zur Landung in Syrien. Selten wohl war die Gefahr eines Absturzes größer, da die Maschine Damaskus mit nahezu leeren Treibstofftanks erreichte. Unmittelbar nach der Landung zerstörten die Entführer die Pilotenkanzel durch Sprengladungen. Der amerikanische Außenminister *Rodgers* bezeichnete diese Entführung als einen „Akt

---

[11] So der Leitartikel der Frankfurter Allgemeinen Zeitung: „Die Piloten handeln“ vom 15. 8. 1968.

internationalen Piratentums“[12] und forderte Syrien auf, Flugzeug und Insassen unverzüglich die Ausreise zu gestatten. Diesem Verlangen kam Syrien nur bedingt nach: zwei israelische Passagiere wurden erst am 5. 12. 1969 nach langwierigen internationalen Verhandlungen, an denen der UN-Generalsekretär und das Internationale Rote Kreuz beteiligt waren, sowie einer erneuten Boykottandrohung des Internationalen Pilotenverbandes im Austausch gegen 13 in Israel gefangengehaltene Syrer freigelassen. Die Täter befinden sich auf freiem Fuße.

5. Ihren sensationellsten und gefährlichsten Schlag gegen den internationalen Flugverkehr führte die PFLP Anfang September 1970. Nach einem sorgfältig vorbereiteten Plan wurden innerhalb von 70 Stunden fünf Verkehrsflugzeuge mit insgesamt 751 Personen an Bord überfallen. Die Aktion begann am 6. September mit der mißglückten Entführung einer in Amsterdam gestarteten israelischen Maschine. Die beiden Täter, *Patrick Arguello* und *Leila Khaled* konnten von Sicherheitsbeamten an Bord nach einem Kampf überwältigt werden, bei dem Arguello tödlich verletzt wurde. Eine von den Tätern mitgeführte und von ihnen während des Handgemenges entsicherte scharfe Handgranate detonierte glücklicherweise nicht. Nach der Notlandung in London wurde Leila Khaled, die bereits an der Entführung des amerikanischen Verkehrsflugzeugs im August 1969 beteiligt gewesen war, den britischen Behörden übergeben.

Fast gleichzeitig brachten Angehörige der PFLP im europäischen Luftraum drei weitere Flugzeuge in ihre Gewalt; und zwar zwei amerikanische Maschinen vom Typ Boeing 747 (Jumbo Jet) und Boeing 707 die in Amsterdam und Frankfurt gestartet waren, sowie eine auf dem Flug Zürich—New York befindliche Schweizer DC-8. Der Jumbo Jet wurde mit 150 Fluggästen und 18 Besatzungsmitgliedern nach einer Zwischenlandung in Beirut zum Weiterflug nach Kairo gezwungen und dort gesprengt, nachdem den Insassen zuvor lediglich fünf Minuten zum Verlassen der Maschine zugestanden worden waren. Die Piloten der beiden anderen Maschinen mußten den verlassenen Landeplatz Dawson's Field in der nordjordanischen Wüste anfliegen. Zwei Tage später wurde eine in Bahrein am Persischen Golf gestartete britische Verkehrsmaschine ebenfalls gewaltsam nach Dawson's Field umgeleitet, um auf diese Weise die Freilassung von Leila Khaled zu erzwingen. Die Entführten mußten dort tagelang in glühender Hitze und unter völlig unzureichenden sanitären Verhältnissen auf ihre Freilassung warten. Ein Eingreifen der jordanischen Armee, die den Flugplatz umstellt hatte, verhinderte die PFLP mit der Drohung, bei einem Angriff Flugzeuge und Insassen in die Luft zu sprengen.

[12] Zitiert nach der FAZ vom 1. 9. 1969.

In einem an die betroffenen Regierungen gerichteten Ultimatum verlangte die PFLP im Austausch gegen die von ihr als „Geiseln“ betrachteten Entführten die sofortige Freilassung Leila Khaleds sowie sechs weiterer PFLP-Attentäter. Sie hatten in Zürich und München Anschläge auf israelische Verkehrsmaschinen und deren Fluggäste verübt und waren deswegen bereits verurteilt worden oder saßen noch in Untersuchungshaft. Die Regierungen der Schweiz, Großbritanniens und der Bundesrepublik, die in Bern einen besonderen Krisenstab gebildet hatten, entsprachen diesem Verlangen, um das Leben der Entführten zu retten.

IV. Flugzeugentführungen in anderen Teilen der Welt

1. Asien

a) Am 30. Dezember 1952 drang ein Chinese über der hohen See in die Pilotenkanzel eines philippinischen Verkehrsflugzeuges ein und forderte den Flugkapitän auf, Kurs auf Rotchina zu nehmen. Als dieser sich weigerte, wurde er von dem Chinesen erschossen, das gleiche Schicksal ereilte auch einen zur Hilfe kommenden Steward. Der Kopilot brachte daraufhin das Flugzeug auf den befohlenen Kurs. Beim Einflug in die national-chinesische Luftsicherheitszone im Gebiet der Quemoy-Inseln gelang es dem zweiten Kopiloten, unbemerkt Verbindung mit nationalchinesischen Stellen aufzunehmen. Ein sofort alarmiertes Patrouillenflugzeug fing die Maschine ab und zwang sie zur Landung. Der Täter wurde festgenommen. Obgleich zwischen Nationalchina und den Philippinen kein Auslieferungsabkommen bestand, erkannten die Behörden in Taiwan das überwiegende Interesse der Philippinen an der Verfolgung dieser Straftat an und lieferten den Täter zur Aburteilung aus. Er wurde in Manila zu lebenslangem Zuchthaus verurteilt[13].

b) Im Februar 1958 übernahm eine Gruppe von „Fluggästen“ gewaltsam die Kontrolle über ein südkoreanisches Linienflugzeug und flog es zu einem nordkoreanischen Flugplatz. Die übrigen Passagiere und die Besatzung wurden dort mehrere Wochen lang zurückgehalten, bevor sie nach Südkorea ausreisen durften. Das Flugzeug wurde von den nordkoreanischen Behörden nicht zurückgegeben. Die nordkoreanische Regierung versuchte aus diesem Zwischenfall politisches Kapital zu schlagen, indem sie sich bemühte, durch das Zurückhalten des Flugzeu-

---

[13] Dieser Fall wurde von der philippinischen Delegation auf der 12. Tagung des Rechtsausschusses der ICAO, München, 18.8.—4.9.1959, mitgeteilt; vgl. ICAO Doc. 8111—LC./146—1 Volume I (Minutes of the Twelfth Session), S. 114; siehe auch 34 Philippine Law Journal, September 1959, S. 485, und *Westerburg*, a.a.O., S. 14.

ges und seiner Insassen mehrere Staaten, deren Angehörige sich an Bord befunden hatten und die das kommunistische Regime bisher nicht anerkannt hatten, zu Verhandlungen und damit zur faktischen Anerkennung zu zwingen[14].

c) Ein besonders krasser Fall eines echten Luft-Raubes ereignete sich im November 1968, als vier mit Pistolen und Handgranaten bewaffnete Männer ein die Philippinen anfliegendes Verkehrsflugzeug in ihren Besitz brachten, die Passagiere ausraubten, hierbei einen Fluggast erschossen und nach der Landung in Manila mit der Beute unerkannt das Weite suchten.

d) Am 31. März 1970 brachten neun japanische Studenten, die einer als „Rote Armee" bezeichneten radikalen Gruppe angehörten, eine Boeing 727 der Japan Airlines mit 131 Personen an Bord in ihre Gewalt. Nach dem Start in Tokio bedrohten sie die Besatzung mit Samuraischwertern, Dolchen und selbstgemachten Bomben und verlangten, nach Nordkorea gebracht zu werden. Bei einer zum Auftanken erforderlichen Zwischenlandung in Fukuoka gestatteten sie 23 Passagieren, von Bord zu gehen. Um der Sicherheit der Insassen willen griff die japanische Polizei und Luftwaffe nicht ein. Beim Einflug in den nordkoreanischen Luftraum wurde die Maschine durch Jagdflugzeuge zum Abdrehen gezwungen. Sie landete stattdessen auf dem Flughafen der südkoreanischen Hauptstadt Seoul, auf dem mittlerweile alle Beschriftungen und Flaggen entfernt worden waren, die ihn als südkoreanisch auswiesen.

Stattdessen wurden in aller Eile Willkommensschilder und nordkoreanischen Fahnen angebracht. Ferner sollen Armeeangehörige mit nordkoreanischen Uniformen ausgestattet worden sein. Die Entführer ließen sich jedoch hierdurch nicht täuschen. Sie drohten, das Flugzeug mit allen Insassen zu sprengen, falls man ihnen den Weiterflug nach Nordkorea nicht gestatte. Die südkoreanische Regierung bestand zunächst darauf, den Weiterflug nur unter der Bedingung zu gestatten, daß die übrigen Passagiere zuvor freigelassen wurden. Unterdessen wurde jedoch die Lage der 108 Insassen, die bereits seit drei Tagen in der Maschine eingeschlossen waren, immer schwieriger. Südkorea stimmte daher dem von den Entführern bereits angenommenen Angebot des japanischen stellvertretenden Verkehrsministers *Yamamuru* zu, anstelle der Passagiere als Geisel mitzufliegen, und erteilte die Starterlaubnis. Zwei Tage später landete die entführte Maschine mit Yamamuru und der dreiköpfigen Besatzung wieder in Tokio.

---

[14] Vgl. *Knauth*, A. W., Status of Aircraft with Reference to Criminal Law for Aircraft, in Report of the 48th Conference of the ILA, New York, 1958, S. 290.

2. *Afrika*

a) Im Januar 1966 wurde eine DC-3 der Ethiopian Airlines auf dem Flug nach Addis Abeba gewaltsam nach Somalia umgeleitet. Da zwischen Äthiopien und Somalia seit langem ein Grenzstreit schwelt, bestand für den Täter keine ernsthafte Gefahr, von den somalischen Behörden ausgeliefert zu werden. Im August und September 1969 wurden zwei weitere äthiopische Flugzeuge in den Sudan und nach Aden entführt. In beiden Fällen übernahm die „Eritreische Befreiungsfront" die Verantwortung für die Zwischenfälle[15].

b) Im April 1967 landete ein Verkehrsflugzeug der Nigeria Airways nicht — wie geplant — in der nigerianischen Hauptstadt Lagos, sondern im aufständischen Ibo-Enugu (Biafra), weil mehrere Personen an Bord den pakistanischen Piloten hierzu mit Waffengewalt gezwungen hatten.

c) Im selben Jahr entführte ein hoher Beamter des ägyptischen Geheimdienstes, *Riad Kamal Hajhaj,* ein ägyptisches Verkehrsflugzeug nach Jordanien, wo ihm politsches Asyl gewährt wurde. Die Passagiere und Besatzungsmitglieder kehrten zwei Tage später nach Kairo zurück.

d) Am 18. 8. 1969 wurde ein weiteres ägyptisches Verkehrsflugzeug zum Flug nach Saudi-Arabien gezwungen. König Feisal befahl die sofortige Freigabe der Maschine, in der auch die beiden Täter nach Ägypten zurückbefördert wurden. Es ist dies der zweite Fall einer Auslieferung des Flugzeugentführers an den Flaggenstaat.

3. *Amerika*

Die weitaus größte Zahl aller Hijacking-Zwischenfälle ereignete sich bisher jedoch auf dem amerikanischen Kontinent. Während in den ersten Jahren nach *Castros* Machtübernahme vorwiegend kubanische Piloten von Regime-Gegnern und Flüchtlingen zum Flug in die Vereinigten Staaten gezwungen wurden, sind seit Mai 1961 etwa 150 Flugzeuge aus den USA, Venezuela, Kolumbien und anderen lateinamerikanischen Ländern gewaltsam nach Kuba entführt worden.

Besonderes Aufsehen haben die folgenden Fälle erregt:

a) Am 3. November 1958, also kurz vor der Machtübernahme durch *Fidel Castro,* drangen mehrere seiner Anhänger in das Cockpit eines auf

---

[15] In einer in Damaskus veröffentlichten Erklärung heißt es, die Widerstandsorganisation werde fortfahren, „die lebenswichtigen Wirtschaftseinrichtungen Äthiopiens zu zerstören, solange äthiopische Streitkräfte eritreischen Boden besetzen". (FAZ vom 22. 9. 1969). Der Versuch, ein viertes äthiopisches Verkehrsflugzeug zu entführen, wurde am 12. 12. 69 von mitfliegenden Sicherheitsbeamten über dem Mittelmeer vereitelt. Die beiden Täter fanden hierbei den Tod.

dem Flug von Miami nach Havanna befindlichen Flugzeugs der kubanischen Luftverkehrsgesellschaft ein und zwangen die Piloten mit Waffengewalt, Kurs auf einen in der Provinz Oriente, der Hochburg der Aufständischen, gelegenen Flugplatz zu nehmen. Als der Pilot bei Einbruch der Nacht feststellte, daß er auf dem angegebenen Platz nicht landen konnte, versuchte er eine Notlandung auf dem Strand der Nipe-Bucht. Bei diesem Versuch stürzte das Flugzeug ins Meer, wobei alle 17 Insassen den Tod fanden[16].

b) Im März 1966 wurden der Flugkapitän einer kubanischen Verkehrsmaschine sowie ein kubanischer Sicherheitsbeamter von dem Bordmechaniker *Betancourt* bei dessen Versuch, das Flugzeug nach Florida zu entführen, erschossen. An Bord des Flugzeugs befanden sich 90 Passagiere, unter ihnen sieben Familienangehörige Betancourts.

c) Am 10. März 1969 kamen bei einem Entführungsversuch in Kolumbien fünf Menschen ums Leben. Drei Studenten hatten den Piloten eines auf dem Flug von Bogota nach Baranquilla befindlichen kolumbianischen Flugzeugs zur Kursänderung nach Kuba aufgefordert. Wegen Treibstoffmangels konnte der Flugkapitän dieser Aufforderung nicht nachkommen und landete deshalb zum Auftanken in Cartagena. Als die Täter feststellten, daß das Rollfeld von Polizei umstellt worden war, versuchten sie, das Flugzeug mit Sprengladungen zu zerstören. Es entwickelte sich ein Feuergefecht, bei dem zwei Zivilisten, zwei Polizisten und einer der Entführer getötet wurden. Die beiden anderen Täter wurden verletzt und ergaben sich der Polizei.

In ihrer Mehrzahl nahmen die Flugzeugentführungen, deren Ziel Kuba bildete, jedoch einen weniger dramatischen und brutalen Verlauf. Angesichts der „Regelmäßigkeit“, mit der mindestens einmal pro Woche ein Flugzeug unfreiwillig in Havanna landet, hat sich bereits eine gewisse Routine in der Behandlung dieser Zwischenfälle herausgebildet: Die auf den entführungsgefährdeten Flugstrecken eingesetzten Piloten sind mit Kartenmaterial für Anflug und Landung in Havanna sowie mit zweisprachigen Hinweistafeln ausgerüstet, die der Verständignug mit spanisch sprechenden Entführern dienen sollen. Noch vor der Landung auf Kuba ist bereits die dortige Botschaft der Schweiz als Schutzmachtvertretung der USA durch das State Department von dem Zwischenfall unterrichtet. Sie übernimmt die Landegebühren, die pro Maschine mehrere tausend Dollar betragen, sowie die sonstigen Kosten, die vom amerikanischen Außenministerium umgehend zurückerstattet werden.

---

[16] Erwähnt bei de *Juglart*, M., Les Infractions Commises à Bord des Aéronefs dans la Doctrine Internationale, Rev. Française de Droit Aérien (RFDA), N. 2 und 3, 1960, S. 138/39.

Das Verhalten Kubas ist bekannt: Flugzeug und Passagiere werden unverzüglich zurückgeschickt[17], die Täter festgenommen und inhaftiert.

Die kubanische Regierung hat niemals ein Hehl daruas gemacht, daß sie die Hijacking-Zwischenfälle grundsätzlich mißbilligt. Nur wenige Entführer, deren Tat von den Behörden als politisch motiviert oder sonstwie begründet anerkannt wurde, können mit einer baldigen Entlassung aus der Haft rechnen. Die übrigen verbringen lange Zeit in Gefängnissen, bevor sie unter dauernde Überwachung gestellt oder zur Arbeit auf die Zuckerrohrplantagen geschickt werden[18].

Am 16. September 1969 wurde das Gesetz Nr. 1226 erlassen, das die gewaltsame Inbesitznahme und Entführung von Flugzeugen und Schiffen unter Strafe stellt. Das Gesetz sieht auch eine Auslieferung fremder Täter auf der Basis entsprechender bilateraler Vereinbarungen und strikter Gegenseitigkeit vor (Art. 2 und 3); jedoch behält sich Kuba ausdrücklich das Recht vor, auch weiterhin politisches Asyl denjenigen Personen zu gewähren, „who, for political reasons, arrive in our country because they found it necessary to use this extreme measure to avoid a real danger of life or serious repression“[19].

Wie *Stephen* mitteilt, hat Kuba bereits im Jahre 1961 den Vereinigten Staaten vorgeschlagen, ein bilaterales Abkommen über die Rückführung entführter Flugzeuge und deren Insassen sowie über die Aus-

---

[17] Bis Februar 1969 durfte der Rücktransport der Entführten nur mit Propellermaschinen erfolgen, da die Piste des José-Marti-Flughafens angeblich zu kurz für den Start beladener viermotoriger Düsenmaschinen war. Bis zum Eintreffen der Kolbenmaschinen wurden die Passagiere in den einstigen Luxushotels Havannas untergebracht und bewirtet — ein „einträgliches Geschäft“ (so die Neue Zürcher Zeitung vom 13. 2. 1969) —, das Kuba dringend benötigte Devisen einbrachte, zumal für die Kolbenmaschinen erneut Landegebühren zu entrichten waren. Die sprunghafte Zunahme der Hijacking-Fälle, die an einigen Tagen bis zu dreihundert — und insgesamt schon mehr als siebentausend — Flugreisende unfreiwillig nach Kuba brachten, erforderte eine Vereinfachung des Rückführungsverfahrens und machte damit diesem „Zwangstourismus“ ein Ende. Seither gestatten die kubanischen Behörden den unverzüglichen Rückflug der Passagiere in der entführten Maschine.

[18] Zur Behandlung der Täter durch die kubanischen Behörden hat ein Vertreter des amerikanischen Außenministeriums vor einem Kongreßausschuß erklärt: „Our information is that the treatment there is not good, and that the hijackers are, in fact, mostly very unhappy with their lot.“ (Vgl. Preliminary Report on Aircraft Piracy of the Committee on Interstate and Foreign Commerce, House of Representatives, March 11, 1969, House Report No. 91—33, S. 2.) Wie unzufrieden einige Flugzeugentführer mit ihrer dortigen Behandlung gewesen sein müssen, zeigt die Tatsache, daß im November 1969 sechs Amerikaner freiwillig in die USA zurückgekehrt sind, obgleich sie dort für ihre Tat mit einer Mindestfreiheitsstrafe von 20 Jahren oder gar mit der Todesstrafe rechnen müssen.

[19] Amtliche englische Übersetzung des Artikels 5, letzter Halbsatz in ICAO Doc. LC/SC—SA, Working Draft Nr. 744—1.

lieferung der Schuldigen abzuschließen. Dieser Vorschlag wurde von Ernesto (Che) *Guevara* auf der Interamerikanischen Wirtschaftskonferenz in Punta del Este im August 1961 als Reaktion auf die ersten Entführungen amerikanischer Verkehrsflugzeuge nach Kuba gemacht[20].

2. Kapitel: Typische Wesensmerkmale der Flugzeugentführungen

I. Begriffsbestimmung

Wie dieser Überblick gezeigt hat, sind den Hijacking-Tatbeständen folgende charakteristische Merkmale eigen:

1. Das Delikt wird an Bord eines im Flug befindlichen Luftfahrzeugs, in der Regel eines im Linienverkehr eingesetzten Verkehrsflugzeugs, begangen.

2. Die Tathandlung besteht in der zwangsweisen Übernahme der Herrschaftsgewalt über das Luftfahrzeug und seine Insassen oder einem sonstigen schwerwiegenden Eingriff in die Flugführung.

3. Als Zwangsmittel zur Überwindung eines tatsächlich geleisteten oder erwarteten Widerstandes der Besatzung dienen Anwendung von Waffengewalt oder Drohung mit Gewalt.

4. Die gewaltsame Inbesitznahme erfolgt in der Absicht, den ursprünglichen Flugweg zu ändern, um auf diese Weise in einen nicht im Flugplan vorgesehenen Staat zu gelangen.

Hiermit ist der spezifische Unrechtsgehalt dieser Taten jedoch noch nicht erschöpft. Denn um das angestrebte Ziel zu erreichen, hat der Täter bewußt die folgenden — ihm vielleicht unerwünschten, aber hiermit notwendigerweise verknüpften — Nebenfolgen in seinen Tatverwirklichungswillen mit aufgenommen. Es sind dies:

a) Die Freiheitsberaubung und Entführung sämtlicher Insassen in ein Land, in dem für alle oder einige der Opfer möglicherweise die Gefahr besteht, in einer politischen Verfolgung Schaden an Leib, Leben oder Freiheit zu erleiden[1].

b) Das Herbeiführen einer — in aller Regel — konkreten Gefahrenlage[2], durch welche die Flugsicherheit und damit das Leben aller In-

---

[20] Vgl. *Stephen,* John: Going South'-Air Piracy and Unlawful Interference with Air Commerce. Nach *Stephen* lassen die Konferenzunterlagen nichts über das weitere Schicksal dieses kubanischen Vorschlags erkennen.

[1] Im *Tschombé*-Fall war die Entführung des an Bord befindlichen Politikers der alleinige Zweck der gewaltsamen Inbesitznahme.

[2] So auch A. *Rudolf* (Die Ahndung fliegerischer Verstöße gegen die Sicherheit und Ordnung, ZLW 1962, S. 215): „(D)ie Gefahr für Leib und Leben von Insassen oder für bedeutende Sachwerte liegt darin, daß Flugzeug und In-

sassen sowie Dritter in dem überflogenen Gebiet in stärkstem Maße bedroht werden.

Soweit nicht einzelne Teilakte, wie Tötung oder Körperverletzung eines Besatzungsmitgliedes, bereits vollendet sind, dauern alle aufgeführten Rechtsgüterverletzungen bis zur Landung fort. Dies ist vor allem in denjenigen Fällen rechtlich von Bedeutung, in denen nach der Ergreifung der Herrschaft über das Flugzeug noch weitere Länder oder staatenloses Gebiet überflogen werden.

In kurzgefaßter Formulierung läßt sich der Begriffsinhalt dieser Gewalttaten daher definieren als „die durch Gewalt oder Drohung mit Gewalt erfolgende Inbesitznahme eines im Flug befindlichen zivilen Luftfahrzeugs durch Insassen, die hiermit das Ziel verfolgen, in einen nicht im Flugplan vorgesehenen Staat zu gelangen“, oder noch knapper als „die von Personen an Bord eines im Flug befindlichen zivilen Luftfahrzeugs erzwungene Kursänderung zum Flug in einen anderen als den ursprünglichen Bestimmungsstaat“.

II. Zur Begriffsbezeichnung

1. Angesichts der komplexen Natur dieser neuen luftrechtlichen Tatbestände fällt es schwer, eine Bezeichnung zu finden, die in prägnanter Form ihren spezifischen materiellen Begriffsinhalt umschreibt. Deshalb gibt es bislang auch in der Staatenpraxis und im völkerrechtlichen Schrifttum keine einheitliche oder gar offizielle Benennung, sieht man einmal von dem in der Einleitung bereits erwähnten Ausdruck *Hijacking* ab. Dieser in Luftfahrtkreisen allgemein übliche Ausdruck bildet dort einen Bestandteil der speziellen, auf dem Englischen beruhenden Fachsprache, die als internationales Verständigungsmittel im betrieblich-technischen Bereich durchaus ihre Berechtigung hat. Gegen die Übernahme dieses Ausdrucks in das luft- und völkerrechtliche Schrifttum spricht aber zunächst der Umstand, daß seine Bedeutung ohne nähere Kenntnis der Entstehungsgeschichte weitgehend unklar bleiben muß. Gerade in der Völkerrechtswissenschaft sollte aber eine möglichst große Verständlichkeit der verwandten Begriffe angestrebt werden. Zudem besitzt die Bezeichnung „Hijacking“ den weiteren Nachteil, daß sie begrifflich nur eines der Tatbestandsmerkmale dieses Delikts, nämlich die widerrechtliche Gewaltanwendung gegen Personen, wiedergibt. In bezug auf den mit der Tat bezweckten Erfolg ist diese Bezeichnung geradezu irreführend. Denn die Absicht des Täters ist in der Regel nicht auf die räuberische Wegnahme des Luftfahrzeugs

---

sassen der Absturzgefahr infolge von Steuerlosigkeit ausgesetzt sind, wobei diese Gefahr eine durchaus konkrete ist.“

oder der an Bord befindlichen Güter zum Zwecke der Zueignung gerichtet, sondern auf die bloße Benutzung des in seine Gewalt gebrachten Luftfahrzeugs zum Flug nach einem anderen als dem ursprünglichen Bestimmungsort. Diese Straftaten würden folglich bei einer Anwendung deutschen Rechts nur in den seltensten Fällen den Straftatbestand des Raubes oder der räuberischen Erpressung erfüllen, sondern fast immer als Nötigung oder Bedrohung, Freiheitsberaubung sowie als gefährlicher Eingriff in den Luftverkehr (§ 315 StGB) zu bestrafen sein[3].

2. Trotz seiner Anschaulichkeit bestehen auch Bedenken gegen die Verwendung des dem Seerecht entlehnten Ausdrucks: *Luft- oder Flugzeugpiraterie* (Aircraft piracy, piraterie aérienne), soweit er sich nicht auf den innerstaatlichen Bereich beschränkt. Denn dieser immer häufiger in der Presse und im Schrifttum zu findende Begriff[4] besitzt im Völkergewohnheitsrecht und -vertragsrecht[5] bereits eine spezifische Bedeutung und ist — wie im einzelnen noch nachzuweisen sein wird — auf die gewaltsame Inbesitznahme eines Luftfahrzeuges durch an Bord befindliche Personen nur bedingt anwendbar. Falls überhaupt, so müßte hier im völkerrechtlichen Sinne — wie *Tapia Salinas* vorschlägt[6] — von *„Pseudo-Piraterie"* oder *„Quasi-Piraterie"* gesprochen werden, ein wenig schönes Wort, das keineswegs zur Klärung des Begriffs beizutragen vermag. Hingegen bestehen keinerlei Bedenken gegen eine Verwendung des Begriffs Luft- oder Flugzeugpiraterie für rein nationale Straftatbestände — wie sie beispielsweise in dem vom amerikanischen Kongreß als erstem nationalen Gesetzgeber am 5. 9. 1961 erlassenen *Aircraft Piracy Amendment* zum Federal Aviation Act geschaffen wurden. Denn die Staaten sind nicht gehindert, den Tatbestand der Piraterie in ihrem innerstaatlichen Recht weiter zu fassen als das Völkerrecht[7].

3. Die Verfasser des unter der Schirmherrschaft der ICAO entstandenen *Tokioter Abkommens* haben zur Bezeichnung dieses Deliktes den Ausdruck *„Unbefugte Inbesitznahme eines Luftfahrzeuges"* (unlawful seizure of aircraft, capture illicite d'aéronefs, apoderamiento ilicito)

---

[3] Vgl. *Rudolf*, A., Die Ahndung fliegerischer Verstöße, ZLW 1962, S. 215.

[4] So *Valladao*, H., Piratérie aérienne, nouveau délit international, RGA 1969, S. 261; *Meyer*, A., Luftpiraterie als Rechtsproblem — Die Suche nach international bindenden Regeln, in ZLW 1969, S. 1; *Stalder*, F., Die Luftpiraterie in rechtlicher Sicht, in ZLW 1969, S. 151; *Pontavice*, E. du, La piratérie aérienne: notion et effets, in RGA 1969, S. 276.

[5] Vgl. Art. 15 des Genfer Abkommens über die Hohe See von 1958.

[6] *Tapia Salinas*, El apoderamiento ilicito de una aeronave, in Communicación a la Confederation Interamericana de Transporte Aereo, Quito, 1969.

[7] Vgl. hierzu *Colombos*, Internationales Seerecht, 4. A., § 463, sowie die Ausführungen im Zweiten Teil der Arbeit.

gewählt[8]. Diese Bezeichnung besitzt den Vorteil, daß sie zwar nicht die besonders verwerfliche Gewaltanwendung, wohl aber ein anderes wesentliches Element der Tathandlung wiedergibt, nämlich die widerrechtliche Übernahme der Befehlsgewalt an Bord. Jedoch läßt sie jeglichen Hinweis auf den vom Täter hiermit verfolgten Zweck vermissen, der darin besteht, die Insassen zu einem ganz bestimmten Verhalten, dem Flug in ein anderes Land, zu zwingen. Tathandlung und zweckgerichteter Wille des Täters können aber nicht isoliert betrachtet werden, da erst beide Elemente gemeinsam den eigentlichen Wesensgehalt dieses Delikts ausmachen.

Der Ausdruck „Unbefugte Inbesitznahme von Luftfahrzeugen" ist im übrigen auch unvollständig, da hiervon auch die völlig anders gelagerten Fälle der unbefugten Inbesitznahme eines auf dem Flugplatz abgestellten leeren Luftfahrzeuges — beispielsweise zum Zwecke eines Schwarzflugs — umfaßt würden. Deshalb müßte es richtig heißen: Unbefugte Inbesitznahme eines im Flug befindlichen Luftfahrzeuges (unlawful seizure of aircraft in flight).

4. Diesem Erfordernis werden die von einigen französisch- und spanisch-sprachigen Autoren vorgeschlagenen Benennungen „déroutement des aéronefs"[9], „détournement d'aéronefs"[10], „desviación compulsiva de aeronaves en vuelo"[11] besser gerecht, die sich im Deutschen mit „Gewaltsame Umleitung von Luftfahrzeugen" oder „Erzwungene Kursänderung im Flug befindlicher Luftfahrzeuge" wiedergeben lassen.

5. Als geeignetste deutsche Benennung erscheint dem Verfasser die Bezeichnung: *Gewaltsame Entführung von Luftfahrzeugen* oder in sprachlich knapp zusammengefaßter Form: *Gewaltsame Flugzeugentführung.* Zwar ist es bei Vorliegen mehrerer brauchbarer Benennungen letztlich nur eine Frage der Zweckmäßigkeit, welcher von ihnen der Vorzug zu geben ist, doch spricht für die Wahl dieses Ausdrucks vor allem der Umstand, daß er in anschaulicher Weise das gewaltsame — und damit implizite auch widerrechtliche — Verbringen des Luftfahrzeuges und seiner Insassen an einen ihnen unerwünschten Ort bezeichnet. Bei einer Entführung wird das Opfer mittels Gewalt oder Drohung des Gebrauchs seiner persönlichen Freiheit beraubt und von dem Täter, der durch diese Zwangsmittel die physische Herrschaft über das Opfer erlangt hat, vom bisherigen Aufenthaltsort fortgeführt und an

---

[8] Vgl. Artikel 11 des Tokioter Abkommens.

[9] *Valay,* M. E., Le déroutement des aéronefs, in RGA 1969, S. 340.

[10] *La Pradelle,* P. de, Les déroutements d'aéronefs et le droit international, in RGA 1969, S. 249.

[11] *Maciel,* R., Desviación compulsiva de aeronaves en vuelo, Revista aereo-espacio, April 1969, S. 55.

einen anderen Ort gebracht. Wenngleich auch bisher erst wenige Fälle bekannt sind, in denen die Täter lediglich deshalb die Kontrolle über ein Flugzeug an sich gebracht haben, um bestimmte an Bord befindliche Personen in einen anderen Staat zu entführen[12], so bedeutet dies doch nicht, daß in den übrigen Fällen keine Entführungshandlungen vorlägen. Denn auch derjenige, der sich widerrechtlich eines Flugzeugs bemächtigt, um auf diese Weise in einen bestimmten Staat zu gelangen, kann sein Ziel nur dadurch erreichen, daß er Besatzung und Fluggäste ihrer Handlungsfreiheit beraubt und sie gegen ihren Willen mit sich in das von ihm ausgewählte Land führt. Das bedeutet, eine Entführungshandlung liegt nicht nur dann vor, wenn die Entführung das *Ziel* der Willensbetätigung des Täters war, sondern auch dann, wenn sie nur das *Mittel* zu einem weiteren Ziel bildete oder wenn sie lediglich eine in den Verwirklichungswillen mitaufgenommene *Nebenfolge* des von dem Täter bezweckten Erfolges war. Betrachtet man zudem die Tat aus der Sicht der unmittelbar Betroffenen, also der Besatzung und Passagiere, so dürfte auch für sie das gegen ihren Willen erfolgende Verbringen in ein fremdes Land — und damit das Entführungselement — im Vordergrund stehen. Aus diesen Gründen wird in der vorliegenden Arbeit der Ausdruck *(Gewaltsame) Flugzeugentführung* zur terminologischen Bezeichnung dieser Gewalttaten verwandt[13]. Zur Vermeidung häufiger Wiederholungen erscheint es unschädlich, daneben den allgemein üblichen Ausdruck *Hijacking*, mag er auch keinen exakten juristischen Erkenntniswert besitzen, gewissermaßen als eine international verstandene Abkürzung zu benutzen, da dem Leser dessen Bedeutung bekannt ist. Dagegen ist der Ausdruck *Luftpiraterie* als Begriffsbezeichnung in dieser völkerrechtlichen Arbeit vermieden worden, da er bereits mit teilweise abweichendem Inhalt Eingang in die Rechtssprache gefunden hat.

---

[12] Der *Tschombé-Fall* ist das bekannteste Beispiel. Auch die Entführung einer israelischen und amerikanischen Maschine nach Algier und Damaskus durch palästinensische Kommandos diente vorwiegend dem Zweck, hochgestellte israelische Persönlichkeiten als Geiseln in ein mit Israel im Kriegszustand befindliches Land zu entführen.

[13] Was die terminologische Bezeichnung des Beförderungsmittels der Luftfahrt anbelangt, so wird in den deutschen Luftverkehrsbestimmungen der Begriff *Luftfahrzeug* verwandt, der gemäß Art. 1 Abs. 2 des Luftverkehrsgesetzes neben den eigentlichen Flugzeugen auch alle sonstigen für die Benutzung des Luftraums bestimmten Geräte umfaßt. In der vorliegenden Arbeit wird in Übereinstimmung mit *Riese* (Luftrecht, S. 17) in der Regel von *Flugzeugen* gesprochen, da sie das bei weitem wichtigste Transportmittel des internationalen Luftverkehrs sind und bislang keine gewaltsamen Entführungen anderer Luftfahrzeuge bekannt geworden sind. Aus stilistischen Gründen wird neben diesem — wie *Riese* mit Recht betont — auch sprachlich gefälligeren Ausdruck ebenfalls die ein wenig veraltet anmutende Bezeichnung *Luftfahrzeug* benutzt, wobei darauf hinzuweisen ist, daß hiermit keine rechtlich relevante Unterscheidung bezweckt wird. Vielmehr sind die für

3. Kapitel: Der politische Aspekt vieler Flugzeugentführungen

I. Einleitung

Bei den in dieser Arbeit verwerteten Hijacking-Fällen lassen sich zwei Hauptgruppen unterscheiden, die in ihren praktischen Auswirkungen zwar gleich, ihrer unterschiedlichen rechtlichen Problematik wegen aber grundsätzlich zu trennen sind.

1. Es sind dies einmal diejenigen Fälle, in denen der Täter mit seiner Tat ausschließlich persönliche Zwecke verfolgt und die somit den Charakter gemeiner Verbrechen („common law crimes") besitzen. Zumeist handelt es sich dabei um Täter, denen die Entführung eines Verkehrsflugzeugs einen nahezu risikolosen Fluchtweg vor drohender strafrechtlicher Verfolgung eröffnet[1], oder um geistig labile Personen, welche die Möglichkeit lockt, ein sensationelles Verbrechen zu begehen, dem die Aufmerksamkeit der Massenmedien gewiß ist[2].

2. Dieser zahlenmäßig überwiegenden Fallgruppe steht eine beträchtliche Anzahl von Hijacking-Fällen gegenüber, die eine politisch motivierte Handlungsweise der Täter erkennen lassen.

Hierzu zählen nicht nur die zahlreichen Fälle einer Flucht vor tatsächlicher oder nur in der Einbildung des Täters bestehender politischer Verfolgung, sondern auch diejenigen Taten, die der Verschleppung an Bord befindlicher Persönlichkeiten des öffentlichen Lebens dienten,

---

Flugzeuge geltenden Regelungen in gleicher Weise auf alle sonstigen dem Luftverkehr dienenden Fluggeräte anwendbar, soweit nicht ausdrücklich auf eine abweichende Rechtslage hingewiesen wird.

[1] Nach Auskunft des amerikanischen Justizministeriums vom 26. 2. 1969 befanden sich unter den 49 Tätern, die bis zum damaligen Zeitpunkt 46 amerikanische Flugzeuge nach Kuba entführt hatten, 14 Personen mit einer nachweisbaren kriminellen Vergangenheit: „Of those, three were wanted on fugitive warrants for criminal activity, two had escaped from prison and one was away from the military without official leave. Of the remaining 35, whom we have not been able to obtain verified criminal records, our information shows that two were away from the military without official leave, two were wanted on bad check charges, one had been charged with petty larceny and one was charged with attempted murder of a policeman." (Anhang 7 zum Congress Report on Aircraft Piracy).

[2] Ein Vertreter der amerikanischen Regierung charakterisierte die Mehrzahl der Hijacker als „fugitives from justice, malcontents, and people with personality disorders". Ein anderer verglich die Hijackingwelle mit einer ansteckenden Krankheit: „News accounts of a hijacking committed by one person plant seeds in the minds of others and, as in the case of bomb threats these crimes tend to run in cycles." (Congress Report on Aircraft Piracy, S. 2). In ähnlichem Sinne äußerte sich auch der Generalsekretär des Internationalen Luftverkehrsverbandes (IATA), *Knut Hammarskjöld*, der eine größere Zurückhaltung seitens der Presse forderte. Der Anreiz wäre erheblich geringer, wenn die Täter nicht damit rechnen könnten, sich vor der Weltöffentlichkeit ins Rampenlicht zu stellen (Pressekonferenz vom 2. 9. 1969, Neue Zürcher Zeitung vom 3. 9. 1969).

durch die das Augenmerk der Weltöffentlichkeit auf mißbilligte politische Verhältnisse gelenkt oder aber politischer Terror ausgeübt werden sollte.

In der Regel handelt es sich auch hier um isolierte Handlungen Einzelner; jedoch läßt sich nicht verkennen, daß in letzter Zeit die Zahl derjenigen Fälle zunimmt, in denen die Entführung eines Verkehrsflugzeugs eine sorgfältig vorbereitete Teiloperation organisierter Gruppen in ihrem politischen Kampf gegen bestimmte Staaten oder Regierungen bildete. Es handelt sich hierbei um eine neue Form politischen Gruppenterrors, von dem die Urheber sich einen doppelten Vorteil erhoffen: einmal die Einschüchterung und wirtschaftliche Schädigung des Gegners und der mit ihm Luftverkehr treibenden Staaten und zum anderen eine weltweite Publizität ihrer politischen Ziele.

II. Flugzeugentführungen als Kriegshandlungen?

Es waren vor allem palästinensische Untergrundorganisationen, die in unmittelbarem Zusammenhang mit dem arabisch-israelischen Konflikt die Entführung israelischer und sonstiger Israel anfliegender Verkehrsflugzeuge zu ihrem bevorzugten politischen Kampfmittel machten[3]. Bekanntlich haben diese Organisationen die Fortführung des Kampfes gegen Israel nach der militärischen Niederlage der arabischen Staaten im Juni 1967 als ihr Hauptziel proklamiert. Hierzu bedienen sie sich — wie *La Pradelle* zutreffend ausführt — eines „terrorisme fonctionel dont la préparation et l'exécution confinent à la stratégie et la tactique d'une opération de conflit armé"[4].

Diese gegen den zivilen Luftverkehr Israels gerichteten gezielten Gewaltakte, die in aller Welt Bestürzung und Empörung ausgelöst haben, wurden von arabischer Seite als „legitime Kriegshandlungen" bezeichnet. So hat die sogenannte „Volksfront für die Befreiung Palästinas" (PFLP)[5], eine der insgesamt zehn zum Teil miteinander rivalisierenden arabischen Widerstandsgruppen, nach der Entführung der israelischen Boeing 707 nach Algerien erklärt, es handle sich hierbei um eine neue Form des Befreiungskrieges; die Maschine werde als Kriegsbeute und die entführten Israelis als Geiseln für in Israel gefange-

---

[3] Daneben verübten sie in Athen, Karatschi, Zürich, Frankfurt und München Bombenanschläge und Feuerüberfälle auf israelische, schweizer und österreichische Verkehrsmaschinen sowie auf Büros der israelischen Fluggesellschaft El Al. Angehörige der sog. Eritreischen Befreiungsfront folgten ihrem Beispiel mit der Entführung äthiopischer Verkehrsflugzeuge.

[4] P. *de La Pradelle,* Les détournements d'aéronefs et le droit international, in RGA 1969, S. 251.

[5] Popular Front for the Liberation of Palestine, nachfolgend als PFLP abgekürzt.

haltene Palästinenser betrachtet. In gleicher Weise äußerte sich diese Gruppe nach der Entführung der amerikanischen TWA-Maschine nach Damaskus am 29. August 1969[6], für die sie gleichfalls die Verantwortung übernommen hat.

Träfe die Auffassung der PFLP zu, so würde dies bedeuten, daß die von dieser Gruppe ausgeführten Flugzeugentführungen in die seit dem Ende des „Sechstagekrieges" mit zunehmender Heftigkeit rings um Israel geführten kriegerischen Aktionen einzureihen wären und damit aus unserer grundsätzlich auf das Friedensvölkerrecht beschränkten Untersuchung ausschieden. Da es aber nicht angängig ist, eine so schwerwiegende Behauptung ungeprüft zu akzeptieren, so ist es geboten, nachfolgend anhand eines kurzen Exkurses in das Kriegsvölkerrecht die Richtigkeit dieser These zu überprüfen.

1. Der Begriff der Kriegshandlung

Unter „rechtmäßiger Kriegshandlung" versteht das allgemeine Kriegsvölkerrecht[7] jene Gewaltmaßnahmen, die in einem Krieg oder

---

[6] Nach Ansicht von *La Pradelle* sollten diese Zwischenfälle vor allem dazu dienen, „de forcer, par un effet de suspense et de défi, l'attention des gouvernements à travers le monde de manière à les amener à accorder aux autorités qui l'ont commandé le bénéfice d'une reconnaissance internationale de belligérants (P. de *La Pradelle,* Les détournements d'aéronefs et le droit international, a.a.O., S. 251).

[7] Im folgenden wird nur auf die für den Bereich des allgemeinen Kriegsführungsrechts sowie der Land-, See- und Luftkriegsführung allgemein verbindlichen Rechtsgrundsätze Bezug genommen. Es sind dies vor allem die beiden *Haager Abkommen über die Gesetze und Gebräuche des Landkrieges* vom 29. 7. 1899 und 18. 10. 1907 (LKA) mit dessen Anlage betreffend die Ordnung der Gesetze und Gebräuche des Landkrieges (Haager Landkriegsordnung, abgekürzt: HLKO), die nach dem Urteil des Nürnberger Militärgerichtshofs vom 1. 10. 1946 schon vor dem Zweiten Weltkrieg allgemein verbindliches Gewohnheitsrecht geworden sind (abgedruckt in AJIntL. 1947, S. 248).

Hierzu kommen die vier am 12. August 1949 in Genf unterzeichneten *Rotkreuzabkommen* zur Verbesserung des Loses der Verwundeten und Kranken der Heere im Felde (I), zur Verbesserung des Loses der Verwundeten, Kranken und Schiffbrüchigen der Streitkräfte zur See (II), über die Behandlung der Kriegsgefangenen (III) sowie über den Schutz der Zivilpersonen in Kriegszeiten (IV). Diese vier Rotkreuzabkommen sind sowohl für Israel sowie auf arabischer Seite für Ägypten, Jordanien, den Libanon, Saudi-Arabien, den Irak und Syrien verbindlich.

Auf die Haager Luftkriegsregeln von 1923, die mangels Ratifizierung das Ziel der Verfasser, ein der HLKO vergleichbares Kollektivabkommen für den modernen Luftkrieg zu bilden, nicht erreicht haben, wird nur insoweit Bezug genommen, als sich diese Regeln — wie *Verdross* ausführt — als „eine Ableitung aus den allgemeinen Grundsätzen des Kriegsrechts darstellen" (VR, S. 479). Nach *von der Heydte* haben diese Luftkriegsregeln entscheidende Bedeutung als Ausdruck der im damaligen Zeitpunkt bestehenden Rechtsüberzeugung und als Festlegung damals geltenden Völkergewohneinem sonstigen bewaffneten Konflikt internationalen Charakters von den zur Kriegsführung berechtigten Personengruppen einer Konfliktspartei mit zulässigen militärischen Machtmitteln gegen militärische Ziele der anderen Konfliktspartei durchgeführt werden[8].

Im einzelnen müßten daher folgende Voraussetzungen erfüllt sein, um die Gewaltakte der PFLP unter diesen Rechtsbegriff subsumieren zu können:

a) Das Bestehen eines Kriegszustandes oder eines kriegsähnlichen Konfliktes gegenüber Israel zur fraglichen Zeit. Hinsichtlich der mit Israel verfeindeten arabischen Länder ist dies zu bejahen, da nach dem Ende des in die Geschichte als „Sechstagekrieg" eingegangenen Kampfes im Juni 1967 keine vertragliche Beendigung des Kriegszustandes erfolgte. Vielmehr trat lediglich eine vorläufige Waffenruhe ein, die man als faktischen oder „Patt"-Waffenstillstand bezeichnen könnte. Während eines Waffenstillstandes dauert aber der Krieg im Rechtssinne fort[9]. Im übrigen ist diese Waffenruhe jedoch auch von beiden Seiten so häufig gebrochen worden, daß bereits von einer lokal begrenten Wiederaufnahme der Kampfhandlungen gesprochen werden muß. Die arabischen Staaten, vor allem Ägypten, Syrien, Jordanien, der Libanon und Algerien, beharren zudem ausdrücklich auf der Fortdauer des Kriegszustands, und zwar in ähnlicher Weise wie Ägypten nach den Kriegen von 1949 und 1956, das hieraus unter anderem ein Recht zur Sperrung des Suezkanals für israelische und sonstige Israel anlaufende Schiffe ableitete[10].

b) Weitere Voraussetzung für die Wertung einer Gewalttat als rechtmäßige Kriegshandlung ist die Zugehörigkeit der Handelnden zum Kriegsstand, also zu einer jener Personengruppen, denen das Völkerrecht die Berechtigung zur Teilnahme an Kampfhandlungen vorbehalten hat.

---

heitsrechts (*Von der Heydte*, A., Luftkriegsregeln von 1923, in WdVR II, S. 442).

[8] Der Begriff der Kriegshandlung wird hier in seinem eigentlichen Sinne gebraucht. Er umfaßt neben Kampfhandlungen jeden sonstigen Einsatz militärischer Machtmittel, also auch die Wegnahme feindlicher Schiffe und Luftfahrzeuge als Maßnahmen des Handelskrieges. In weiterem Sinne können unter diesem Begriff auch solche Maßnahmen verstanden werden, die mit anderen als militärischen Machtmitteln gegen feindliche Staaten und deren Staatsangehörige erfolgen. Neben den Maßnahmen der Wirtschaftskriegsführung, wie die Sequestrierung feindlichen Privateigentums, zählt hierzu insbesondere die Internierung der auf dem Staatsgebiet des Gegners befindlichen feindlichen Ausländer (vgl. hierzu *Verdross*, VR, S. 468 f. und *Seidl-Hohenveldern*, VR, Rdz. 1330 ff.).

[9] Vgl. Art. 36 und 40 HLKO.

[10] *Seidl-Hohenveldern*, VR, Rdz. 1351.

Aufgrund der durch die Erfahrungen des Zweiten Weltkriegs notwendig gewordenen Fortentwicklung des Kriegsvölkerrechts, die insbesondere in den vier Rotkreuzabkommen von 1949 zum Ausdruck kommt, können neben den Angehörigen der Streitkräfte und der Miliz und Freiwilligenkorps (Art. 1 HLKO) auch Mitglieder organisierter Widerstandsbewegungen, die zu einer Konfliktspartei gehören, den völkerrechtlichen Status aktiver Kombattanten besitzen. Gemäß Art. 4 des III. Rotkreuzabkommens über die Behandlung von Kriegsgefangenen vom 12. 8. 1949[11] genießen solche Gruppen jedoch nur dann den Schutz des Kriegsvölkerrechts, wenn sie eine Reihe von Voraussetzungen erfüllen, die den Erfordernissen des Art. 1 HLKO entsprechen:

a) An der Spitze der Bewegung muß eine für ihre Untergebenen verantwortliche Person stehen,

b) ihre Mitglieder müssen ein bestimmtes, aus der Ferne erkennbares Abzeichen tragen, sowie

c) die Waffen offen führen und

d) bei ihren Unternehmungen die Gesetze und Gebräuche des Krieges beachten.

Überprüft man die Aktionen der „Palästinensischen Befreiungsfront" anhand dieser Kriterien, so zeigt sich zweifelsfrei, daß keine ihrer als „Kriegshandlung" deklarierten Flugzeugentführungen die genannten Voraussetzungen erfüllte:

Zwar dürften gegen die Zugehörigkeit der PFLP zur arabischen Konfliktspartei keine Bedenken bestehen. Es kann dahinstehen, ob eine ausdrückliche staatliche Ermächtigung zur Kampfführung erfolgte, da es ausreicht, daß die Gruppe interessengemäß im Dienst eines am Konflikt beteiligten Völkerrechtssubjekts handelte[12], welches sie — wenn auch nur konkludent — als ihm zugehörig anerkennt[13]. Ob die von der PFLP ausgeführten Flugzeugentführungen im objektiven Interesse der arabischen Seite lagen, erscheint angesichts der weltweiten Verurteilung dieser Gewaltakte allerdings fraglich. Dennoch ist von einer de facto-Ermächtigung auszugehen, da die PFLP ihren ständigen Aufent-

---

[11] Wenngleich es nicht Aufgabe dieses Abkommens sein konnte, die Fragen der zur Kriegsführung berechtigten Personengruppen zu regeln, so setzt doch — wie Knackstedt betont — die Zuerkennung der Kriegsgefangeneneigenschaft zugleich die internationale Anerkennung als legitime Kombattanten voraus (*Knackstedt*, H., Kombattanten, in WdVR II, S. 260; vgl. auch *Seidl-Hohenveldern*, VR, Rdz. 1321 und *Verdross*, VR, S. 448; sowie *Strebel*, H., Widerstandsbewegung, in WdVR III, S. 842).

[12] *Schmid*, J., Partisanen, in WdVRII, S. 745.

[13] Vgl. *Strebel*, H., Widerstandsbewegung, in WdVR III, S. 842; ders. Kriegsgefangene, in WdVR II, S. 345.

halt im Gebiet der mit Israel im Krieg befindlichen Staaten hat und ihre Aktionen ohne Billigung oder gar Unterstützung dieser Staaten gar nicht ausführen könnte.

Diese Frage kann jedoch letztlich auf sich beruhen[14], da den für die Flugzeugentführungen verantwortlichen Angehörigen der PFLP wegen klarer Verstöße gegen sonstige zwingende Erfordernisse des Art. 4 des III. Rotkreuzabkommens in jedem Falle der Status rechtmäßiger Kombattanten zu versagen ist[15]. Denn die sogenannten „Kommandos" der PFLP begaben sich jeweils in einem im Nahostkonflikt neutralen Land mit versteckten Waffen in der Maske friedlicher Zivilpersonen an Bord der später von ihnen überfallenen Verkehrsflugzeuge. Sie verstießen damit gegen das für alle aktiven Kombattanten geltende Gebot, bei sämtlichen militärischen Einsätzen feste, von weitem erkennbare Abzeichen zu tragen sowie die Waffen, soweit dies bei einer kriegsrechtmäßigen Kampfführung möglich ist, offen zu führen[16]. Zweck dieser Regelung ist es, zu verhindern, daß Kämpfende sich den Anschein friedlicher, durch das IV. Rotkreuzabkommen geschützter Zivilpersonen geben, um unter Mißbrauch dieses Anscheins hinterhältige Gewaltakte zu begehen[17].

2. *Der Mohamed Ali-Fall*

Auf die entscheidende Bedeutung dieser Bestimmungen für die Zuerkennung des aktiven Kombattantenstatus — und damit im Falle der

---

[14] Ebenso die Frage, ob — anders als im Falle der großen palästinensischen Widerstandsorganisationen, wie der Al Fatah und Al Saika, die vornehmlich in den von Israel besetzten Gebieten operieren, — kleinere Aktionsgruppen, zu denen die PFLP zählt, überhaupt eine nach Art. 4 des III. Rotkreuzabkommens erforderliche Organisationsform mit einer der eigenen wie der gegnerischen Partei für die Handlungen der Gruppe verantwortlichen Führung besitzen.

[15] Trotz fehlender Kombattantenstellung wären die Täter wegen der über der hohen See begangenen gewaltsamen Flugzeugentführung nach überwiegender Ansicht nicht als *Piraten* im völkerrechtlichen Sinne zu bestrafen. Vgl. hierzu im einzelnen S. 123, insbesondere den auf S. 124 erwähnten Art. 3 der Harvard Draft Convention on Piracy, wonach Gewaltakte von „recognized belligerent organizations or of unrecognized revolutionary bands" nicht unter den völkerrechtlichen Pirateriebegriff fallen.

[16] Ausnahmen gelten nur in den Fällen, in denen der Wille zum Kampf aus anderen Merkmalen als der Waffe eindeutig erkennbar ist (vgl. *von der Heydte*, VR II, S. 256).

[17] Vgl. *Strebel*, H., Widerstandsbewegung, in WdV III, S. 842. Die Handlungsweise der PFLP-Angehörigen stellt auch keine zuverlässige Tarnung oder erlaubte Kriegslist im Sinne des Art. 24 HLKO dar, sondern vielmehr eine mit dem Grundsatz der militärischen Ehre und Achtung des Gegners unvereinbare und daher nach geltendem Kriegsrecht verbotene Hinterlist (sog. perfide List). So auch *Moritz*, G., Kriegslist, in WdVR III, S. 350, der den Mißbrauch der Zivilkleidung als gewohnheitsrechtlich verboten ansieht.

Gefangennahme für die Behandlung als Kriegsgefangener — hat der *Privy Council* in einer Entscheidung[18] in jüngster Zeit noch einmal nachdrücklich hingewiesen. Im Falle *Mohamed Ali and Another v. Public Prosecutor* hatten zwei Zivilkleidung tragende Angehörige der indonesischen Streitkräfte während des Konfliktes zwischen Indonesien und Malaysia eine Bombe in einem Bürogebäude in Singapur zur Explosion gebracht, wobei drei Zivilisten den Tod fanden. Die Täter wurden ergriffen und von dem Federal Court of Malaysia wegen Mordes zum Tode verurteilt. Der Privy Council verwarf die gegen diese Entscheidung gerichtete Revision der Verurteilten. Unter Berufung auf Artikel 4 der III. Rotkreuzkonvention sowie auf die Staatenpraxis und das völkerrechtliche Schrifttum stellte der Privy Council fest, die Täter hätten „forfeited their rights under the Convention by engaging in sabotage in civilian clothes“[19].

3. *Ergebnis*

Nach alldem ist festzustellen, daß die Entführer der PFLP wegen Verletzung der kriegsrechtlichen Kennzeichnungspflicht und des Gebotes der offenen Waffenführung keine rechtmäßigen Kombattanten waren und folglich nicht den Schutz des Kriegsvölkerrechts genießen[20].

Aus diesem Grunde erübrigt es sich, des weiteren zu untersuchen, ob ihnen dieser priviligierte Status auch wegen Verletzung sonstiger kriegs- und neutralitätsrechtlicher Regeln zu versagen wäre. In Betracht kommen Verstöße gegen die Pflicht zur Achtung der Gebietshoheit neutraler Staaten[21], die sich auch auf den neutralen Luftraum erstreckt, gegen die Regeln über die räumliche Erstreckung des Kriegsschauplatzes, über die legitimen Kampfziele[22] und -methoden[23], sowie

[18] P. C. (1968) 3 A 11 E. R. 488.

[19] Die beiden Saboteure wurden im Oktober 1968 trotz eines Gnadensersuchens des indonesischen Präsidenten in Singapur gehängt (vgl. *Baxter*, R., The Privy Council on the Qualifications of Belligerents, AJIntL. 1969, S. 296).

[20] Wären die Flugzeugentführer in israelische Hand gefallen, so hätten sie als *Freischärler* bestraft werden können, da sie sich an einem bewaffneten Konflikt internationalen Charakters aktiv beteiligten, ohne rechtmäßiger Kombattant zu sein. Bei der Behandlung von Freischärlern sind die Regeln des IV. Rotkreuzabkommens (Art. 4, 5, Art. 64 ff.) zu beachten, unter dessen Schutz diese Personen stehen. Bestrafungen sind nur aufgrund des Urteils eines ordentlich bestellten Gerichts zulässig.

[21] Vgl. Art. 1 des Haager Abkommens über die Rechte und Pflichten der neutralen Mächte und Personen im Falle eines Landkrieges vom 18. 10. 1907 (RGBl. 1910, S. 151 ff.).

[22] Erlaubtes Ziel der Kampfhandlungen sind nur die feindlichen Kombattanten und sonstige militärische Objekte, deren Zerstörung für den Kriegsführenden einen klaren militärischen Vorteil bedeutet.

[23] Verboten sind Kriegsmittel und Kampfmethoden, die durch ihre Gefähr-

endlich gegen das Konterbande- und Prisenrecht gegenüber feindlichen und neutralen Zivilluftfahrzeugen, die einer neutralitätswidrigen Unterstützung des Feindes verdächtigt werden[24].

Zusammenfassend ist somit festzustellen, daß die bisherigen von Mitgliedern der PFLP ausgeführten Flugzeugentführungen keine legitimen Kriegshandlungen, sondern strafrechtliche Tatbestände sind, durch die in unverantwortlicher und hinterhältiger Weise das Leben vieler hundert Menschen in Gefahr gebracht wurde.

III. Flugzeugentführungen als politische Terrorakte

Diese Gewaltakte stellen, wie bereits eingangs erwähnt, eine neue Form des Terrorismus dar, der dadurch völkerrechtlich bedeutsam wird, daß seine Auswirkungen über die Grenzen eines einzelnen Staates hinausreichen. Seine Opfer sind viele an den politischen Auseinandersetzungen völlig unbeteiligte Flugreisende dritter Staaten geworden. Bislang gibt es keine allgemeine völkerrechtliche Verpflichtung der Staaten zur Bekämpfung von Terrorverbrechen[25]. Obgleich — wie *von Weber* anhand der Attentate von Sarajewo auf den österreichischen Thronfolger im Jahre 1914 und von Marseille vom 9. Oktober 1934 auf den jugoslawischen König *Alexander* und den französischen Außenminister *Barthou* darlegt — der Gruppenterror in neuerer Zeit wiederholt den Weltfrieden bedrohte[26], wurden die am 16. November 1937 in Genf beschlossenen Konventionen zur Verhütung und Bekämpfung des Terrorismus und über die Errichtung eines internationalen Strafgerichtshofes zur Bestrafung solcher Verbrechen nicht ratifiziert. Damit bleiben die in diesen Abkommen vorgesehenen Verpflichtungen der Mitgliedstaaten, Terrorakte — auch soweit sie sich gegen andere Vertragsstaaten richten — zu bestrafen und sie — ungeachtet ihres etwai-

---

lichkeit oder heimtückische Verwendung die Gesetze der Menschlichkeit verletzen.

[24] Zu dieser Frage hat *La Pradelle* (Les détournements d'aéronefs et le droit international, RGA 1969, S. 260) ausgeführt:

„En aucun cas les détournements d'aéronefs de type belliqueux relevés à ce jour ne peuvent être assimilés à des déroutements réguliers, commandés et contrôlés par des autorités responsables, définies dans le cadre traditionnel des lois de la guerre. Leur forme sauvage, totalement indifférente, aux principes généraux d'un droit international formel et matériel applicables aux hostilités ne peut être tolérée sous le prétexte d'une amodiation des règles de capture et de prise qui serait indulgente aux difficultés et aux mérites d'une action de résistance ou de libération."

[25] Lediglich für einzelne Akte terroristischen Charakters, die Humanitäts- oder Kriegsverbrechen darstellen, besteht nach den Genfer Rotkreuzabkommen (I: Art. 50; II: Art. 51; III: Art. 130; IV: Art. 147) für die Vertragsstaaten eine strikte Bestrafungspflicht.

[26] *von Weber*, H., Terrorismus, in WdVR III, S. 439.

gen politischen Charakters — der Auslieferung zu unterwerfen[27], weiterhin rechtspolitische Postulate.

Den Staaten ist es daher unbenommen, auch dem Täter einer der terroristischen Zwecken dienenden Flugzeugentführungen die herkömmlichen Privilegien eines politischen Verbrechers einzuräumen und die Frage der Bestrafung, Auslieferung oder Asylgewährung unter dem Gesichtspunkt des politischen Charakters der Tat zu behandeln.

Gerade in unserer Zeit, die eine erschreckende Verrohung des politischen Kampfes mit einer zunehmenden Geringschätzung des menschlichen Lebens und des internationalen Rechts erkennen läßt, ist das Scheitern des Versuches, besonders gefährliche Formen des Terrorismus nach dem Vorbild anderer international relevanter Verbrechen weltweit zu verfolgen, zu bedauern. Angesichts der bestehenden gesellschaftspolitischen und weltanschaulichen Gegensätze innerhalb der Völkergemeinschaft und der dadurch bedingten vielfältigen revolutionären Bestrebungen wäre es aber wohl eine Illusion anzunehmen, daß ein erneuter Verstoß in dieser Richtung erfolgreicher sein würde. Dagegen erscheint die Forderung des amerikanischen Außenministeriums durchaus realistisch, wegen der heutigen Bedeutung der Luftfahrt und ihrer besonderen Anfälligkeit gegenüber Terrorakten wenigstens für diesen Teilbereich „die internationalen Bemühungen um eine Eindämmung der terroristischen Aktionen gegen unschuldige Teilnehmer am internationalen Luftverkehr zu verstärken"[28].

IV. Zusammenfassung

Nach alledem ist festzustellen, daß die bisherigen von Befreiungs- und Widerstandsgruppen verübten Flugzeugentführungen nicht unter das Kriegsrecht fallen. Diese Gewalt- und Terrorakte unterliegen daher der gleichen rechtlichen Würdigung wie sonstige politisch motivierte transnationale Hijackingfälle.

V. Zur Haltung der mit Israel verfeindeten Landestaaten

Zum Abschluß dieses Exkurses in das Kriegsvölkerrecht seien einige Anmerkungen über das Verhalten Algeriens und Syriens gegenüber den von der PFLP in ihr Gebiet entführten Flugzeugen und deren Insassen aus kriegsrechtlicher Sicht gestattet. Das Festhalten der Besatzungsmitglieder und Passagiere israelischer Staatsangehörigkeit sowie der israelischen Verkehrsmaschine über einen längeren Zeitraum

---

[27] Art. 8 der 1. Konvention.

[28] Zitiert nach der FAZ v. 23. 2. 1970.

wurde ganz überwiegend als Verstoß gegen elementare Grundsätze des internationalen Luftrechts sowie des völkerrechtlichen Fremdenrechts gewertet[29]. Hierbei wurde jedoch übersehen, daß — wie bereits erwähnt — beide Staaten sich zum fraglichen Zeitpunkt als mit Israel im Kriegszustand befindlich betrachteten[30]. Daher bestimmte sich die Zulässigkeit der Maßnahmen nach den im Kriegsfalle gegenüber feindlichen und neutralen Zivilluftfahrzeugen und deren Insassen geltenden völkerrechtlichen Regeln.

Nach den Haager Luftkriegsregeln von 1923[31], die — obgleich sie nicht geltendes Völkervertragsrecht geworden sind — auch heute noch die umfassendste Aufzeichnung des im Luftkrieg geltenden Gewohnheitsrechts darstellen, unterliegen feindliche Zivilluftfahrzeuge, die in die Hand einer kriegsführenden Macht fallen, unter allen Umständen der Beschlagnahme[32]. Was die Behandlung der Insassen anbetrifft, so können diejenigen Mitglieder der Besatzung, die feindliche Staatsangehörige sind oder als neutrale Staatsangehörige im Dienste des Feindes stehen, zu Kriegsgefangenen gemacht werden[33]. Die Fluggäste haben einen Anspruch auf Freilassung, soweit sie nicht feindliche Staatsange-

---

[29] Beispielhaft die Kommentare in der Welt vom 26. 7. 1968: „Algier des Menschenraubs schuldig" und im Figaro vom 4. 9. 1969, in dem Syrien als „Complice du Terrorisme" bezeichnet wurde.

[30] Soweit ersichtlich, ist der kriegsrechtliche Aspekt dieser Fälle bislang nur von zwei Autoren in allerdings nur beiläufiger Weise erwähnt worden; siehe *Stalder,* F., Die Luftpiraterie in rechtlicher Sicht, ZLW 1969, S. 153/54; und *La Pradelle,* Pde., Les détournements d'aéronefs et le droit international, RGA 1969, S. 258.

[31] Die Verfasser der Haager Luftkriegsregeln (HLKR) strebten in 62 Artikeln eine der Haager Landkriegsordnung entsprechende Kodifizierung luftkriegsrechtlicher Normen an. Der Entwurf wurde im Rahmen der Washingtoner Abrüstungskonferenz (1921/1922) von einer Juristenkommission unter dem Vorsitz von J. B. *Moore* erarbeitet, die in Den Haag von Dezember 1922 bis Februar 1923 tagte. (Vgl. La guerre aérienne; Travaux de la Commission des Juristes chargés d'étudier et de faire rapport sur la révision des lois de la guerre, La Haye, 1923, Paris, Edition internationale, 1930).

[32] Art. 52 HLRK. Dieses der seekriegsrechtlichen Regelung entsprechende Institut des Luftbeuterechts erlangte bislang kaum praktische Bedeutung, da — wie S. *Schlechte,* Luftkrieg gegen den Seehandel, S. 116, nachweist — in der Vergangenheit sämtliche tauglichen Luftfahrzeuge von den Kriegsführenden zu Militärluftfahrzeugen umgewandelt wurden: „Damit unterlagen die Luftfahrzeuge und die von ihnen transportierten Güter ... der unmittelbaren Bekämpfung und Wegnahme". (a.a.O.).

[33] Art. 36 des Haager Entwurfs; Art. 4 A Nr. 5 des III. Genfer Rotkreuzabkommens. Der Grund besteht darin, daß sie als geschultes fliegendes Personal jederzeit zu militärischen Zwecken herangezogen werden könnten. Nach seiner Freilassung berichtete der Kapitän der entführten Maschine, er und die anderen festgenommenen Israelis seien in Algerien als Kriegsgefangene behandelt worden. Sie seien in einer Kaserne interniert worden und hätten das gleiche Essen bekommen wie die algerischen Soldaten (Neue Zürcher Zeitung vom 2. 9. 1968).

hörige, insbesondere Mitglieder der Streitkräfte, sind oder in feindlichen Diensten stehen. Andernfalls können sie zu Kriegsgefangenen gemacht oder interniert werden, falls die Sicherheit des Gewahrsamstaates dies erfordert[34].

Erfreulicherweise hat Algerien bei der Behandlung des Falles nicht auf dieser Rechtsposition beharrt, sondern den Zwischenfall nach Abschluß einer ausführlichen Untersuchung auf diplomatischem Wege geregelt. Eine gänzlich andere Frage ist es indes, ob es politisch klug und der arabischen Sache dienlich war, die aufgrund eines rechtswidrigen Terroraktes in Feindeshand gelangten Israelis für längere Zeit festzuhalten, ehe sich die algerischen Behörden unter dem Druck der Weltöffentlichkeit entschlossen, sie freizulassen „en considération des raisons humanitaires dictées par la morale internationale"[35].

Gleiches gilt für die Haltung Syriens gegenüber dem dorthin entführten amerikanischen Verkehrsflugzeug und dessen Insassen. Da der zivile Fluglinienverkehr mit einem Feindstaat keine neutralitätswidrige Unterstützung im Sinne des Art. 53 c HLKR sowie der Art. 45 und 46 der Londoner Seerechtsdeklaration von 1909 darstellt, so war die Maschine als neutrales Eigentum unverletzlich und durfte weder beschlagnahmt noch im prisengerichtlichen Verfahren eingezogen werden. Die neutralen Besatzungsmitglieder und Fluggäste besaßen aus den bereits dargelegten Gründen ebenfalls einen Anspruch auf Ausreise, während eine Internierung der an Bord befindlichen Israelis nach dem IV. Rotkreuzabkommen grundsätzlich zulässig war.

---

[34] Vgl. Art. 4 A Nr. 1 bis 4 des III. sowie Art. 35 und 42 des IV. Rotkreuzabkommens.

[35] Vgl. die Botschaft des algerischen Außenministers *Bouteflika* an den Generalsekretär der IATA, Knut *Hammarskjöld*, vom 2. 9. 1968. Tatsächlich erfolgte die Freilassung erst, nachdem Israel dem vermittelnden italienischen Außenministerium zugesichert hatte, es werde als Gegenleistung palästinensische Gefangene freilassen. Damit hatten die Terroristen ihr eigentliches Ziel, Flugzeug und Insassen als Geiseln zu benutzen, erreicht.

Zweiter Abschnitt

Der gegenwärtige Stand der internationalen und nationalen Bemühungen um eine wirksame Bekämpfung gewaltsamer Flugzeugentführungen

1. Kapitel: Die bisherige Tätigkeit der für die Sicherheit der internationalen Zivilluftfahrt verantwortlichen zwischenstaatlichen Organisationen

I. Die Internationale Zivilluftffahrt-Organisation (ICAO)

1. Die Empfehlung zur unverzüglichen Ratifizierung des Tokioter Abkommens

Bereits auf ihrer 16. Vollversammlung im September 1968 hat die Internationale Zivilluftfahrt-Organisation[1], die als eine Sonderorganisation der Vereinten Nationen mit 120 ihr gegenwärtig angehörenden Staaten eine nahezu universale Mitgliedschaft besitzt, ihr Augenmerk auf die steigende Zahl der von ihr als „widerrechtliche Inbesitznahme von Luftfahrzeugen" bezeichneten Hijackingfälle gerichtet. In einer dort verabschiedeten Resolution[2] werden alle Mitgliedstaaten aufgefordert, unverzüglich das Tokioter Abkommen über strafbare und sonstige Handlungen, die sich an Bord von Luftfahrzeugen ereignen, zu ratifizieren[3]. Zugleich gibt die ICAO in dieser Resolution aber zu erkennen, daß sie über die Ratifizierung des Tokioter Abkommens hinaus weitere Maßnahmen für eine wirksame internationale Bekämpfung für dringend erforderlich hält.

In der Tat reichen die „rudimentären Regeln"[4] des Tokioter Abkommens, das in dieser Untersuchung in dem sachlich gebotenen Zusammenhang ausführlich behandelt werden wird, als Rechtsgrundlage für eine weltweite Bekämpfung der Flugzeugentführungen nicht aus, da

---

[1] Nachfolgend entsprechend der allgemein üblichen Abkürzung ihrer englischen Benennung: „International Civil Aviation Organization" als *ICAO* bezeichnet.

[2] ICAO-Resolution A 16—37 on Unlawful Seizure of Aircraft.

[3] Das Tokioter Abkommen ist am 4. Dezember 1969 nach Ratifizierung durch 12 Staaten für diese in Kraft getreten.

[4] So *Stalder*, F., Die Luftpiraterie in rechtlicher Sicht, ZLW 1969, S. 154.

hierin weder ein besonderer Hijacking-Straftatbestand, noch eine Verpflichtung der Mitgliedstaaten zur Bestrafung oder Auslieferung der Täter begründet wird. Vielmehr sieht der als Folge der Entführung mehrerer amerikanischer Flugzeuge nach Kuba auf Wunsch der USA nachträglich in den Entwurf aufgenommene Artikel 11 lediglich vor, daß die Mitgliedstaaten im Falle einer „widerrechtlichen Inbesitznahme eines Luftfahrzeuges“[5] geeignete Maßnahmen treffen, um die Herrschaft des rechtmäßigen Kommandanten an Bord aufrechtzuerhalten oder wiederherzustellen. Aus flugtechnischen Gründen kommt dieser Bestimmung kaum praktische Bedeutung zu, da eine Hilfeleistung durch Dritte bei einem im Flug befindlichen Luftfahrzeug kaum möglich ist. In seinem Absatz 2 bestimmt Artikel 11 ferner, daß jedes in das Gebiet eines Vertragsstaates entführte Luftfahrzeug samt Fluggästen, Besatzung und Ladung unverzüglich zur Weiterreise freizugeben sei. Eine solche Verhaltensweise sollte aber eigentlich für alle Staaten, die auf dem Boden des Völkerrechts stehen und normale Beziehungen unterhalten, eine Selbstverständlichkeit sein, die keiner besonderen völkervertraglichen Regelung mehr bedarf[6].

Selbst Staaten, welche die diplomatischen Beziehungen zueinander abgebrochen haben, wie die USA und Kuba, haben bisher die in ihr Gebiet entführten Luftfahrzeuge des anderen Landes kurzfristig zum Rückflug freigegeben. Befinden sich hingegen Staaten untereinander im Kriegszustand — wie dies gegenwärtig zwischen Israel und seinen arabischen Nachbarn der Fall ist — so bestimmt sich — soweit es sich bei diesen Staaten überhaupt um Mitglieder des Tokioter Abkommens handelt — die Rechtmäßigkeit des Festhaltens eines in den Feindstaat umgeleiteten Luftfahrzeugs und seiner Insassen nicht nach den Vorschriften dieses Abkommens, sondern nach Kriegsrecht. Damit ist mit *Stalder*[7] festzustellen, daß die von der ICAO dringend empfohlene weltweite Ratifikation des Tokioter Abkommens an der bestehenden Rechtslage kaum etwas ändern würde. Diese Feststellung bedeutet nun aber nicht, daß dem Tokioter Abkommen damit keinerlei Bedeutung bei der Bekämpfung von Flugzeugentführungen beizumessen sei. Neben den wichtigen jurisdiktionellen Grundsätzen dieses Abkommens, die den

---

[5] Hierunter versteht das Abkommen Handlungen, durch die „eine Person an Bord widerrechtlich durch Gewalt oder Drohung mit Gewalt ein im Flug befindliches Luftfahrzeug behindert oder in Besitz nimmt oder sonst zu Unrecht die Kontrolle darüber ausübt oder versucht, eine derartige Handlung zu begehen“. Siehe BGBl. 1969 II S. 129.

[6] Ebenso die Erklärung des Schweizerischen Bundesrates vom 18. 2. 1969, abgedruckt in der Neuen Zürcher Zeitung vom 22. 2. 1969; sowie *Stalder*, F., Die Luftpiraterie in rechtlicher Sicht, ZLW 1969, S. 153.

[7] Die Luftpiraterie in rechtlicher Sicht, a.a.O.

Gegenstand einer besonderen Untersuchung bilden werden[8], ist auch die Vorschrift des Artikels 13 bedeutsam. Hiernach wird jeder Vertragsstaat, in dessen Gebiet ein entführtes Luftfahrzeug landet, verpflichtet, jede der Tat verdächtige Person vorläufig in Gewahrsam zu nehmen oder sonstige Maßnahmen zu ergreifen, um deren Anwesenheit sicherzustellen, und zwar solange es vernünftigerweise zur Einleitung eines Straf- oder Auslieferungsverfahrens erforderlich ist. Darüberhinaus hat jeder Vertragsstaat unverzüglich eine vorläufige Untersuchung des Zwischenfalls durchzuführen und dessen Ergebnis sowie die Tatsache der Verhaftung sowohl dem Flaggenstaat als auch dem Staat, dessen Staatsangehörigkeit die in Haft genommene Person besitzt, mitzuteilen. Zur Auslieferung des Täters wird der Landestaat durch das Tokioter Abkommen jedoch nicht verpflichtet[9]. Diese Frage beurteilt sich allein aufgrund der bestehenden Auslieferungsverträge.

Nach *Schmidt-Räntsch* sollen die in dem Abkommen niedergelegten Verpflichtungen der Vertragsstaaten dann nicht bestehen, wenn dem Hijacking, „was nach den bisherigen Erfahrungen häufig vorkommt, politische Motive zugrunde liegen“[10]. Diese Auffassung ist irrig[11]; denn nach dem Wortlaut des Art. 2, auf den sich Schmidt-Räntsch beruft, entfallen die genannten Pflichten nicht schon im Falle eines jeden politisch motivierten Verbrechens, sondern lediglich bei Verstößen gegen solche *Strafgesetze*, die politischer Natur sind oder auf einer rassischen oder religiösen Diskriminierung beruhen[12]. Außerdem bestimmt Art. 2, daß,

---

[8] Siehe Teil III, 2. Kapitel.

[9] Vgl. Art. 15, Abs. 2 des Tokioter Abkommens.

[10] *Schmidt-Räntsch*, G., Die internationale Luftrechtskonferenz in Tokio und das Abkommen über strafbare und bestimmte andere Handlungen an Bord von Luftfahrzeugen, in Alex *Meyer*, Internationale Luftfahrtabkommen, Bd. V, S. 363.

[11] Sie steht auch im Widerspruch zu den von *Schmidt-Räntsch* zuvor gemachten zutreffenden Ausführungen (a.a.O., S. 338), nach denen die Bestimmung des Art. 2 nicht gilt für die Anwendung des Art. 11 über das sog. hijacking.

[12] Vgl. die amtliche deutsche Übersetzung des Art. 2 (BGBl. 1969 II, S. 123), dessen in Frage stehender Passus wie folgt lautet: „... dürfen Bestimmungen dieses Abkommens nicht dahin ausgelegt werden, daß sie im Falle von Zuwiderhandlungen gegen *Strafgesetze, die politischen Charakter haben* oder auf einer benachteiligenden Unterscheidung in rassischer oder religiöser Hinsicht beruhen, zu einer Maßnahme ermächtigen oder sie verlangen“. Die offiziellen Konferenzunterlagen lassen klar erkennen, daß es Zweck dieser Bestimmung sein sollte, „to avoid any possibility that the Convention apply ... to *penal laws* which are of a political, racial or religious nature. Such laws are often contrary to the customs and policies of other States and should accordingly not be given international recognition under this Convention beyond the territory of the particular enacting State. Passengers aboard aircraft should not be subject to *laws of this type* simply because of the fortuitous circumstance that they happen to board a particular aircraft“. (Begründung des amerikanischen Antrags zur Aufnahme der Bestimmung:

„falls die Sicherheit des Luftfahrzeugs oder der an Bord befindlichen Personen oder Sachen es erfordert" — und dies wird bei Flugzeugentführungen stets der Fall sein — auch gegenüber Straftaten, die gegen *Strafgesetze* politischer Art verstoßen, Maßnahmen aufgrund des Abkommens ergriffen werden können. Hieraus kann aber gefolgert werden, daß das Abkommen bei Gefährdung des Flugs *stets* gelten soll, also auch gegenüber lediglich politisch motivierten Flugzeugentführungen. Da eine jede gewaltsame Flugzeugentführung — sei sie nun politisch motiviert oder nicht — in jedem Falle eine Reihe allgemeiner strafrechtlicher Normen verletzt — und zwar unabhängig davon, ob sie in einigen Staaten zusätzlich auch gegen Vorschriften eines politischen Strafrechts verstoßen sollte —, so ist nachdrücklich darauf hinzuweisen, daß auch im Falle einer politisch motivierten Gewalttat die genannten Verpflichtungen für Vertragsstaaten bestehen.

2. Die Vorarbeiten zur Schaffung eines neuen multilateralen Abkommens

In Erfüllung des ihm in der Resolution A 16—37 erteilten Auftrages, zusätzliche Maßnahmen zu prüfen, um über die Regeln des Tokioter Abkommens hinaus eine wirksame internationale Bekämpfung des Hijackings zu gewährleisten, übertrug der Ständige Rat der Organisation im Dezember 1968 dem Rechtsausschuß die rechtliche Behandlung dieses Problemkreises[13]. Der vom Rechtsausschuß zu diesem Zweck gebildete Unterausschuß[14], dem Vertreter Algeriens, Dänemarks, Frank-

---

„This convention shall not apply to offences against those *penal laws defining crimes* of a political, racials or religious nature ..." in den Entwurf. (ICAO Doc. 8565—LC/152—2 (1966), S. 208)). Nach einer redaktionellen Überarbeitung wurde der amerikanische Vorschlag als Art. 2 in folgender Fassung in den Abkommensentwurf aufgenommen „... no provision of this convention shall be interpreted as authorizing or requiring any action in respect of offences against *penal laws* of a political nature or those based on racial or religious discrimination" (ICAO Doc. 8565—LC/152—2, S. 261/62). Alle Unterstreichungen vom Verfasser.

[13] Der Rat beauftragte ferner die *Air Navigation Commission* sowie das *Air Transport Committee* der ICAO, die innerhalb ihrer Aufgabenbereiche anstehenden Fragen des Hijackings zu untersuchen. Zugleich verabschiedete der Rat eine an die Mitgliedstaaten gerichtete Resolution, in der es heißt:

The Council

Noting with concern the serious threat to safety in air navigation of the increasing number of acts of forcible and unlawful seizure of aircraft, *Taking Particular Account* of the provisions of Article 44 (h) of the Convention on International Aviation, *Urges* Contracting States to take all possible measures to prevent acts of unlawful seizure of aircraft and, where appropriate, cooperate with any State whose aircraft has been the subject of such a seizure. (ICAO Council-Resolution on the Unlawful Seizure of Aircraft, vom 16. 12. 1968, ICAO Doc. LC/SC. SA/WD 1, Attachment 3).

[14] ICAO Legal Committee-Subcommittee on Unlawful Seizure of Aircraft.

reichs, Großbritanniens, Indiens, Kanadas, Kolumbiens, Nigerias, der Schweiz und der USA angehörten, tagte vom 10. bis 21. Februar und vom 23. September bis 3. Oktober 1969 am Sitz der ICAO in Montreal. Er gelangte zu der Auffassung, das ihm vorliegende Problem sei nur durch wirksame Abschreckung potentieller Täter und, soweit durchführbar, durch Gewährleistung ihrer Verfolgung und Bestrafung zu lösen. Als wirksamster Weg zur Erreichung dieser Ziele erschien dem Unterausschuß der Abschluß eines besonderen zwischenstaatlichen Abkommens. Der Ausschuß erarbeitete daher einen entsprechenden Entwurf, der Gegenstand der Beratungen des Rechtsausschusses auf seiner 17. Tagung war, die vom 9. Februar bis 11. März 1970 in Montreal stattfand. Nach einer Überarbeitung durch diesen Ausschuß ist dieser Entwurf eines „Abkommens betreffend die rechtswidrige Inbesitznahme von Luftfahrzeugen“[15] im Dezember 1970 einer diplomatischen Staatenkonferenz zur Beratung und Annahme vorgelegt worden.

In Kenntnis des bisherigen Schicksals des Tokioter Abkommens, das — wie bereits erwähnt — nach jahrzehntelangen Vorarbeiten seit seiner Unterzeichnung im Jahre 1963 nochmals sechs Jahre benötigte, bis die zu seinem Inkrafttreten erforderlichen ersten zwölf Ratifikationen vorlagen, hat der Unterausschuß in seinem Bericht darauf hingewiesen, daß es sich bei der vorgeschlagenen Vereinbarung um ein langfristiges Vorhaben handele.

Angesichts der Bedeutung und Dringlichkeit des Hijacking-Problems vertrat er daher die Auffassung, daß bis zum Inkrafttreten eines besonderen Flugzeugentführungsabkommens weitere sachdienliche Maßnahmen vorläufiger Art ergriffen werden sollten[16]. Die vom Unterausschuß empfohlenen Sofortmaßnahmen bilden den Gegenstand einer Entschließung des Rates vom 14. April 1969[17], in der es unter anderem heißt:

Der Rat

In schwerer Sorge, daß Handlungen, die die internationale Zivilluftfahrt in rechtswidriger Weise behindern, ihre Sicherheit gefährden, die Durchfüh-

---

[15] ICAO Doc. 8865 LC/159 vom 16. 3. 1970. Erörtert in Teil IV. Dieser Entwurf ist in englischer Sprache sowie in nichtamtlicher deutscher Übersetzung abgedruckt in ZLW 1970, S. 249 ff.

[16] Siehe LC/SC. SA-Report (21/2/69) S. 10. Vgl. hierzu auch die von der International Air Transport Association (IATA) dem Unterausschuß übermittelte Stellungnahme: „Nevertheless, the inevitably slow process of signing and ratifying an international convention, which as experience shows can take many years, does not lead us to believe that a quick solution lies in this field“ (IATA, Paper submitted to the ICAO-Subcommittee).

[17] Resolution on Unlawful Interference with International Civil Aviation and Its Facilities, adopted by the ICAO Council, April 14. (abgedruckt in JALC, 1969, S. 613 ff. Deutscher Text in der nichtamtlichen Übersetzung des Instituts für Luftrecht und Weltraumrechtsfragen der Universität Köln, ZLW 1969, S. 168 ff.).

rung des internationalen Linienverkehrs ernsthaft berühren und das Vertrauen der Völker der Welt in die Sicherheit der internationalen Zivilluftfahrt untergraben; ...

1. Erklärt, daß Handlungen der rechtswidrigen Behinderung der internationalen Zivilluftfahrt nicht geduldet werden können;

2. Fordert alle Vertragsstaaten auf, alle geeigneten Maßnahmen zur Verhinderung von Handlungen der rechtswidrigen Behinderung zu ergreifen, um weiterhin die Sicherheit der internationalen Zivilluftfahrt zu gewährleisten;

3. Beschließt, künftigen Handlungen der rechtswidrigen Behinderung der internationalen Zivilluftfahrt sofortige und dauernde Aufmerksamkeit dadurch zu widmen, daß er

a) alle unmittelbar betroffenen Vertragsstaaten auffordert, ihm Berichte über alle nicht politischen Gesichtspunkte der Fälle rechtswidriger Behinderung zur Verfügung zu stellen;

b) vorbeugende Maßnahmen und Verfahren zur Sicherung der internationalen Zivilluftfahrt gegen derartige Handlungen entwickelt; und

c) auf Ersuchen eines Vertragsstaats den nationalen Behörden dieses Staats bei der Einführung derartiger Maßnahmen und Verfahren Hilfe leistet.

4. Errichtet in Übereinstimmung mit Artikel 52 des Abkommens (von Chicago) einen Ausschuß aus elf Mitgliedern, die aus der Mitte der Ratsmitglieder gewählt werden, zwecks Durchführung des vorstehenden Absatzes 3 gemäß dem im Anhang zu dieser Entschließung wiedergegebenen Aufgabenbereich; der Ausschuß erstattet dem Rat Bericht;

5. Beschließt, daß der Ausschuß sich nur mit den Luftfahrt-Gesichtspunkten der Fälle der rechtswidrigen Behinderung zu befassen und sich der Prüfung jedes Falles zu enthalten hat, der den Ausschuß in Angelegenheiten politischer Art oder Streitigkeiten zwischen zwei oder mehreren Staaten verwickeln kann[18]. ...

8. Ersucht den Generalsekretär, alle Vertragstaaten aufzufordern, ihre volle Zusammenarbeit unverzüglich aufzunehmen, um die Ziele dieser Entschließung zu erreichen und Vorschläge über irgendwelche sonstigen Maßnahmen zu machen, die nach ihrer Ansicht getroffen werden sollten, um rechtswidrigen Behinderungen der internationalen Zivilluftfahrt vorzubeugen.

Die weiterhin ständig wachsende Zahl der Flugzeugentführungsfälle veranlaßte die ICAO im Juni 1970 zur Einberufung einer außerordentlichen Sitzung ihrer Vollversammlung. In der dort angenommenen Entschließung A 17—3 wurden die zur Teilnahme an der diplomatischen Konferenz in Den Haag eingeladenen Staaten aufgerufen, „to agree on a convention based on the draft convention prepared by the Legal Committee and ... thereafter to give consent to be bound by such convention with all possible expedition“. Diese Staatenkonferenz fand

---

[18] Der Ausschuß trat im September 1969 zusammen, um den Fall der nach Syrien entführten TWA-Maschine zu untersuchen (ICAO News Release vom 3. 9. 1969).

in Den Haag in der Zeit vom 1. bis 16. Dezember 1970 statt. An ihr nahmen 77 Staaten teil, von denen 49 Staaten die dort beschlossene „Convention for the Suppression of the Unlawful Seizure of Aircraft" am Schlußtag der Konferenz gezeichnet haben[19].

II. Die Behandlung des Hijacking-Problems innerhalb der Vereinten Nationen

Auf Betreiben einer Gruppe kleinerer Staaten unter der Führung Hollands wurde die Frage einer internationalen Bekämpfung von Flugzeugentführungen nachträglich auf die Tagesordnung der 24. Sitzungsperiode der Vereinten Nationen gesetzt. Ziel der Bemühungen dieser Staatengruppe[20] war es, für das in ihrem Entschließungsentwurf als „Luftpiraterie" bezeichnete Hijacking eine wirksame Bestrafung in allen UN-Mitgliedsländern zu erreichen. Im einzelnen wurden alle Staaten aufgefordert, für geeignete rechtliche Maßnahmen gegen Flugzeugentführungen in ihren nationalen Gesetzgebungen Sorge zu tragen, die Bestrafung der Täter sicherzustellen und die Bemühungen der ICAO hinsichtlich der Schaffung eines einschlägigen internationalen Abkommens zu unterstützen.

Welche Hindernisse freilich einem solchen Vorhaben gegenwärtig noch entgegenstehen, zeigte sich bereits bei der Diskussion dieses Resolutionsentwurfs im Lenkungsausschuß. Der kubanische UN-Delegierte ließ sogleich wissen, daß seine Regierung jede gegen das „Luftpiratentum" gerichtete Resolution der Vereinten Nationen zurückweisen werde. Der einzige für Kuba annehmbare Weg seien bilaterale Vereinbarungen auf der Basis strikter Gegenseitigkeit. Der jordanische und der russische Delegierte verwahrten sich gegen die Bezeichnung „Luftpiraterie" mit der Begründung, die häufig aus anerkennenswerten politischen Motiven handelnden Entführer von Verkehrsflugzeugen hätten mit den Seepiraten von einst nichts gemein. Der Tatbestand der Flugzeugentführungen als internationales Problem werde von selbst verschwinden, wenn die für ihr Tun verantwortlichen politischen und moralischen Probleme aus der Welt geschafft seien[21]. Aus dieser indi-

---

[19] Das Abkommen ist in vier authentischen Texten in englischer, französischer, spanischer und russischer Sprache abgefaßt. Die Regierungen der Bundesrepublik Deutschland, der Schweiz und Österreichs haben sich im März 1971 in Bern auf eine gemeinsame deutsche Übersetzung geeinigt, deren Wortlaut im Anhang zu dieser Arbeit wiedergegeben ist.

[20] Zu dieser Staatengruppe gehörten neben Holland, Argentinien, Belgien, die Dominikanische Republik, Ekuador, Kanada, Lesotho, Luxemburg, Madagaskar und Neuseeland.

[21] In dieser Erklärung des russischen Delegierten *Malik* vom 9. Oktober 1969 dürfte einer der Gründe für die bemerkenswerte sowjetrussische und

rekten Rechtfertigung der „Luftpiraterie“ aus politischen Gründen durch diese Staaten ist zu entnehmen, daß gerade hinsichtlich einer Bekämpfung dieser Kategorie von Flugzeugentführungen einem internationalen Abkommen mit weltweit verbindlicher Wirkung vorerst noch enge Grenzen gesetzt sind.

Nach längerer Diskussion wurde Einigung darüber erzielt, daß der anstehende Problemkreis im Rahmen der UNO nicht mehr als „Luftpiraterie“, sondern unter der Bezeichnung „Gewaltsame Umleitung im Flug befindlicher Zivilflugzeuge“ (forcible diversion of civil aircraft in flight) behandelt werden solle.

Am 12. Dezember 1969 nahm die UN-Vollversammlung eine entsprechende Entschließung an, in der sie ihre große Besorgnis über die Akte gewaltsamer Flugzeugentführung und sonstiger wiederrechtlicher Behinderungen der internationalen Zivilluftfahrt ausdrückt und die Staaten auffordert, das Hijacking in all seinen Formen wirksam zu bekämpfen[22].

---

polnische Zurückhaltung zu suchen sein, die beide Staaten nach der Entführung zweier polnischer Verkehrsflugzeuge nach Westberlin und Österreich im selben Monat gezeigt haben. Bestand doch andernfalls die Gefahr, westliche Kreise würden auch auf diese Fluchtfälle Maliks Worte anwenden und folglich darauf verweisen, daß derartige Zwischenfälle von selbst verschwinden würden, wenn die ihnen zugrunde liegenden politischen und moralischen Probleme aus der Welt geschafft seien.

[22] Diese Resolution 2551 (XXIV) hat folgenden Wortlaut:

THE GENERAL ASSEMBLY,

DEEPLY CONCERNED over acts of unlawful interference with international civil aviation,

CONSIDERING it necessary to recommend effective measures against hijacking in all its forms, or any other unlawful seizure or exercise of control of aircraft,

MINDFUL that such acts may endanger life and health of passengers and crew in disregard of commonly accepted humanitarian considerations,

AWARE that international civil aviation can only function properly in conditions guaranteeing the safety of its operations and the due exercise of the freedom of air travel,

1. *Calls upon* States to take every appropriate measure to ensure that their respective national legislations provide an adequate framework for effective legal measures against all kinds of acts of unlawful interference, seizure or other wrongful exercise of control by force or threat thereof of civil aircraft in flight;

2. *Urges* States in particular to ensure that persons on board who perpetrate such acts are prosecuted;

3. *Urges* full support for the efforts of the International Civil Aviation Organization directed towards the speedy preparation and implementation of a convention providing for appropriate measures, *inter alia,* with respect to making the unlawful seizure of civil aircraft a punishable offense, and to the prosecution of persons who commit that offense;

4. *Invites* States to ratify or accede to the Tokyo Convention on Offences

Im Anschluß an die von Angehörigen der PFLP verübten Überfälle auf fünf Verkehrsflugzeuge rief der UN-Sicherheitsrat am 9. September 1970 in einer einstimmig angenommenen Resolution die beteiligten Seiten auf, sämtliche festgehaltenen Fluggäste und Besatzungsmitglieder unverzüglich freizulassen. Zugleich wurden die Staaten aufgefordert, rechtliche Schritte zu unternehmen, um künftige Entführungen zu verhindern[23]. Am 25. November 1970 nahm die zu ihrer 25. Sitzungsperiode zusammengetretene UN-Vollversammlung eine weitere Entschließung an, in der alle Flugzeugentführungen und sonstigen widerrechtlichen Behinderungen der Zivilluftfahrt ohne jede Ausnahme scharf verurteilt werden. Diese bedeutsame Entschließung 2645 (XXV) lautet in deutscher Übersetzung[24] wie folgt:

Die Vollversammlung,

In der Erwägung, daß die internationale Zivilluftfahrt ein lebenswichtiges Glied bei der Förderung und Bewahrung freundschaftlicher Beziehungen zwischen Staaten darstellt und daß ihr sicherer und ordnungsgemäßer Betrieb im Interesse aller Völker liegt,

In großer Besorgnis über Akte von Flugzeugentführungen oder sonstiger rechtswidriger Behinderungen der Zivilluftfahrt,

In der Erwägung, daß derartige Handlungen das Leben und die Sicherheit der Fluggäste und Besatzungen gefährden und eine Verletzung ihrer Menschenrechte darstellen,

In dem Bewußtsein, daß die internationale Zivilluftfahrt nur unter Bedingungen ordnungsgemäß durchgeführt werden kann, welche die Sicherheit ihres Betriebs und die sachgerechte Ausübung der Freiheit des Luftverkehrs gewährleisten,

In Bekräftigung der feierlichen Erklärung der außerordentlichen Versammlung der Internationalen Zivilluftfahrtorganisation, abgehalten vom 16. bis 30. Juni 1970 in Montreal,

In Kenntnis der Entschließung 2551 (XXIV) der Vollversammlung vom 12. Dezember 1969 sowie der Entschließung 286 (1970) des Sicherheitsrats vom 9. September 1970, übereinstimmend angenommen auf der 1552. Sitzung des Rats,

1. *Verurteilt* ohne jede Ausnahme alle Akte von Luftfahrzeugentführungen oder sonstiger Behinderungen der Zivilluftfahrt — gleichgültig, ob im nationalen oder internationalen Bereich — durch Drohung oder Anwendung von Gewalt sowie alle Gewaltakte, die gegen Fluggäste, Besatzungen und

---

and Certain Other Acts Committed on Board Aircraft in conformity with the Convention.

Für die Annahme dieser Resolution stimmten 77 Staaten. Zwei Länder, Kuba und der Sudan, stimmten dagegen, während 17, unter ihnen 7 arabische Staaten sowie 7 Länder des Ostblocks, sich der Stimme enthielten.

[23] Entschließung 286 (1970) vom 9. 9. 1970, angenommen auf der 1552. Sitzung des UN-Sicherheitsrates.

[24] Nichtamtliche Übersetzung von Rechtsanwalt H. *Wessels,* Institut für Luftrecht und Weltraumrechtsfragen der Universität Köln.

im zivilen Luftverkehr eingesetzte Luftfahrzeuge oder gegen die dem zivilen Luftverkehr dienenden Anlagen und Nachrichtenverbindungen gerichtet sind;

2. *Fordert* die Staaten auf, alle geeigneten Maßnahmen zu treffen, um innerhalb ihres Hoheitsbereiches von derartigen Handlungen in jeder Stufe ihrer Ausführung abzuschrecken, sie zu verhindern und zu unterdrücken und Vorkehrungen zur Verfolgung und Bestrafung von Personen, welche derartige Handlungen begehen, in einer der Schwere dieser Verbrechen angemessenen Weise oder — unbeschadet der Rechte und Pflichten der Staaten gemäß bestehenden diesbezüglichen internationalen Abkommen — zur Auslieferung solcher Personen zum Zwecke ihrer Verfolgung und Bestrafung zu treffen;

3. *Erklärt,* daß die Ausnutzung der rechtswidrigen Inbesitznahme von Luftfahrzeugen zum Zwecke der Geiselnahme zu verurteilen ist;

4. *Erklärt ferner,* daß die rechtswidrige Zurückbehaltung von Fluggästen und im Transitverkehr oder sonstwie im internationalen Luftverkehr eingesetzten Besatzungen als eine andere Form der unrechtmäßigen Behinderung des freien und ununterbrochenen Luftverkehrs zu verurteilen ist;

5. *Fordert* die Staaten auf, in deren Gebiet ein entführtes Luftfahrzeug verbracht wird, Vorkehrungen für die Sorge und Sicherheit für die Fluggäste und Besatzungen zu treffen und sie in die Lage zu versetzen, ihre Reise so schnell wie durchführbar fortzusetzen und das Luftfahrzeug und seine Ladung an die Besitzberechtigten zurückzugeben;

6. *Fordert* die Staaten auf, das am 14. September 1963 in Tokio gezeichnete Abkommen über strafbare und bestimmte andere an Bord von Luftfahrzeugen begangene Handlungen dem Abkommen gemäß zu ratifizieren oder ihm beizutreten;

7. *Ersucht* um aufeinander abgestimmte Maßnahmen der Staaten gemäß der Satzung der Vereinten Nationen zur Unterdrückung aller Handlungen, welche den sicheren und ordnungsgemäßen Ablauf des internationalen Zivilluftverkehrs gefährden;

8. *Fordert* die Staaten auf, gemäß der Satzung der Vereinten Nationen in Zusammenarbeit mit den Vereinten Nationen und der Internationalen Zivilluftfahrtorganisation gemeinsam und einzeln Maßnahmen zu treffen, um zu gewährleisten, daß Fluggäste, Besatzungen und in der Zivilluftfahrt eingesetzte Luftfahrzeuge nicht als Mittel zur Erlangung erpresserischer Vorteile benutzt werden;

9. *Ersucht dringend* um Unterstützung der gegenwärtigen Bemühungen der Internationalen Zivilluftfahrtorganisation im Rahmen ihrer Zuständigkeit um die Entwicklung und Koordinierung wirksamer Maßnahmen inbezug auf die Behinderung des Zivilluftverkehrs;

10. *Fordert* die Staaten auf, alle möglichen Anstrengungen zu unternehmen, um auf der für Dezember 1970 nach Den Haag zwecks Annahme eines Abkommens über die rechtswidrige Inbesitznahme von Luftfahrzeugen einberufenen Diplomatischen Konferenz ein erfolgreiches Ergebnis zu erzielen, so daß zu einem frühen Zeitpunkt ein wirksames Abkommen in Kraft gesetzt werden kann.

2. Kapitel: Der Tatbestand der Flugzeugentführung im nationalen Recht

Wegen der relativen Neuartigkeit dieser Vorfälle haben bislang erst wenige Staaten Flugzeugentführungen als einen besonderen materiellrechtlichen Tatbestand unter Strafe gestellt[1].

I. USA

Nur vier Monate nach der ersten Entführung eines amerikanischen Verkehrsflugzeugs nach Kuba erließ der amerikanische Kongreß als erster nationaler Gesetzgeber am 5. September 1961 das *„Aircraft Piracy Amendment"* zum Federal Aviation Act von 1958 (Section 902, Buchstabe (i) und (j)[2]). Hierin wurde das Hijacking unter dem Gesichtspunkt der Luftverkehrsgefährdung unter schwere Strafen gestellt. Unter *Aircraft Piracy* versteht das Gesetz

> „any seizure or exercise of control, by force or violence or threat of force or violence and with wrongful intent, of an aircraft in flight in air commerce."

Da Staaten grundsätzlich nicht gehindert sind, den Tatbestand der Piraterie in ihrem nationalen Recht anders zu fassen als das Seevölkerrecht, so bestehen keine Bedenken gegen eine Verwendung dieses Begriffs für rein nationale luftrechtliche Straftatbestände.

Die *Flugzeugpiraterie* wird in den USA bestraft: (a) mit dem Tode, wenn der Schuldspruch der Geschworenen so lautet oder — falls der Angeklagte auf einen Schuldspruch durch Geschworene verzichtet hat — wenn das Gericht nach seinem Ermessen so entscheidet; (b) falls nicht auf Todesstrafe erkannt wird, mit Gefängnis nicht unter zwanzig Jahren[3].

---

[1] Das bedeutet nicht, daß diese Gewaltakte in den übrigen Staaten nicht ebenfalls strafwürdig seien, und zwar aufgrund solcher allgemeinen Strafbestimmungen wie Nötigung, Freiheitsberaubung, Entführung (Kidnapping), Verkehrsgefährdung, sowie in einigen Fällen auch als Diebstahl oder Raub. Vgl. beispielsweise für die Schweiz die Auskunft des Bundesrates vom 4. 11. 1969, nach der folgende Tatbestände des Strafgesetzbuches verwirklicht sein können: Drohung (Art. 181); Freiheitsberaubung (Art. 182); Störung des öffentlichen Verkehrs (Art. 237); Gefährdung des Lebens (Art. 129); Sachentziehung (Art. 143) sowie — gemäß dem Bundesgesetz über die Luftfahrt —: Gefährdung durch die Luftfahrt (Art. 90) und Übertretung von Luftverkehrsbestimmungen (Art. 91). Siehe hierzu auch *Stalder*, Luftpiraterie in rechtlicher Sicht, ZLW 1969, S. 152.

[2] Public Law 87—197, 75 Stat. 466 (1961). Gleichzeitig wurde die „Luftfahrernötigung" (Interference with Flight Crew Members or Flight attendants), die heimliche Mitführung von Waffen an Bord und das Mitteilen wissentlich falscher Informationen über geplante Attentate auf Luftfahrzeuge unter Strafe gestellt.

[3] Dieses Gesetz bedeutet eine klare Anerkennung der Bundesgesetzge-

Nach *Billyou*[4] soll die rasche Verabschiedung des *Aircraft Piracy Amendment* in der Annahme erfolgt sein, die Flugzeugentführer würden andernfalls straffrei ausgehen. Diese Annahme sei jedoch unzutreffend gewesen, denn, wie die Entscheidung des Fifth Circuit Court of Appeals im Fall *U. S. v. Bearden*, der am 3. 8. 1961 in der Nähe von El Paso versucht hatte, ein Verkehrsflugzeug nach Kuba zu entführen, zeige, erfolgte dessen Verurteilung

„under fairly conventional federal statutes pertaining to kidnapping (18 US Criminal Code § 1201), interstate transportation of stolen property (18 US § 2312) and obstruction of interstate commerce through the extortion of an aircraft owned by another (18 US C. § 1951)“[5].

Billyous Meinung, der Kongreß habe in Unkenntnis der wirklichen Rechtslage gehandelt, wird durch die Protokolle der Ausschußberatungen widerlegt. Hieraus wird klar ersichtlich, daß der Gesetzgeber die Notwendigkeit, die *Flugzeug-Piraterie* zu einem besonderen Straftatbestand der Bundesgesetzgebung zu erklären, in der Komplexität der Vorgänge und der durch sie verursachten besonders schweren Gefährdung der Sicherheit des Luftverkehrs begründet sah. Der Berichterstatter des Senate Committee on Commerce, *Senator Monroney*, hat diese Gründe in eindringlicher Weise dargelegt:

„Recent incidents have focused, and forcefully so, attention on the need for additional laws covering crimes committed aboard commercial and private aircraft. There are Federal laws as well as State laws which are now applicable in many instances. However, few are designed to specifically meet the unique problems involving unlawful acts committed aboard aircraft while in flight. Those which may apply are frequently inadequate to fully cover the magnitude of the crime and, often, do not impose a penalty commensurate with the seriousness of the offence[6].“

Bislang ist es — wie das amerikanische Justizministerium erklärt hat — kaum möglich, etwas genaueres über die abschreckende Wirkung der schweren Strafandrohungen dieser Vorschriften auszusagen, da die

---

bungskompetenz auf dem Gebiet der strafbaren Handlungen an Bord von Luftfahrzeugen (vgl. *Billyou*, Air Law, 2. A., S. 181). Der Verabschiedung des Gesetzes gingen Anhörungen (Hearings) vor dem Aviation Subcommittee des Senate Committee on Commerce am 4. April 1961 und vor dem Subcommittee on Transportation and Aeronautics des House of Representatives' Committee on Interstate und Foreign Commerce am 7. und 8. August 1961 voraus. Der Umstand, daß der Straftatbestand der Luftfahrzeug-Piraterie nicht in den *Federal Criminal Code*, sondern in den *Federal Aviation Act* vom 23. 8. 1958 in dessen revidierter Fassung aufgenommen wurde, erklärt sich daraus, daß die Befugnisse der mit den Hijacking-Zwischenfällen befaßten Kongreßausschüsse sich wohl auf Änderungen und Ergänzungen des Federal Aviation Act, nicht aber auf entsprechende Ergänzungen des Federal Criminal Code erstreckten (vgl. *Billyou*, a.a.O., S. 181, Fußnote 29).

[4] *Billyou*, a.a.O., S. 184.

[5] *Billyou*, a.a.O.

[6] 87th Congress, Senate Committee on Commerce, Report No. 694.

Hauptschwierigkeit darin besteht, „that they cannot be applied unless the hijacker returns or is returned to the United States“[7].

In diesem Zusammenhang erscheint ein Hinweis auf die für eine weltweite Bekämpfung nachteiligen Folgen allzu drakonischer Strafen einzelner Staaten am Platze. Wie das Beispiel der USA zeigt, macht die Androhung der Todesstrafe für Flugzeugentführungen dem Täter einen freiwilligen Rücktritt vom Versuch unmöglich, da dies für ihn Rückkehr unter die amerikanische Gerichtsbarkeit und damit möglicherweise den Tod bedeutet[8]. Um sein Leben zu retten, wird daher auch ein aufgrund der im konkreten Fall auftretenden Gefahren bereits einsichtig gewordener Täter gezwungen, das Verbrechen bis zur Landung in einem Staat fortzusetzen, in dem er mit einer milderen Bestrafung rechnen kann[9].

II. Australien

Der australische *Crimes (Aircraft) Act* vom 25. November 1963 sieht für den Fall einer gewaltsamen Flugzeugentführung eine zwanzigjährige Gefängnisstrafe vor[10]. Mit dem Tode wird die Tat dann bestraft, wenn hierdurch der sichere Betrieb des Flugzeugs vorsätzlich gefährdet wurde, „with intent to kill persons or with reckless indifference to their safety“. Der Crimes (Aircraft) Act findet Anwendung auf Straftaten an Bord australischer und ausländischer Luftfahrzeuge, die sich auf dem Fluge (a) innerhalb Australiens, (b) zwischen australischem Gebiet und einem im Ausland gelegenen Ort und (c) gänzlich außerhalb Australiens befinden.

---

[7] Congress Report on Aircraft Piracy, a.a.O., S. 4.

[8] Bislang ist allerdings noch niemand in den USA wegen einer Flugzeugentführung mit dem Tod bestraft worden. Dieser Umstand ändert jedoch nichts an der grundsätzlichen Berechtigung dieser Überlegungen.

[9] Zugleich wird eine Auslieferung für diejenigen Staaten erschwert, in denen die Todesstrafe abgeschafft ist, und die daher in aller Regel niemanden an einen Staat ausliefern, in dem sie weiterhin besteht. Wenn die USA in ihren Vorschlägen für ein internationales Flugzeugentführungsabkommen sich bereit erklärt haben, auf einer Ad hoc-Basis gegenüber solchen Ländern im Falle der Auslieferung auf die Anwendung der Todesstrafe zu verzichten, so belohnen sie damit wiederum den skrupellosen Täter, der — wie *Stephen* (Going South — Air Piracy and Unlawful Interference, a.a.O., S. 14) hierzu zutreffend ausführt, „carries through to the end his criminal act, however aggravated the circumstances and irrespective of the consequences to passengers and crew“. Denn er wird auch im Falle der Auslieferung von der Todesstrafe verschont bleiben.

[10] Section 11 (b) definiert die Tat als: (b) Taking or exercising control of an aircraft without lawful excuse by force or violence or threat of force or violence, or by any trick or false pretence, while another person — not being an accomplice — is on board.

III. Portugal

Als Folge der gewaltsamen Entführung des portugiesischen Passagierschiffes *Santa Maria* im Jahre 1961[11], hat der Artikel 162 des Strafgesetzbuches durch das Dekret Nr. 44202 eine neue Fassung erhalten. Danach wird die unbefugte Inbesitznahme eines Schiffes oder Flugzeugs durch Insassen als Piraterie betrachtet und mit Gefängnis von sechzehn bis zu zwanzig Jahren bestraft[12].

IV. Mexiko

Der mexikanische Senat billigte am 24. 12. 1968 einen Gesetzentwurf zur Ergänzung des Artikels 170 des Strafgesetzbuches. Hiernach wird jeder, der schuldig befunden wird, ein Flugzeug durch Drohungen, mit Gewalt, Einschüchterung oder andere unerlaubte Handlungen zu einer Kursänderung gezwungen zu haben, zu einer Kerkerstrafe von fünf bis zwanzig Jahren verurteilt.

---

[11] Der *Santa-Maria-Fall* wird in dieser Arbeit noch eingehend erörtert. Er ist neben dem Fall der amerikanischen *Chesapeake*, die am 5. Dezember 1863 auf hoher See von 16 als Passagiere an Bord gekommenen Männern mit Waffengewalt in Besitz genommen und nach Kanada entführt wurde, der wohl berühmteste seerechtliche Hijacking-Fall. Im Falle der Chesapeake wurde der bordinterne Überfall von dem britischen Richter *Stewart* als Akt völkerrechtlicher Piraterie gewertet (siehe *Wheaton,* International Law, 8. A., Sect. 428, S. 521 f.).

[12] Die offizielle englische Übersetzung des Art. 162 durch die ICAO lautet:

(a) Any person who, by means of violence, commits the felony of piracy, by commanding or being a member of the crew of a ship or aircraft, in order to commit robbery or any violent act against the very same ship or aircraft or any other ship or aircraft, or against persons or property on board the same, or attempt against the security of the State or of a friendly Nation, shall be sentenced from 16 to 20 years imprisonment and with the maximum fine.

(b) It shall be deemed to be a felony of piracy any of the following acts:

(1) The seizure, by fraudulent or violent means, of a ship or aircraft for any of the purposes referred to in this Article;

(2) The illegitimate acts of violence or fraud, of detention or destruction, committed for personal aims by the crew or by the passengers of the ship or aircraft and directed, on the sea or in the air, either free or territorial, against the same or other ships or aircraft or against the persons or goods on board;

(3) The seizure of the command for a ship or aircraft of Portugese nationality or on lease to a Portugese company and subsequent navigation with violation of the fundamental rules of liberty and security of commerce or with offence to national interests;

(4) Whenever special laws or international Conventions consider any other act as a felony of piracy the respective ruling shall apply.

(Nach ICAO-Doc. LC/WD. No. 744).

V. Kuba

Die gesetzgeberischen Maßnahmen Kubas wurden bereits in dem vorstehenden Fallüberblick erwähnt. Im einzelnen findet das Gesetz Nr. 1226 vom 16. September 1969 auf folgende Handlungen Anwendung[13]:

a) seizing, sequestering, or taking over an aircraft or maritime vessel by any means;

b) diverting an aircraft or maritime vessel from its route or normal activities through deceit, bribery, violence, intimidation, or connivance with any member of the crew;

c) endangering the security of the aircraft or maritime vessel, of the persons or property on board, or of third parties, or good order and discipline on board the same;

d) entering or leaving the country in contravention of the rules on immigration, customs, and epidemic control, veterinary regulations, and national or international sanitary regulations;

e) violating Cuban Penal Law on board any aircraft or maritime vessel under the Cuban flag regardless of where it is located;

f) violations of any other current regulations by members of the crew or persons on board the aircraft or maritime vessel.

VI. Argentinien

Gemäß Artikel 198 des Codigo Penal, in der aufgrund des Gesetzes Nr. 17 567 vom 1. April 1968 geltenden Fassung, wird jeder, der mittels Gewalt, Einschüchterung oder Täuschung die Befehlsgewalt über ein Schiff oder ein Luftfahrzeug mit dem Ziele an sich reißt, sich dieses Fahrzeugs oder der von ihm beförderten Sachen oder Personen zu bemächtigen, mit einer Freiheitsstrafe von drei bis fünfzehn Jahren bestraft.

VII. Frankreich

Durch Gesetz Nr. 70—634 vom 17. Juli 1970 wurde das dritte Buch des Code Pénal durch Einfügen eines Artikels 462 wie folgt ergänzt:

Section IV — Détournement d'aéronef. —

„Art. 462. — Toute personne se trouvant à bord d'un aéronef en vol qui, par violence ou menace de violence, s'empare de cet aéronef ou en exerce le contrôle sera punie de la réclusion criminelle à temps de cinq à dix ans.

S'il est résulté de ces faits des blessures ou maladie, la peine sera celle de la réclusion criminelle à temps de dix à vingt ans.

S'il en est résulté la mort d'une ou de plusieurs personnes, la peine sera celle de la réclusion criminelle à perpétuité, sans préjudice, s'il y a lieu, de l'application des articles 302, 303 et 304 du code pénal[14]."

---

[13] Art. 1 in der amtlichen englischen Übersetzung (ICAO Doc. LC/Working Draft No. 744—1, S. 11).

[14] Journal Officiel vom 17. Juli 1970. Die nichtamtliche Übersetzung durch

VIII. Deutschland

Der Rechtsausschuß der Deutschen Gesellschaft für Luft- und Raumfahrt hatte bereits auf seiner Sitzung vom 4. 10. 1967 vorgeschlagen, in dem Entwurf des neuen Strafgesetzbuches in Anlehnung an die Vorschriften über den räuberischen Angriff auf Autofahrer (Paragraph 316 a des Strafgesetzbuches) „den Angriff auf Leben, Leib oder Entschlußfreiheit des Führers eines Luftfahrzeuges unter Ausnutzung der besonderen Verhältnisse des Luftverkehrs“ unter Strafe zu stellen[15]. Eine Beschränkung auf die Absicht der Begehung eines Raubes oder einer räuberischen Erpressung sollte dabei entfallen, da — wie Rudolf zutreffend ausgeführt hat — „aus der Sicht des Schutzes des Verkehrs die Absicht des Täters für sein Handeln ohne Belang ist“[16].

Auf die Initiative der Landesregierung von Nordrhein-Westfalen hin hat der Bundesrat den Entwurf eines Elften Strafrechtsänderungsgesetzes vorgelegt, der die Einführung einer an § 316 a StGB angelehnten Strafnorm zur angemessenen und wirksamen strafrechtlichen Ahndung von Flugzeugentführungen und -attentaten vorsieht[17]. Sie soll unabhängig vom Recht des Tatorts für Täter jeder Staatsangehörigkeit gelten, alle strafwürdigen Fälle unter weitgehender Einbeziehung des strafrechtlichen Vorfelds zu erfassen und einen der Schwere der Straftat angemessenen Strafrahmen zur Verfügung stellen[18]. Die Bundes-

---

das Institut für Luftrecht und Weltraumrechtsfragen der Universität Köln lautet:

Abschnitt IV — Entführung von Luftfahrzeugen — „Art. 462. — Wer sich an Bord eines Luftfahrzeugs im Flug befindet und sich durch Gewalt oder Drohung mit Gewalt dieses Luftfahrzeugs bemächtigt oder die Kontrolle darüber ausübt, wird mit Zuchthaus von fünf bis zehn Jahren Dauer bestraft.

Sofern diese Handlungen Körperverletzungen oder Krankheit zur Folge haben, beträgt die Strafe Zuchthaus von zehn bis zwanzig Jahren Dauer.

Haben diese Handlungen den Tod einer oder mehrerer Personen zur Folge, so beträgt die Strafe Zuchthaus von lebenslänglicher Dauer, ungeachtet der Anwendung der Artikel 302, 303 und 304 des Strafgesetzbuches im gegebenen Fall.“

15 Abdruck der Entschließung in ZLW 1968, S. 81.

16 *Rudolf*, A., Die Strafnormen zum Schutz des Luftverkehrs im Entwurf des neuen Strafgesetzbuches, Referat, gehalten am 4. 10. 1967 vor dem Rechtsausschuß der WGLR, ZLW 1968, S. 21/22.

17 Deutscher Bundestag, 6. Wahlperiode, Drucksache VI/1478, Sachgebiet 450, Vorblatt B.

18 Dieser Gesetzentwurf hat im wesentlichen folgenden Wortlaut:

Artikel 1

Änderung des Strafgesetzbuches

1. In § 4 Abs. 3 wird folgende Nummer 3 a eingefügt:
   ‚3 a. Straftaten gegen den Luftverkehr nach § 316 c;‘
2. Als § 316 c wird folgende Vorschrift eingefügt:

regierung hat dieser Gesetzesvorlage zugestimmt, jedoch zugleich darauf hingewiesen, daß im weiteren Gesetzgebungsverfahren die Ergebnisse der Haager Staatenkonferenz vom Dezember 1970 bei der Fassung der Tatbestände berücksichtigt werden sollten.

,§ 316 c

(1) Mit Freiheitsstrafe nicht unter fünf Jahren, in minder schweren Fällen mit Freiheitsstrafe nicht unter einem Jahr wird bestraft, wer es unternimmt, unter Ausnutzung der besonderen Verhältnisse des Luftverkehrs

1. Leib, Leben oder Entschlußfreiheit des Führers eines Luftfahrzeugs, eines anderen für den Flug oder die Sicherheit an Bord verantwortlichen Mitglieds der Besatzung oder des Flugsicherungslotsen anzugreifen, um das Luftfahrzeug in seine Gewalt oder unter seine Kontrolle zu bringen,
2. ein Luftfahrzeug oder seine an Bord befindliche Ladung durch den Gebrauch von Schußwaffen oder durch Herbeiführung einer Explosion oder eines Brandes zu zerstören oder zu beschädigen.

(2) Ist durch die Tat der Tod eines Menschen verursacht worden, so ist auf Freiheitsstrafe nicht unter zehn Jahren oder auf lebenslange Freiheitsstrafe zu erkennen.

(3) Wer zur Vorbereitung einer nach Absatz 1 Nr. 2 mit Strafe bedrohten Handlung Waffen, Sprengstoffe oder zur Ausführung der Tat bestimmte Vorrichtungen herstellt, sich oder einem anderen verschafft, verwahrt oder einem anderen überläßt, wird mit Freiheitsstrafe von sechs Monaten bis zu fünf Jahren bestraft.

(4) § 83 a findet entsprechende Anwendung.'

Artikel 2

Änderung des Gerichtsverfassungsgesetzes

In § 80 des Gerichtsverfassungsgesetzes werden nach den Worten „der Überschwemmung mit Todesfolge (§ 312 Abs. 1 letzter Halbsatz StGB)" die Worte „des Anschlags auf ein Luftfahrzeug mit Todesfolge (§ 316 c Abs. 2 StGB)" eingefügt.

Artikel 3

Änderung des Zweiten Gesetzes zur Reform des Strafrechts

Artikel 1 Nr. 1 des Zweiten Gesetzes zur Reform des Strafrechts (2. StrRG) vom 4. Juli 1969 (Bundesgesetzbl. I S. 717) wird wie folgt geändert:
In § 6 wird folgende Nummer 2 a eingefügt:

,2 a. Straftaten gegen den Luftverkehr nach § 316 c;'.

Zweiter Teil

Die folgenden Ausführungen sind der Prüfung der Frage gewidmet, ob für das dringend gebotene Einschreiten der Staatengemeinschaft gegen die Täter gewaltsamer Flugzeugentführungen bereits geeignete Rechtsgrundlagen im geltenden Völkerrecht bestehen.

Erster Abschnitt

Die völkerrechtliche Zulässigkeit direkter hoheitlicher Maßnahmen gegenüber Flugzeugen, die in die Hand bewaffneter Entführer gefallen sind

Einleitung

Überwältigen Personen an Bord eines im Flug befindlichen Luftfahrzeugs dessen Besatzung, um Flugzeug und Insassen in ein nicht im Flugplan vorgesehenes Land zu entführen, so stellt sich als erstes die Frage nach den rechtlichen Möglichkeiten für eine sofortige Verfolgung und Aufbringung des Flugzeugs, mit dem Ziel, die rechtmäßige Kommandogewalt an Bord wiederherzustellen und den oder die Täter der Strafverfolgung zuzuführen.

Die generelle Notwendigkeit luftpolizeilicher Maßnahmen zur Gefahrenabwehr und Verbrechenskämpfung ist derart augenfällig, daß ihre rechtliche Zulässigkeit auch für den internationalen Bereich grundsätzlich nicht fraglich sein kann. Allerdings setzen flugtechnische Gründe einer Ausübung dieser hoheitlichen Befugnisse — zumindest gegenwärtig — enge Grenzen. Denn im Gegensatz zu einem in die Hand von Piraten gefallenen Schiff ist es bei einem im Fluge befindlichen modernen Verkehrsflugzeug den staatlichen Organen kaum möglich, dessen Fahrt zu stoppen und — notfalls unter Anwendung von Zwangsmaßnahmen — an Bord zu gelangen. Auch dem Versuch, das enführte Flugzeug durch Jagdflugzeuge einzuholen und zur Umkehr in den Abflugstaat oder zur Landung in dem Staat, dem die verfolgenden Flugzeuge angehören, zu zwingen, muß bei einem zum Äußersten entschlossenen Täter der Erfolg versagt bleiben. Denn den Verfolgern stünde als einzige wirksame Zwangsmaßnahme letztlich nur der Abschuß des Flugzeuges zur Verfügung[1].

---

[1] Aus diesem Grunde haben Militärflugzeuge schon wiederholt den Ver-

Trotz dieser aufgezeigten Schwierigkeiten ist es im Einzelfall denkbar, daß ein Staat, der von dem Überfall an Bord Kenntnis erlangt hat, sich in der Lage befindet, den Insassen eines entführten Flugzeugs unverzüglich zu Hilfe eilen zu können. Deshalb sollen nachfolgend die in einem solchen Fall relevanten völkerrechtlichen Grundsätze für die Ausübung hoheitlicher Zwangsgewalt behandelt werden.

1. Kapitel: Die Ausübung von Hoheitsgewalt und ihre territoriale Begrenzung im Gefüge des allgemeinen internationalen Luftrechts

Die völkerrechtliche Grundordnung des internationalen Luftverkehrs bildet gegenwärtig das *Abkommen von Chicago über die internationale Zivilluftfahrt* vom 7. 12. 1944[2], das am 4. April 1947 in Kraft getreten ist.

Mit 120 ihm angehörenden Staaten besitzt es eine nahezu universale Mitgliedschaft[3]. Wenngleich das Abkommen von Chicago auch keine ausdrückliche Regelung der polizeilichen und gerichtlichen Zuständigkeiten im Falle einer an Bord von Flugzeugen begangenen Straftat enthält, so finden sich in diesem Vertragswerk doch die für eine Beantwortung dieser Fragen entscheidenden völkerrechtlichen Grundsätze. Es sind dies (a) das Prinzip der staatlichen Lufthoheit, (b) die Freiheit des Luftverkehrs über der Hohen See und (c) die Staatszugehörigkeit der am internationalen Luftverkehr teilnehmenden Flugzeuge.

I. Das Prinzip der Lufthoheit als Grundlage des internationalen Luftrechts

Ebenso wie die multilateralen Luftverkehrsabkommen der Vorkriegszeit geht das Abkommen von Chicago von dem Prinzip der territorialen Souveränität und Gebietshoheit der Staaten in dem oberhalb ihres Staatsgebiets befindlichen Luftraum aus. Dieser in der Staatenpraxis heute allgemein anerkannte völkerrechtliche Grundsatz wurde erstmalig nach dem 1. Weltkrieg in Art. 1 der *Convention Internatio-*

---

such, die eingeholte Maschine abzufangen, aufgeben müssen; vgl. den Überblick über bedeutsame Hijacking-Fälle.

[2] Nachfolgend als *Abkommen von Chicago* bezeichnet. Abdruck des Abkommenstextes in *Meyer*, Alex, Internationale Luftfahrtabkommen, Bd. I Amtliche deutsche Übersetzung in BGBl. 1956 (II), S. 411 ff.

[3] Nachdem die Union der Sozialistischen Sowjetrepubliken dem Abkommen mit Wirkung vom 14. November 1970 als 120. Mitgliedstaat beigetreten ist, gehören ihm nun — mit Ausnahme Rotchinas — alle bedeutenden luftfahrttreibenden Staaten an. Jedoch wenden auch Nichtmitglieder, wie die DDR, in weitgehendem Maße die Bestimmungen dieses Abkommens an (vgl. *Bergner, Bäcker, Lange, Teuchert*: Internationales Verkehrsrecht, Staatsverlag der DDR, 1969, S. 124; sowie *Erler*, Rechtsfragen der ICAO, 1968, S. 16).

nale portant réglementation de la navigation aérienne[4] vom 13. 10. 1919 kodifiziert:

„The High Contracting Parties recognize that every Power has complete and exclusive sovereignty over the air space above its territory. For the purpose of the present Convention, the territory of a State shall be understood as including the national territory, both that of the mother country and of the colonies, and the territorial waters adjacent thereto[5]."

Eine gleichlautende Bestimmung findet sich in der zwischen Spanien, Portugal und den südamerikanischen Staaten am 1. 11. 1926 in Madrid abgeschlossenen *Convenio ibero-americano de navegacion aérea* (abgekürzt: Ciana). Die *Pan-American Convention on Commercial Aviation*, die am 20. 2. 1928 in Havanna unterzeichnet wurde (allgemein als Havanna-Abkommen bezeichnet), geht gleichfalls von dem Prinzip der Zugehörigkeit des Luftraums zum Gebiet des Bodenstaates aus, ohne jedoch hierbei die Küstengewässer ausdrücklich zu erwähnen.

Das an die Stelle dieser Konventionen getretene Abkommen von Chicago hat den Wortlaut des Art. 1 des CINA-Abkommens nahezu unverändert übernommen: „Article 1.: The Contracting States recognize that every State has complete and exclusive sovereignty over the airspace above its territory[6]."

---

[4] Nach den Anfangsbuchstaben der durch dieses Abkommen errichteten *Commission internationale de navigation aérienne* allgemein als „CINA-Abkommen" bezeichnet.

[5] Bereits während des 1. Weltkrieges hatten sich die meisten neutralen Staaten auf das Prinzip der Gebietszugehörigkeit des Luftraumes berufen und daher den kriegsführenden Mächten das Eindringen in ihr Luftgebiet untersagt (vgl. den Protest der Schweizer Regierung vom November 1914 gegen den Überflug britischer und französischer Luftfahrzeuge; abgedruckt bei *Slotemaker*, Freedom of Passage for International Air Services (1932), S. 14; ferner *Meyer*, Alex, Freiheit der Luft als Rechtsproblem, S. 74 und *Haupt*, Luftraum, S. 130 f.).

Wegen des heute nur noch rechtsgeschichtliche Bedeutung besitzenden Streites zwischen den Anhängern der Luftfreiheits- und der Lufthoheitstheorie aus der Zeit vor dem 1. Weltkrieg vgl. insbesondere Paul *Fauchilles* klassischen Aufsatz „Le Domaine Aérien et le Régime Juridique des Aérostats" in 8 Revue Générale de Droit International Public (1901), S. 414 f., sowie *Westlakes* Ausführungen auf der Genter Tagung des Institut de Droit International im Jahre 1906 (Annuaire (1906), S. 298 ff. Eine Liste derjenigen Völkerrechtler, die für die staatliche Hoheit im Luftraum eintraten, jedoch vertikale oder funktionale Beschränkungen befürworteten, findet sich bei *Slotemaker*, a.a.O., S. 3 und *Sand, Pratt, Lyon*, An Historical Survey of the Law of Flight (1961), S. 8.

[6] Durch die Verwendung des Ausdrucks „recognize" erkennen die Vertragstaaten an, daß das Prinzip der Lufthoheit unabhängig von dem Abkommen von Chicago als allgemeine Völkerrechtsnorm gilt. Dies zeigt sich auch darin, daß nach Art. 1 „jeder Staat" diese Lufthoheit besitzt, gleichgültig also, ob es sich um einen Vertragsstaat handelt oder nicht. Art. 1 gibt damit Völkerrecht wieder, dessen weltweite Geltung bei der Unterzeichnung bereits feststand.

Der Begriff des Staatsgebietes im Sinne des Abkommens wird in Art. 2 definiert; danach erstreckt sich der mit den pleonastischen Adjektiven „vollständig" und „ausschließlich" bezeichnete Herrschaftsbereich eines Staates auf den Luftraum über seinem Landgebiet, den Küstengewässern[7] sowie denjenigen Gebieten, die seiner Suzeränität, seiner Protektorats- oder Mandatsherrschaft unterstehen[8].

II. Ergebnis

Für die Frage der Zulässigkeit direkter Abwehrmaßnahmen folgt aus dem Grundsatz der Lufthoheit, daß jeder Staat befugt ist, alle in seinem territorialen Luftraum begangenen oder fortgesetzten Straftaten und Sicherheitsverstöße seiner ausschließlichen Hoheitsgewalt zu unterwerfen. Er ist daher auch berechtigt, gegenüber allen in diesem Gebiet befindlichen Flugzeugen — ungeachtet ihrer Nationalität — die nach seiner Rechtsordnung zulässigen Zwangsmaßnahmen zum Zwecke der Gefahrenabwehr und Strafverfolgung zu ergreifen[9].

III. Der Grundsatz der Meeresfreiheit in seiner Bedeutung für die Luftfahrt

Nach dem heute allgemein anerkannten Grundsatz der Freiheit der Meere, einem Grundprinzip des geltenden Völkerrechts[10], ist das Gebiet

[7] Aus der rechtlichen Gleichstellung des über dem Küstenmeer liegenden Luftraums mit dem oberhalb des sonstigen Staatsgebiets befindlichen Luftgebiet folgt, daß das für die Küstengewässer geltende Recht der friedlichen Durchfahrt (innocent passage) im darüber liegenden Luftgebiet nicht gilt. Fremde Luftfahrzeuge bedürfen daher in gleicher Weise der Genehmigung zum Überfliegen der Küstengewässer wie zum Einflug in den sonstigen staatlichen Luftraum.

Das Recht zum Durchflug sowie zu technischen und kommerziellen Landungen haben sich jedoch viele Staaten gegenseitig aufgrund bilateraler Verträge oder durch Beitritt zu den ebenfalls im Jahre 1944 in Chicago abgeschlossenen *International Air Services Transit Agreement* und *International Air Transport Agreement* gewährt.

[8] Die Frage, in welcher Höhe der zum Staatsgebiet gehörende Luftraum endet und der freie Weltraum beginnt, ist gegenwärtig noch umstritten (vgl. hierzu Alex *Meyer*, Staatshoheit im Luftraum und die Entwicklungen im Weltraum, ZLW 1965, S. 303 ff. mit weiteren Nachweisen und *Wessels*, H., Weltraumrecht, in WdVR, Bd. III, S. 831). Im Rahmen der vorliegenden Untersuchung kann die Frage dahingestellt bleiben, da die Flughöhen der im internationalen Luftverkehr eingesetzten Flugzeuge nach dem derzeitigen Stand der Technik weit unter jeder als niedrigste Grenzlinie bisher vorgeschlagenen Höhe liegen.

[9] Das Korrelat zu diesem Recht eines jeden Staates bildet das gleichfalls aus dem Lufthoheitsprinzip fließende grundsätzliche Verbot, in dem Luftraum eines fremden Staates ohne dessen Erlaubnis hoheitlich tätig zu werden. Siehe hierzu die näheren Ausführungen im Rahmen der nachfolgenden Erörterungen des Nacheilerechts.

[10] So *Dahm* (VR, I, S. 666), der dieses fundamentale Prinzip sogar als einen Teil des Völkerverfassungsrechts ansieht.

der offenen See[11] ein hoheitsfreier, der Nutzung aller Staaten offenstehender Verkehrsweg[12]. Unbestritten teilt der Luftraum über der hohen See das rechtliche Schicksal dieses Gebietes und steht daher in gleicher Weise als Verkehrsraum allen Nationen im Rahmen des Gemeingebrauchs[13] zur Nutzung offen.

Im Gegensatz zu dem Genfer Abkommen über die Hohe See von 1958, in dem die Freiheit „to fly over the high seas" ausdrücklich als ein Bestandteil der Meeresfreiheit erwähnt wird[14], enthält das Abkommen von Chicago keine förmliche Bestätigung dieses völkergewohnheitsrechtlichen Grundsatzes. Es geht vielmehr stillschweigend von der allgemeinen Geltung dieses Prinzips aus, indem es in Art. 12 bestimmt, daß hinsichtlich der Luftverkehrsregeln über der hohen See nur die aufgrund dieses Abkommens aufgestellten besonderen Regeln gelten. Damit erkennen die Vertragsstaaten an, daß der Luftraum über den Meeren der Hoheitssphäre der Staaten entzogen ist und folglich auch kein einzelner Staat befugt ist, den Flugverkehr anderer als seiner eigenen Luftfahrzeuge dort zu regeln. Zur Verhinderung anarchischer und chaotischer Verhältnisse in diesem staatsfreien Raum haben deshalb die Mitgliedstaaten im Rahmen ihrer zwischenstaatlichen institutionellen Zusammenarbeit der ICAO das Recht übertragen, einheitliche Luftverkehrsregeln mit verbindlicher Wirkung für die zivilen Luftfahrzeuge aller ICAO-Staaten zu erlassen und sich verpflichtet, dieses internationale Normensystem einheitlich anzuwenden.

IV. Der Grundsatz der ausschließlichen Hoheitsgewalt des Flaggenstaates bei Flügen über der hohen See

Aus dem Grundsatz der Freiheit der Meere und des darüber befindlichen Luftraums folgt notwendigerweise, daß Luftfahrzeuge bei Flügen über der hohen See der ausschließlichen Hoheitsgewalt desjenigen Staates unterliegen, dessen Staatszugehörigkeit (nationality) sie besitzen[15]. Nach dem Abkommen von Chicago haben Flugzeuge die Staats-

---

[11] Gemäß Art. 1 des Genfer Abkommens über die Hohe See (GAHS) von 1958 umfaßt das Gebiet der hohen See „alle Teile des Meeres, die nicht zum Küstenmeer oder zu den inneren Gewässern eines Staates gehören".

[12] Neben der Schiffahrtsfreiheit umfaßt der Gemeingebrauch weitere Nutzungsarten, insbesondere das Recht zum Fischfang und Kabellegen, die hier aber nicht interessieren.

[13] Die freie Nutzung der Meere wird lediglich durch das jedem Recht immanente Mißbrauchsverbot eingeschränkt. Nach Art. 2 Abs. 2 GAHS darf sie nur ausgeübt werden „with reasonable regard to the interests of other States in their exercise of the freedom of the high seas".

[14] Vgl. Art. 1 Satz 3 GAHS.

[15] Abweichend vom englischen und französischen Recht, das sowohl für das Bindungsverhältnis von Personen als auch von See- und Luftfahrzeugen zu

zugehörigkeit des Staates, in dessen Register sie eingetragen sind (Art. 17). Eine Eintragung in mehr als einem Staat ist unzulässig (Art. 18)[16]. Der Begriff der „Nationality“ wird in dem Abkommen nicht defniniert; deshalb besteht im internationalen Luftrecht ebensowenig wie im Seevölkerrecht, dem dieser Begriff entlehnt ist, Klarheit über dessen rechtliche Bedeutung.

Da es umstritten ist, ob eine Staatsangehörigkeit im eigentlichen Sinne wegen der ihr zugrunde liegenden wesensmäßigen Treuepflicht nicht nur natürlichen Personen zukommt und folglich die Anwendbarkeit dieses Begriffes auf See- und Luftfahrzeuge fragwürdig ist[17], so bediente sich eine — mittlerweile überholte — Lehre zur Begründung der ausschließlichen Jurisdiktionsbefugnisse des Flaggenstaates auf hoher See der Fiktion einer Quasi-Territorialität dieser Verkehrsmittel[18].

Diese „Territoire flottant“-Theorie, nach der See- und Luftfahrzeuge als „schwimmende bzw. fliegende Bestandteile“ ihres Heimatstaates gelten, hat auch der StIGH seiner Entscheidung im *Lotus-Fall* zugrundegelegt:

„A corally of the principle of the freedom of the seas is that a ship on the high seas is assimilated to the territory of the State the flag of which it flies... It follows that what occurs on board of a vessel on the high seas

---

einem bestimmten Staate die Begriffe „nationality“ bzw. „nationalité“ verwendet, wird im deutschsprachigen Schrifttum in Hinblick auf Flugzeuge und Schiffe statt des Begriffes „Staatsangehörigkeit“ zumeist die einschränkende Bezeichnung „Staatszugehörigkeit“ benutzt.

[16] Die Voraussetzungen für die Erlangung der Staatszugehörigkeit bestimmen sich gemäß Art. 19 des Abkommens von Chicago nach dem Recht des Registerstaates. Zur Frage, ob in Analogie zum *Nottebohm-Fall* (Entscheidungen des IGH 1955, S. 20 ff.) oder gar aufgrund des Abkommens von Chicago selbst das Vorliegen eines echten Bandes (genuine link) im Sinne des Art. 5 GAHS zu fordern ist, vgl. *Schwenk*, W., Grundlagen für die Verleihung der Staatszugehörigkeit an Luftfahrzeuge, ZLW 1965, S. 195. Für das Seerecht, siehe *Schulte*, H., Die billigen Flaggen im Völkerrecht, 1962. Die Frage der Notwendigkeit eines „genuine link“ für die Verleihung der Staatszugehörigkeit von Luftfahrzeugen war von Bedeutung im Streit zwischen Marokko und Frankreich im *Ben-Bella-Fall* (vgl. *Seidl-Hohenveldern*, VR, Rdz. 1008).

[17] Kritisch hierzu besonders *Riese*, Luftrecht, S. 201 f.; *Seidl-Hohenveldern*, VR, S. 202; *Schulte*, H., a.a.O., S. 34 f.

[18] Vgl. u. a. den Schiedsspruch von *de Martens* im *Costa Rica Packet-Fall*: „Qu'en haute mer, même les navires marchands constituent des parties détachées du territoire de l'Etat dont ils portent le pavillon“ (Nouveau recueil général de traités XXIII, S. 808). Dagegen hat bereits 1804 *Lord Stowell* ausgeführt, es sei ein großer und fundamentaler Grundsatz der britischen Rechtsprechung in Seerechtsfragen, daß Schiffe auf der hohen See nicht Teile eines Staatsgebietes seien. (Nach *Colombos*, Internationales Seerecht, S. 233).

must be regarded as if it is occurred on the territory of the State whose flag the ship flies[19]."

Von der heutigen Völkerrechtslehre wird diese Fiktion fast einhellig abgelehnt. So hat bereits *Lord Finlay* in seiner von der Entscheidung des StIGH abweichenden Meinungsäußerung betont, es handele sich hierbei um eine „völlig neue und Aufsehen erregende Anwendung einer bildhaften Vorstellung („metaphor")[20].

Wenngleich die grundsätzliche Nützlichkeit rechtlicher Fiktionen nicht bestritten werden soll, so liegt doch eine ihrer Gefahren in der hier sichtbar werdenden Tatsache, daß — wie *Bin Cheng* zutreffend ausführt — „when what is essentially a metaphor is turned into a legal rule, quite unexpected legal consequences may follow"[21]. So müßte bei konsequenter Anwendung der „Territoire flottant"-Theorie in der völkerrechtlichen Praxis jedes Schiff (und Flugzeug) auf der hohen See von eigenen Territorialgewässern, einer darüber befindlichen Luftsäule sowie von einem unterhalb dieser Fahrzeuge liegendem territorialem Raum umgeben sein, deren Standort sich während der Reise ständig veränderte. Wie irrig eine solche Vorstellung wäre, bedarf keiner näheren Erwähnung[22].

Für das rechtliche Verständnis der ausschließlichen Jurisdiktion des Flaggenstaates auf hoher See bedarf es zudem dieser Fiktion gar nicht, da es hierfür vernünftige praktische Gründe gibt, die unmittelbar aus dem Prinzip der Meeresfreiheit folgen.

Denn in Ermangelung einer einheitlichen öffentlichen Gewalt bedarf der Verkehr im staatsfreien Raum eines rechtlichen Ordnungsfaktors, mit dessen Hilfe dort — notfalls im Wege des Zwanges — Sicherheit und Ordnung im Interesse der gesamten Völkerrechtsgemeinschaft aufrechterhalten werden können. Deshalb ist es erforderlich, daß jedes in diesem Gebiet verkehrende See- oder Luftfahrzeug der Herrschaftsgewalt eines Staates unterworfen ist, der auf diese Weise Recht und Ordnung an Bord gewährleisten kann. Es ist im Grunde unwesentlich,

---

[19] StIGH, P.C.I.J. Ser.A. Nr. 10, S. 25. Der Entscheidung im *Lotus-Fall* haben sich sechs der zwölf Richter nicht angeschlossen, so daß erst das Votum des Vorsitzenden *Max Huber* den Ausschlag gab. (Vgl. *Herndl*, K., Lotus-Fall, in WdVR, Bd. II, S. 431).

[20] a.a.O., S. 52 f.

[21] In „Analogies and Fictions in Air and Space Law", 21 Current Legal Problems, 1968, S. 155. Ähnlich bereits *Evans*, Leading Cases on International Law, 1922, S. 181: „At best this language is only figurative, and where it is applied literally, it leads to absurd results".

[22] Zudem wird selbst in denjenigen Staaten, deren Gesetzgebung auf dem angeblichen territorialen Charakter ihrer See- und Luftfahrzeuge beruht, diese Rechtsauffassung für den Fall ihres Aufenthaltes in fremdem Hoheitsgebiet nicht aufrechterhalten.

ob man die rechtliche Zuordnung dieser Verkehrsmittel zu einem Staat als „Staatszugehörigkeit“ und die anwendbare Rechtsordnung als „Flaggenrecht“ bezeichnet oder nicht. Entscheidend ist, daß der Heimatstaat aufgrund der bestehenden engen Bindungen zu seinen Schiffen und Flugzeugen hierdurch die völkerrechtliche Verantwortung für das ordnungsgemäße Verhalten dieser Verkehrsmittel und ihrer Benutzer übernimmt sowie zu ihrem Schutz vor allen unberechtigten Eingriffen völkerrechtlich befugt ist[23]. In diesem Sinne dient der Begriff der Staatszugehörigkeit als „moyen d'organiser la juridicité de la haute mer“[24].

V. Ergebnis

Für die uns gestellte Frage folgt aus dem Prinzip der ausschließlichen Jurisdiktion des Flaggenstaates, daß in aller Regel kein anderer Staat dessen Flugzeuge über den Meeren aufbringen oder zur Umkehr zwingen darf[25]. Jeder Verstoß gegen dieses Verbot der Zwangsausübung gegenüber fremden Flugzeugen stellt grundsätzlich eine Verletzung ausschließlicher Hoheitsrechte des Eintragungsstaates und damit diesem gegenüber ein völkerrechtliches Delikt dar[26].

2. Das allgemeine Friedensvölkerrecht kennt jedoch gewisse Ausnahmefälle, in denen es auch in staatsfreien Räumen statthaft ist, Hoheitsrechte gegenüber fremden See- und Luftfahrzeugen auszuüben. Die für unser Thema bedeutsamen Ausnahmen sollen im folgenden behandelt werden.

2. Kapitel: Das Recht der Nacheile (Hot pursuit, droit de suite)

I. Zur Anwendbarkeit dieses Rechtsinstituts auf die Luftfahrt

Nach geltendem Völkergewohnheitsrecht[1] ist jeder Küstenstaat berechtigt, ein fremdes Schiff auf das Gebiet der hohen See hinaus zu ver-

---

[23] Ähnlich *Bin Cheng*, Analogies and Fictions in Air and Space Law, a.a.O., S. 147:

„The essential purpose of nationality is to allocate an object of international law to a subject of international law so that international rules and regulations established in respect of the former, whether in the form of benefits or duties, apply through the latter. In other words, nationality implies at once the right of protection and the duty of international responsibility“.

Vgl. auch *Schwarzenberger*, Manual of International Law, S. 141.

[24] *Gidel*, Droit international Public de la Mer, Bd. I, S. 320.

[25] Vgl. *Kelsen*, Principles of International Law, S. 223—24: „Exclusive jurisdiction means that no other State but the flag State is entitled to exercise coercive power on board of the ship which legitimately sails under its flag.“

[26] So auch *Bauer*, Völkerrechtswidrige Entführung, S. 39.

[1] Das Recht der Nacheile war bereits Gegenstand früherer Kodifikations-

folgen, wenn hinreichender Verdacht besteht, daß es die Rechtsordnung des betreffenden Staates während seines Aufenthaltes in dessen Eigen- und Küstengewässern oder der Anschlußzone verletzt hat[2]. Diese gewohnheitsrechtliche Befugnis wurde durch das Genfer Abkommen über das Recht der hohen See ausdrücklich bestätigt. Gemäß Art. 23 GAHS muß die Verfolgung innerhalb der zum Staatsgebiet gehörenden Gewässer oder der Anschlußzone begonnen haben und ohne Unterbrechung auf hoher See fortgesetzt werden. Das Recht auf Nacheile endet, sobald das verfolgte Schiff das Küstenmeer seines eigenen oder eines dritten Staates erreicht hat[3].

Gewaltsame Flugzeugentführungen, die innerhalb des räumlichen Herrschaftsbereiches eines Küstenstaates begangen werden, verletzen die nationale Rechtsordnung in erheblichem Maße. Fraglich ist indessen, ob das Recht der Nacheile eine Verfolgung des entführten Luftfahrzeuges, dessen Fluchtweg über die hohe See führt, gestattet. Art. 23 GAHS behandelt nur das Nacheilerecht gegenüber fremden Schiffen; jedoch bestehen keine grundsätzlichen Bedenken, den in dieser Bestimmung enthaltenen Rechtsgedanken auch auf die Verfolgung fremder Luftfahrzeuge zu erstrecken[4].

Eine solche Auslegung trägt dem wenig beachteten Gedanken Rechnung, daß das Recht der Nacheile im Grunde gar kein eigentliches Rechtsinstitut des Seevölkerrechts darstellt, sondern ebenso auch zu Lande und in der Luft ausgeübt werden darf. Denn grundsätzlich ist die Verfolgung von Rechtsbrechern durch staatliche Organe über die Landesgrenzen hinaus überall dort zulässig, wo ein Zusammenstoß mit einer anderen Gebietshoheit ausgeschlossen ist[5]. Dieses entscheidende Kriterium schränkt zwar den Anwendungsbereich dieses Rechtsinstituts auf dem festen Land weitgehend ein, da der Grundsatz der territorialen Souveränität es dem verfolgenden Staat in aller Regel verbietet, im Gebiet eines anderen Staates hoheitlich tätig zu werden[6].

---

bestrebungen. Vgl. dazu Art. 11 des Anhangs zur Schlußakte der Haager Kodifikationskonferenz von 1930 sowie Art. 10 des Entwurfs der Kodifikationskommission des Völkerbundes von 1926 und Art. 21 der Harvard Draft Convention on Territorial Waters. Zu dem in zahlreichen Verträgen vereinbarten Nacheilerecht vgl. *Dahm*, VR, Bd. I, S. 672, der auch einen Überblick über die Staatenpraxis und das einschlägige Schrifttum gibt.

[2] Vgl. hierzu *Gidel*, Le Droit International de la Mer, Bd. III, S. 339 f.; *Colombos*, a.a.O., S. 124; *Seidl-Hohenveldern*, VR, Rdz. 936 f. Siehe ferner *Bose*, Die Nacheile im Völkerrecht (1935); *Martens*, Das Recht der Nacheile zur See (1937) und *Massin*, La Poursuite en Droit Maritime (1937); *Poulantzas*, The Right of Hot Pursuit in International Law (1969).

[3] Art. 23 GAHS.

[4] So auch *McDougal-Lasswell-Vlasic*, Law and Public Order in Space, S. 310 und *Verplaetse*, International Law in Vertical Space, S. 115.

[5] So auch *Münch*, Nacheile, in WdVR, Bd. II, S. 560.

[6] Vgl. hierzu insbesondere die Entscheidung des StIGH im *Lotus-Fall*

Jedoch sind auch hier Fälle einer zulässigen Nacheile denkbar, z. B. eine Verfolgung über die Landesgrenzen hinaus in angrenzendes staatenloses Gebiet[7]. Möglich wäre ferner eine durch die Nachteile manifestierte Ausübung von Hoheitsgewalt jenseits der Grenzen durch einen Staat, der das angrenzende fremde Territorium im Kriege besetzt hält und dort eine durch das allgemeine Völkerrecht geregelte Staatsgewalt ausübt oder dem die Ausübung hoheitlicher Rechte vertraglich überlassen worden ist[8].

Die gleichen Grundsätze gelten für die Verfolgung von Luftfahrzeugen über die Grenzen des staatlichen Luftraums hinaus. Die entscheidende Voraussetzung für deren Zulässigkeit ist auch hier, daß bei der Verfolgung über die Staatsgrenzen hinaus eine Verletzung der Gebietshoheit eines anderen Staates ausgeschlossen sein muß.

Grenzt also der Luftraum des Staates, dessen Rechtsordnung ein fremdes Luftfahrzeug verletzt hat, an staatenloses Gebiet, so ist es zulässig, die Verfolgung bis in dieses Gebiet hinein zu erstrecken.

Damit läßt sich die eingangs gestellte Frage wie folgt beantworten:

1. Da der Luftraum über der hohen See frei von Hoheitsrechten ist, so sind die Küstenstaaten grundsätzlich befugt, fremde Flugzeuge, die innerhalb des ihrer Gebietshoheit unterliegenden Luftraums in die Hand von Entführern geraten sind und Kurs auf das offene Meer nehmen, zu verfolgen und dort zur Umkehr zu zwingen.

2. Die rechtlichen Voraussetzungen, die bei einer Ausübung des Rechts auf Nacheile gegenüber fremden Schiffen erfüllt sein müssen, gelten in gleicher Weise für die Weiterverfolgung fremder Luftfahrzeuge. So muß die Nacheile durch staatliche Flugzeuge bereits innerhalb des staatlichen Luftraums oder der Anschlußzone begonnen werden und ohne Unterbrechung über der hohen See fortgesetzt worden sein. Das Recht auf Nacheile endet auch hier, sobald das entführte Flug-

---

(StIGH Ser.A Nr. 10, S. 18 f.): „The first and foremost restriction imposed by international law upon a State is that — failing the existence of a permissive rule to the contrary — it may not exercise its powers in any form in the territory of another State. In this sense, jurisdiction is certainly territorial; it cannot be exercised by a State outside its territory except by virtue of a permissive rule."

[7] Mit Recht hält *Seidl-Hohenveldern* (VR, Rdz. 937) dagegen die Verfolgung algerischer Aufständischer durch französische Truppen in das Gebiet des Nachbarstaates Tunesien im Jahre 1958 bei Sakhiet-Sidi-Youssef für völkerrechtswidrig.

[8] Weitere Beispiele für eine Ausübung der Gebietshoheit ohne gleichzeitige territoriale Souveränität gibt *Seidl-Hohenveldern*, VR, Rdz. 813 ff. Zum Schrifttum über Hoheitsrechte an fremdem Gebiet siehe die ausführlichen Literaturangaben bei *Seidl-Hohenveldern*, Rdz. 809 f. und *Dahm*, VR, Bd. I, S. 538 ff.

zeug in den Luftraum eines anderen Staates einfliegt, es sei denn, es läge einer der Ausnahmefälle vor, in denen die Ausübung hoheitlicher Gewalt auch auf fremdem Staatsgebiet völkerrechtlich zulässig ist.

Weshalb die Genfer Seerechtskonferenz bei der Kodifizierung des Nacheilerechts von der sachlich und rechtlich gebotenen Gleichbehandlung der See- und Luftfahrzeuge abgesehen hat, ist aus den verfügbaren Konferenzunterlagen nicht ersichtlich. Dabei hatte die chilenische Regierung bereits in ihrer offiziellen Stellungnahme zu dem Abkommensentwurf von 1956 eine entsprechende Ergänzung des damaligen Artikels 47 mit der zutreffenden Begründung gefordert: „Since reference is made to hot pursuit of a ship by an aircraft and since the freedom to fly over the high seas has been included as one of the freedoms of the sea, some provision should be added to deal with hot pursuit of an aircraft by another aircraft[9]."

Diesem Vorschlag ist die sachlich zuständige II. Kommission der Genfer Seerechtskonferenz bei der Formulierung des Art. 23 GAHS nicht gefolgt. Die Annahme liegt nahe, daß es sich möglicherweise nur um eine durch Zeitmangel bedingte Unterlassung oder um ein Redaktionsversehen handelt. Denn einmal wurden — worauf Chile hingewiesen hat — bei der Kodifizierung des Nacheilerechts die staatlichen See- und Luftfahrzeuge bereits als *Verfolger* rechtlich gleichgestellt. Zum anderen läßt die Fassung der Pirateriereegeln — also der anderen bedeutsamen Ausnahme von dem Grundsatz der ausschließlichen Jurisdiktion des Flaggenstaates auf hoher See — das Bemühen erkennen, die seerechtlichen Regeln dort, wo es sachlich geboten ist, auch auf den über der See liegenden Luftraum zu erstrecken[10].

II. Die tatsächlichen und rechtlichen Grenzen der Anwendbarkeit

1. Wenngleich damit feststeht, daß nach Völkergewohnheitsrecht jeder Uferstaat grundsätzlich zur Weiterverfolgung eines innerhalb seines Staatsgebiets entführten Flugzeugs auf das Gebiet der hohen See hinaus berechtigt ist, so darf doch nicht übersehen werden, daß die besonderen Verhältnisse der Luftfahrt einer Ausübung dieses Rechtes gegenwärtig enge Grenzen setzen. Denn wie bereits betont wurde, ist das Aufbringen eines über der hohen See befindlichen Verkehrsflugzeuges nur unter erheblicher Gefährdung der Insassen möglich. Weigert sich der die Kontrolle über das Flugzeug ausübende Täter, der

---

[9] Letter from the Permanent Mission of Chile to the U. N. vom 19. 7. 1957, UN-Doc. A/Conf. 13/5, S. 78/79.

[10] Näheres hierzu im Rahmen der nachfolgenden Erörterung des zeitgenössischen Piraterierechts.

Aufforderung zur Umkehr nachzukommen, so bliebe den Verfolgern als durchsetzbares Zwangsmittel letztlich nur der Abschuß des Flugzeugs. Eine solche Zwangsmaßnahme, die zum sicheren Tod vieler Unschuldiger führen würde, verletzte jedoch in erheblichem Maße das auch für das Recht der Nacheile geltende Postulat der Verhältnismäßigkeit zwischen dem angewendeten Mittel und dem verfolgten Zweck und wäre daher als Rechtsmißbrauch völkerrechtswidrig[11].

Diese Rechtsauffassung wurde auch von der amerikanisch-britischen Schiedskommission im *I'm Alone-Fall*[12] vertreten. Sie erachtete das Vorgehen der amerikanischen Küstenboote, die den in der Nähe ihrer Küstengewässer angetroffenen kanadischen Schoner *I'm Alone* unter dem Verdacht des Alkoholschmuggels auf die hohe See hinaus verfolgt und ihn dort am 22. 3. 1929 nach wiederholter Aufforderung, sich zu ergeben, schließlich versenkt hatten, als völkerrechtswidrig. Die Kommission verurteilte daher die Vereinigten Staaten zum Schadenersatz[13].

2. Anders als bei der Verfolgung von Schiffen ist das Nacheilerecht bei flüchtigen Flugzeugen zudem nur dort praktikabel, wo die technischen und organisatorischen Voraussetzungen für eine sofortige Verfolgung vorliegen. Verzögert sich deren Beginn auch nur geringfügig, so kann das schnell fliegende Flugzeug bereits das Gebiet der hohen See erreicht haben und damit die Aufnahme seiner Verfolgung unzulässig sein.

III. Der rechtliche Zusammenhang zwischen der Ausübung des Nacheilerechts und der Breite der Küstengewässer

Gerade der Umstand, daß es dem Täter einer gewaltsamen Flugzeugentführung möglich ist, in wenigen Minuten Entfernungen zurückzulegen, für die ein Schiff viele Stunden benötigt, verlangt einen besonderen Hinweis auf den rechtlichen Zusammenhang, der zwischen der Ausübung des Nacheilerechts und der Breite der Küstengewässer besteht[14]:

---

[11] Nach *Dahm*, VR, Bd. I, S. 197, ist das Vorliegen eines Rechtsmißbrauchs bzw. einer unzulässigen Rechtsausübung dann zu bejahen, wenn das Interesse des Staates an der Wahrnehmung seiner Rechte geringer wiegt als die Interessen anderer Staaten oder der gesamten internationalen Gemeinschaft, denen durch die Ausübung des Rechts schwerer Schaden zugefügt wird. Völkerrechtswidrig ist auch schon die bloße Rechtsüberschreitung.

[12] Reports of International Arbitral Awards 3, S. 1609.

[13] Es ist bemerkenswert, daß die Schiedskommission davon abgesehen hat, die USA zum vollen Wertersatz zu verurteilen, nachdem sie die Eigentumsverhältnisse an dem zu Unrecht versenkten Schiff überprüft hatte. Diese Feststellungen ergaben, daß das in Kanada registrierte Schiff tatsächlich im Eigentum und unter der Kontrolle amerikanischer Staatsangehöriger stand (a.a.O., S. 1617 f.).

[14] Auf den Einfluß, den die Breite des Küstenmeeres auf die Anwendbar-

1. Diejenigen Staaten, die in Abkehr von der ganz überwiegenden Staatenpraxis des 19. Jahrhunderts die Breite ihrer Küstengewässer nicht mehr nach der Dreimeilen-Regel bestimmen, sondern auf einer Ausdehnung bis zu 12 Seemeilen bestehen[15], besitzen bei der Ausübung des Nacheilerechts eine günstigere Rechtsposition. Denn da der über dem Küstenmeer befindliche Luftraum das rechtliche Schicksal dieser Zone teilt und folglich gleichfalls der territorialen Souveränität und Gebietshoheit des Uferstaates unterliegt, so steht dieser Staatengruppe eine bis zu 12 Seemeilen breite Zone zur Verfügung, innerhalb der sie wegen jeglicher Verletzung ihrer nationalen Rechtsordnung die Verfolgung eines flüchtigen Flugzeugs aufnehmen darf. Demgegenüber steht denjenigen Staaten, die auch weiterhin an der klassischen Dreimeilengrenze festhalten, dieses Recht nur zu, solange das entführte Flugzeug diese schmalere Küstenzone noch nicht verlassen hat.

2. An dieser offensichtlichen rechtlichen Ungleichheit ändert auch der Umstand nichts, daß alle Staaten, die ihre Küstengewässer auf eine Breite von weniger als 12 Seemeilen begrenzen, gewissermaßen als Kompensation zur Einrichtung einer vorgelagerten Schutz- oder Anschlußzone berechtigt sind. Da deren äußere Grenze ebenfalls bis zu 12 Seemeilen von der als innere Grenze der Küstengewässer festgelegten Grundlinie entfernt sein darf, so erscheint auf den ersten Blick eine Gleichstellung mit den anderen Staaten erreicht.

Das ist jedoch nicht der Fall. Denn die Befugnisse, die der Uferstaat innerhalb dieser rechtlich bereits zum Gebiet der hohen See gehörenden Anschlußzone ausüben darf, unterscheiden sich erheblich von den Souveränitätsrechten, die ihm innerhalb seiner Küstengewässer zustehen. Gemäß Art. 24 des Genfer Abkommens über das Küstenmeer und die Anschlußzone, der im wesentlichen geltendes Gewohnheitsrecht wiedergibt, stehen dem Uferstaat innerhalb der Schutzzone lediglich gewisse eng begrenzte Kontroll- und Polizeirechte zu, die eine Verletzung seiner Zoll-, Finanz-, Gesundheits- und Einwanderungsvorschriften von dieser Zone aus verhindern sollen. Zu einer Strafverfolgung fremder See- und Luftfahrzeuge ist er in dieser Anschlußzone nur insoweit befugt, als sie wegen einer in seinem Gebiet — einschließlich der Küstengewässer — begangenen Verletzung der genannten Vorschriften erfolgt.

---

keit des Nacheilerechts ausübt, hat auch N. *Poulantzas* in seinem Aufsatz: „The Right of Hot Pursuit, especially under the Geneva Convention", Den Haag, 1959, hingewiesen.

[15] Vgl. hierzu im einzelnen *Münch*, WdVR II, S. 388 f. Hinsichtlich der erheblich weitergehenden Ansprüche der Staaten an der südamerikanischen Westküste, ihre Küstengewässer zum Schutz ihrer Fischereiinteressen auf 200 Seemeilen auszudehnen, siehe *Dahm*, VR, Bd. I, S. 655 f. und 707 ff., mit ausführlichen Hinweisen auf einschlägige Proklamationen, Gesetze und Literatur.

Auch eine Nacheile darf dort gemäß Art. 23 Abs. 1 letzter Satz GAHS nur wegen einer Verletzung derjenigen Vorschriften ausgeübt werden, zu deren Schutz diese Zone errichtet wurde. Eine gewaltsame Flugzeugentführung verletzt in aller Regel keine der in Art. 24 des Abkommens über das Küstenmeer und die Anschlußzone geschützten Rechte[16]. Deshalb ist die Aufnahme der Verfolgung eines entführten fremden Flugzeuges unzulässig, sobald es in die Anschlußzone eingeflogen ist.

IV. Ergebnis

Zusammenfassend ist somit festzustellen, daß, solange die Staatengemeinschaft sich nicht auf eine einheitliche äußere Begrenzung des Küstenmeeres zu einigen vermag, eine rechtliche Ungleichheit bei der Ausübung des Nacheilerechts besteht. Uferstaaten mit einer Küstenmeerbreite von drei Seemeilen steht dieses Recht nur zu, solange das entführte Flugzeug diese Zone noch nicht verlassen hat. Hingegen dürfen Staaten, die ihre Küstengewässer bis auf 12 Seemeilen erstrecken, die Verfolgung eines entführten Flugzeugs auch dann noch aufnehmen, wenn es sich bereits bis zu 9 Seemeilen jenseits der traditionellen Begrenzungslinie befindet.

3. Kapitel: Gestattet das Völkerrecht das Anhalten eines entführten fremden Flugzeugs im Wege einer Geschäftsführung ohne Auftrag?

Polizeiliche Maßnahmen zur Anhaltung eines entführten Flugzeugs dürfen auch von einem Staat, der selbst keine Jurisdiktionsbefugnisse besitzt, auf Ersuchen des hierfür zuständigen Staates ergriffen werden. Das Verfahren ist jedoch, insbesondere wenn hierzu der diplomatische Weg beschritten werden muß, zeitraubend und daher bei Flugzeugentführungen ungeeignet. Da ein solcher Fall vielmehr sofortiges Eingreifen verlangt, so fragt es sich, ob ein Staat, der sich in der Lage sieht, den Insassen unverzüglich Hilfe zu leisten, zu einer solchen auftraglosen Hilfsaktion völkerrechtlich befugt ist. Grundsätzlich verbietet das Völkerrecht jede Einmischung in die Angelegenheiten fremder Staaten, soweit sie nicht kraft Vertrages erlaubt ist oder der betreffende Staat ausdrücklich um fremde Unterstützung nachgesucht hat. Daher ist die Besorgung fremder Angelegenheiten im Zweifel eine völkerrechts-

---

[16] Im internationalen Luftverkehr erfolgen die zoll-, grenz- und gesundheitspolizeilichen Kontrollen nicht erst an der Staatsgrenze, sondern bereits auf den mit den entsprechenden Einrichtungen versehenen Flughäfen. Wird ein solches Flugzeug nach der Abfertigung später gewaltsam in Besitz genommen, so verletzt diese Tat keine der in Art. 24 GAKA genannten Vorschriften. Anders ist die Rechtslage dagegen bei der Entführung eines Flugzeugs, das sich auf einem Inlandflug befand. Hier käme zusätzlich auch die Verletzung von Zoll-, Finanz- und Ausreisebestimmungen in Betracht.

widrige Intervention, die den „geschäftsführenden“ Staat der Deliktshaftung aussetzen kann[1]. *Dahm* hält jedoch eine solche auftraglose Geschäftsführung ausnahmsweise dann für zulässig, wenn sie den Umständen nach im Interesse des vertretenen Staates notwendig ist und dem wirklichen oder mußmaßlichen Willen dieses Staates entspricht[2]. Diese Auffassung verdient im wesentlichen Zustimmung, wenngleich es recht schwierig erscheint, generell zu entscheiden, wann ein an sich völkerrechtswidriges Verhalten durch den Rechtsgrundsatz der Geschäftsführung ohne Auftrag gerechtfertigt wird. Die Antwort dürfte von Fall zu Fall verschieden sein. Maßgeblich dürfte letzten Endes sein, ob der Staat, der in einer echten Notlage die Interessen eines anderen Staates wahrnimmt, nach Treu und Glauben von dessen mutmaßlicher Einwilligung ausgehen durfte. Bei Anwendung dieses Grundsatzes ließe sich eine auftraglose Hilfe bei der Bekämpfung von Flugzeugentführungen möglicherweise rechtfertigen, falls nach Lage der Dinge ein sofortiges Handeln in einem echten Notfall geboten ist und die Handlung auch tatsächlich im wohlverstandenen Interesse des vertretenen Staates liegt.

---

[1] *Dahm*, VR, Bd. III, S. 163. Siehe dazu auch *Dahm*, a.a.O., S. 215.

[2] A.a.O. Nach *Seidl-Hohenveldern* (VR, Rdz. 139 f) handelt es sich bei der völkerrechtlichen Geschäftsführung ohne Auftrag um eine komplizierte Rechtsfigur, von der nicht ohne weiteres feststeht, daß hierüber innerhalb der Staatengemeinschaft allgemein anerkannte Rechtsgrundsätze bestehen. Siehe dazu auch *Schwarzenberger* (International Law, Bd. I, S. 579 f.), der die auftraglose Geschäftsführung als eine im Werden begriffene Rechtsfigur des Völkerrechts ansieht.

Zweiter Abschnitt

Gelten die völkerrechtlichen Pirateriereglen auch für die gewaltsame Entführung von Luftfahrzeugen?

1. Kapitel: Allgemeines

Angesichts der weltweiten Bedrohung der Sicherheit und Ordnung des Flugverkehrs durch gewaltsame Flugzeugentführungen ist es eines der wichtigsten Anliegen dieser Arbeit zu prüfen, ob die von der Völkergemeinschaft ursprünglich zum Schutze des friedlichen Verkehrs auf den Meeren vor Seeraub und anderen Gewalttaten entwickelten Regeln auf diesen neuen luftrechtlichen Tatbestand anwendbar sind.

I. Einleitung

Hierfür ist es einmal erforderlich, den Wesenskern des Rechtsinstituts der Piraterie aus seiner überkommenen maritimen Einbettung herauszulösen, um die Grundgedanken dieser häufig bereits als obsolet betrachteten Regeln für den Schutz neuer Transportmittel des internationalen Verkehrs nutzbar zu machen. Zum andern verlangt die Untersuchung der Rechtsnatur der Pirateriereglen eine Auseinandersetzung mit grundlegenden völkerrechtlichen Strukturproblemen, zu denen solch umstrittene Fragen, wie die Stellung des Einzelmenschen innerhalb der Völkerrechtsordnung, seine unmittelbare internationale Verantwortlichkeit sowie endlich die Problematik eines echten Völkerstrafrechts zählen. Da die Völkerrechtsordnung sich gegenwärtig in einer Entwicklungsphase befindet, die durch eine beträchtliche Unsicherheit über den Inhalt und Umfang des allgemeinen Völkergewohnheitsrecht gekennzeichnet ist, so war der eigene Standort darzulegen, ohne hierbei freilich die vielschichtige Problematik dieser Fragen erschöpfend behandeln zu können. Nicht zuletzt ist der Frage, ob gewaltsame Flugzeugentführungen Akte völkerrechtlicher Piraterie darstellen, auch deshalb ein breiterer Raum gewidmet, weil der Ausgang dieser Untersuchung von entscheidender Bedeutung für die künftige rechtliche Behandlung dieser Zwischenfälle — insbesondere auch für die Frage der Erforderlichkeit eines besonderen Flugzeugentführungsabkommens — ist.

II. Der Cadon-Fall

Die Geschichte der Flugzeugentführungen kennt bereits einen Fall, in dem die Anwendbarkeit der völkerrechtlichen Piraterie-Regeln von den Regierungen mehrerer Staaten bejaht wurde. Den Anlaß bildete die Tat des Franzosen *Cadon*, der als Zeichen des Protestes gegen die damalige Politik der USA in der Algerienfrage am 9. August 1961 ein auf dem Wege von Mexiko nach Guatemala befindliches amerikanisches Verkehrsflugzeug zur Landung auf Kuba gezwungen hatte. Die mexikanische Regierung ersuchte Kuba um die Auslieferung des Täters. Sie stützte ihr Ersuchen auf Artikel 2 des kubanisch-mexikanischen Auslieferungsvertrages vom 25. 2. 1925, der bestimmt, daß zu den auslieferungsfähigen Verbrechen auch die außerhalb des Staatsgebietes begangenen Straftaten zählen, insbesondere „das Delikt der Piraterie, wie es dem Völkerrecht bekannt und von ihm definiert ist“[1]. Da sich an Bord der entführten Maschine auch ein kolumbianischer Minister befunden hatte, verlangte Kolumbien von Mexiko eine strenge Bestrafung des Täters. In einer Rede vor dem Parlament bezeichnete der kolumbianische Außenminister Professor *Castillo* die Tat gleichfalls als einen Akt der Piraterie[2]. Nach anfänglicher Weigerung entsprach Kuba am 26. November 1961 dem mexikanischen Ersuchen und lieferte den Täter aus. *Cadon* wurde in Mexiko vor Gericht gestellt und zu 8 Jahren und 9 Monaten Gefängnis verurteilt[3]. Bei der Würdigung der von Mexiko und Kolumbien im *Cadon-Fall* vertretenen Rechtsauffassung ist zu berücksichtigen, daß zu jenem Zeitpunkt das Genfer Abkommen über die Hohe See vom 29. 4. 1958, das eine Begriffsbestimmung des Piraterie-Tatbestandes enthält, noch keine Rechtskraft erlangt hatte[4].

III. Die heutige Bedeutung des Piraterierechts

Im Gegensatz zu früheren Epochen mißt die Völkerrechtslehre unserer Zeit dem Recht der Piraterie nur noch geringe Bedeutung bei, da

---

[1] Diese Ausführungen beruhen auf den Angaben, die Professor Haraldo *Valladao* anläßlich einer dem Thema: „Freedom of the Air“ gewidmeten Konferenz der McGill University, Montreal, am 4. November 1967 gemacht hat. Sein Vortrag ist unter dem Titel „Piraterie Aérienne, nouveau délit international“ in The Freedom of the Air, Leyden 1968, S. 225, sowie in RGA, 1969, S. 261, veröffentlicht.

[2] *Valladao*, a.a.O.

[3] Vgl. den Bericht des US Department of Justice vom 26. 2. 1969 an das House of Representatives' Committee on Interstate and Foreign Commerce, House Report No. 91—33, Appendix 4.

[4] Der Text des Abkommens über die Hohe See findet sich in UN Treaty Series Bd. 450, S. 11 ff. Das Abkommen trat am 30. September 1962 nach Ratifizierung durch 22 Staaten, zu denen weder Mexiko noch Kolumbien oder Kuba zählten, in Kraft. Mexiko ist dem Abkommen am 2. 8. 1966 beigetreten.

eine nennenswerte Gefährdung der internationalen Schiffahrt durch seeräuberische Akte gegenwärtig nicht mehr besteht[5]. So hat es auch auf der internationalen Staatenkonferenz, die im Frühjahr 1958 in Genf den Entwurf eines Abkommens über die Rechtsordnung des Hohen Meeres beriet, nicht an Stimmen gefehlt, die es für unnötig erachteten, eine den Seeraub betreffende Regelung überhaupt noch in das Abkommen aufzunehmen[6]. Andererseits hat aber gerade die Rechtsfigur der völkerrechtlichen Piraterie in neuerer Zeit wieder besondere Aktualität durch die zahlreichen Versuche erlangt, die ursprünglich zur Bekämpfung des reinen Seeraubs entwickelten Normen in den Dienst politisch-ideologischer Ziele zu stellen oder sie auf dem Gebiet der psychologischen Kriegsführung zu verwenden[7].

[5] Mit der wachsenden Stärke staatlicher Kriegsflotten und dem Ende der Barbareskenstaaten infolge der Einverleibung Algiers und Tunis durch Frankreich und der Befriedung von Tripolis verschwand die Piraterie fast gänzlich aus der westlichen Welt (vgl. *Nussbaum*, Geschichte des Völkerrechts, S. 143; zur völkerrechtlichen Stellung der Barbareskenstaaten siehe *Mössner*, J., Die Völkerrechtspersönlichkeit und die Völkerrechtspraxis der Barbareskenstaaten). Lediglich in entlegenenen Gebieten des Stillen Ozeans haben sich in jüngster Zeit einige Fälle der Beraubung kleinerer Schiffe auf hoher See und in den Küstengewässern ereignet. Siehe ferner *Gosse*, The History of Piracy, S. 323 f., der über die Taten chinesischer Seeräuber in der Zeit zwischen 1920 und 1930 berichtet.

[6] Vgl. den entsprechenden Antrag Uruguays, der mit 33 zu 12 Stimmen abgelehnt wurde (UN Doc. A/Conf. 13/40, S. 84). Andere Staaten hatten zumindest eine erhebliche Kürzung der im Entwurf enthaltenen Pirateriereqelungen unter Verzicht auf eine Definition des Pirateriietatbestandes vorgeschlagen.

[7] So auch *McDougal-Burke*, a.a.O., S. 806: „Most of the controversy about the recent revival of interest in the law of piracy has centered upon the contention, put forward by the states in the Soviet bloc, that piracy includes action by warships and by persons seeking political ends. The background of this seemingly surprising concern over legal prescriptions that were widely considered obsolescent is to be found, not so surprisingly, in the ebb and flow of charge and countercharge in the constant disputes between the Soviet and Chinese Communist blocs and the Western nations." Dieses Zitat nimmt Bezug auf die Ereignisse in der Formosa-Straße zwischen 1952 und 1954, wo eine Anzahl von Schiffen aus der Sowjetunion, Polen und einigen westlichen Ländern, die Fracht für Rotchina an Bord hatten, von nationalchinesischen Kriegsschiffen aufgebracht und zum Teil mitsamt ihrer Ladung beschlagnahmt wurden. Polen und die Sowjetunion erhoben daraufhin im Politischen Ausschuß der Vereinten Nationen den Vorwurf, diese Beschlagnahmungen stellten einen Akt der Piraterie dar (Vgl. UN Doc. A/AC 76/SR, 1954, S. 51 ff.).

Zur Unrichtigkeit dieser Rechtsauffassung siehe *Seidl-Hohenveldern*, VR, S. 189/90.

Bereits in dem zwischen den USA, Großbritannien, Italien, Frankreich und Japan am 6. 2. 1922 abgeschlossenen Washingtoner Abkommen über die Verwendung von Unterseebooten und Giftgasen, das mangels Ratifizierung nicht in Kraft trat (Text: AJIL 16, 1922, Suppl. S. 57 ff.), sowie in der während des Spanischen Bürgerkrieges getroffenen Nyoner Vereinbarung vom 14. 9. 1937 war auf die Rechtsfigur der Piraterie für bestimmte Fälle der Verletzung des Seekriegsrechts zurückgegriffen worden (Text: Command Papers 5568).

Auch nach dem Inkrafttreten der in dem Genfer Abkommen über die Hohe See von 1958 niedergelegten Piraterie-Regelungen (Art. 14—23) ist die Diskussion über das Wesen des Piraterie-Tatbestandes und die Möglichkeiten seiner Verwendung für neue, durch die rasche technische Fortentwicklung bedingte völkerrechtlich relevante Sachverhalte nicht verstummt. Angesichts des hierbei zu Tage getretenen Meinungsstreites, inwieweit Artikel 15 des Genfer Abkommens über die Hohe See wirklich als Ausdruck bestehenden Völkerrechts gelten darf, erscheint eine Untersuchung der Rechtsnatur und der begrifflichen Merkmale der völkerrechtlichen Piraterie zur Beantwortung der Frage, ob gewaltsame Flugzeugentführungen Akte der Piraterie darstellen, unerläßlich.

IV. Gang der Darstellung

Es kann nicht Aufgabe dieser Untersuchung sein, „to make lengthy excursions into the legal labyrinths which characterize much of the learned discussion about piracy“[8]. Vielmehr wird die lange und an Widersprüchen reiche Geschichte des Piraterierechts nur insoweit Gegenstand der Untersuchung sein, als sie zum Verständnis und zur rechtlichen Würdigung zeitgenössischer Entwicklungen und Vorschläge unbedingt erforderlich ist.

V. Bisherige Kodifikationsversuche

Von besonderer Bedeutung sind in diesem Zusammenhang die zwischen den beiden Weltkriegen unternommenen Bestrebungen zur völkerrechtlichen Kodifikation des Piraterierechts.

1. Kodifikationsarbeiten im Rahmen des Völkerbundes

Die von der 5. Völkerbundsversammlung mit der Kodifizierung des Völkerrechts beauftragte Juristenkommission zählte auf ihrer 3. Sitzung im März 1927 das Recht der Piraterie zu denjenigen internationalen Rechtsfragen, deren Lösung durch eine völkerrechtliche Vereinbarung geeignet und durchführbar erschien. Zuvor hatte ein von ihr im Jahre 1924 eingesetzter Unterausschuß, deren Berichterstatter der Japaner *Dr. Matsuda* war, ein „Projet de dispositions pour la répression de la piraterie“ erarbeitet, der den Regierungen der Mitgliedstaaten sowie einigen Nichtmitgliedern, wie den USA, mit dem Ersuchen um Stellungnahme übersandt worden war. Die Antworten der Staaten waren fast sämtlich zustimmend, wenngleich sie nur in wenigen Fällen den Rechtsstandpunkt der befragten Regierungen zu den einzelnen

---

[8] So *McDougal-Burke*, a.a.O., S. 805.

Abkommensbestimmungen erkennen ließen[9]. Dennoch gehörte auf der von der 8. Völkerbundsversammlung beschlossenen Haager Kodifikationskonferenz von 1932 die Frage der Piraterie — ebenso wie drei weitere von der Kommission als kodifikationsreif bezeichnete Materien — nicht zu den dort behandelten Themen. Nach dem Mißerfolg dieser Konferenz[10], die ursprünglich als erste in einer Reihe von Konferenzen für die fortschreitende Kodifikation des Völkerrechts gedacht war, wurde von der Weiterverfolgung dieses Kodifikationsvorhabens abgesehen[11].

2. *Der Entwurf der Harvard Law School*

Die umfassendsten Vorarbeiten für eine Kodifikation des Pirateriereсhts leistete eine Studiengruppe der Harvard Law School, die sich die Aufgabe gestellt hatte, hinsichtlich der von der Kodifikationskommission des Völkerbundes als kodifikationsreif bezeichneten Materien Abkommensentwürfe vorzubereiten. Unter der Leitung von Professor *Bingham* entstand 1932 eine „Draft Convention on Piracy", bestehend aus 19 Artikeln sowie einer umfassenden Kommentierung[12]. Diese wissenschaftlich hervorragende Arbeit hat dadurch besondere Bedeutung erlangt, daß sie der Völkerrechtskommission der Vereinten Nationen als Grundlage für die von ihr im Jahre 1956 vorgelegten Empfehlungen zur Kodifikation des Pirateriereсhts diente, die im wesentlichen von der Genfer Seerechtskonferenz von 1958 akzeptiert und in das Abkommen über die Hohe See aufgenommen wurden[13].

---

[9] Vgl. Akten des Völkerbundes C. 186 M. 70. 1927 V, die den Abkommensentwurf und die Regierungsäußerungen enthalten. Eine Ausnahme bildet Rumänien, das diesen Entwurf einer eingehenden Kritik unterzog und einen eigenen, den zeitgenössischen Verhältnissen besser entsprechenden Entwurf vorlegte, deren Verfasser Prof. *Pella* ist. Pellas Abhandlung *La Piraterie*, in RdC, Bd. XV, S. 147 ff., stellt eine erweiterte Fassung dieser rumänischen Stellungnahme dar.

[10] Lediglich hinsichtlich einiger Fragen des Staatsangehörigkeitsrechts konnte eine Einigung über einen Abkommensentwurf erzielt werden.

[11] Über die grundsätzliche Frage, inwieweit übereinstimmende Äußerungen von Staaten zu einem völkerrechtlichen Gegenstand, dessen beabsichtigte Kodifizierung scheiterte, als Nachweis eines entsprechenden Völkergewohnheitsrechts gelten können, siehe *Dahm*, VR, Bd. I, S. 22.

[12] Harvard Research on International Law, Draft Convention on Piracy, 26 AJIL. Spec. Supplement 1932.

[13] Vgl. den einleitenden Hinweis der Völkerrechtskommission: „In its work on the articles concerning piracy, the Commission was greatly assisted by the research carried out at the Harvard Law School, which culminated in a draft convention ... In general, the Commission was able to endorse the findings of that research." (Report, UN Doc. 64/11/Suppl. 9 (A/3159) S. 27.).

3. Die Arbeit der UN-Völkerrechstkommission

Die Völkerrechtskommission (International Law Commission) der Vereinten Nationen wurde durch Resolution 174 der Generalversammlung vom 21. 11. 1947 mit dem Ziele geschaffen, die Weiterentwicklung des Völkerrechts und seine Kodifikation zu fördern[14]. Auf ihrer ersten Sitzung im Jahre 1949 nahm die Kommission das Recht der hohen See in den Katalog der zu kodifizierenden Gegenstände auf und sprach ihm besondere Priorität zu. Auf der 7. Tagung wurde ein erster Entwurf über das Recht der hohen See angenommen, der 1956 ergänzt und mit dem Abkommensentwurf über die Küstengewässer zu einem seerechtlichen Gesamtentwurf zusammengefügt wurde, dessen Artikel 39 bis 46 die Piraterie behandelten. Auf Anregung der Kommission beschloß die Vollversammlung am 21. 2. 1957 in Resolution 1105 (XI) die Einberufung einer internationalen Staatenkonferenz, die vom 24. 2. bis 27. 4. 1958 in Genf tagte und zum Abschluß von vier Abkommen betreffend das Küstenmeer und die Angrenzende Zone (I), die Hohe See (II), die Fischerei und den Schutz von Naturschätzen in der Hohen See (III), sowie den Festlandsockel (IV) führte.

2. Kapitel: Die Rechtsnatur der Piraterieregeln

I. Das klassische Piraterierecht

Aufgrund des ständigen, bis in die Antike zurückreichenden Kampfes der Seefahrt treibenden Staaten gegen die Piraten, die den Verkehr auf den Meeren in erheblichem Maße beeinträchtigten und in einigen Seegebieten zeitweilig fast gänzlich unterbanden, entstand schon früh die gewohnheitsrechtliche Befugnis der Staaten zur Ausübung der internationalen Seepolizei gegenüber Piraten[1]. Nach dieser überkommenen Regel des allgemeinen Völkerrechts dürfen des Seeraubs verdächtige

---

[14] Unter *Weiterentwicklung* (progressive development) versteht das Statut der Kommission „die Vorbereitung von Konventionen über Materien, die bisher vom Völkerrecht noch nicht geregelt waren oder hinsichtlich dieser das Recht durch die Staatenpraxis noch nicht hinreichend entwickelt ist“.

Kodifikation ist gemäß dem Statut „die genauere Formulierung und Systematisierung von völkerrechtlichen Regeln in Sachgebieten, in denen bereits in ausgedehntem Maße Staatenpraxis, Entscheidungen und Lehrmeinungen bestehen“. (Art. 15 des Status; deutsche Übersetzung von *Schindler*, Völkerrechtskommission, WdVR, Bd. III, S. 762).

[1] Vgl. die umfassende Darstellung der geschichtlichen Entwicklung des Piraterierechts im Harvard Research on Piracy, a.a.O. Siehe ferner *Gosse*, The History of Piracy, und *Nussbaum* Geschichte des Völkerrechts.

Im Kampf der Staaten gegen die Seeräuberei erhielten im Jahre 1536 die englischen Admiralitätsgerichte das Recht zur Verhängung der Todesstrafe gegen Piraten. Frankreich folgte diesem Beispiel im Jahre 1659 (*Nussbaum*, S. 78).

Schiffe ohne Rücksicht auf ihre Flagge im wohlverstandenen Interesse der Völkerrechtsgemeinschaft aufgebracht und die der Piraterie überführten Personen ungeachtet ihrer Nationalität durch die Gerichte des Staates, der ihrer habhaft geworden ist, abgeurteilt werden. In früheren Zeiten war sogar ein wesentlich summarischeres Verfahren bei der Bestrafung von Piraten zulässig und üblich. So war der Kapitän des ergreifenden Schiffes, wie *Molloy,* ein englischer Völkerrechtslehrer des 17. Jahrhunderts in seinem Werk *De Jure Maritimo et Navali* dargelegt hat, nicht verpflichtet, die gefangenen Piraten den Behörden an Land zur Aburteilung zu übergeben, sondern er durfte „expose them immediately to punishment, by hanging them up at the main-yard end“[2].

Wenngleich diese universelle Strafgewalt über Piraten auch einen unbestrittenen Bestandteil des allgemeinen Seevölkerrechts bildet und durch die Artikel 14 und 21 der Genfer Konvention über die Hohe See eine ausdrückliche Bestätigung fand, so ist doch die Rechtsnatur dieser Regelung bis heute umstritten. Der Grund dafür, daß der Begriff der Piraterie durch die moderne Völkerrechtspraxis nicht hinreichend geklärt worden ist und daher — wie *Dahm* zutreffend ausführt — auf diesem Gebiet bis in die Gegenwart nahezu alles zweifelhaft ist[3], wird verständlich, wenn man bedenkt, daß das tatsächliche Vorkommen seeräuberischer Akte bereits selten geworden war, „before the modern principles of finely discriminated state jurisdiction and of freedom of the seas became thoroughly established“[4]. Denn der Gedankenkreis der Freiheit der Meere, in den sich das Rechtsinstitut der Piraterie heute als einschränkende Ausnahmeregelung einfügt[5], war in einzelnen Beziehungen selbst noch zu Beginn des 19. Jahrhunderts — wie *Stiel* betont — „nicht mehr als ein von einer freilich stets wachsenden Anzahl von Staaten verfochtenes politisches Prinzip“[6]. Nach Ansicht der Studiengruppe der Harvard Law School bildete die frühere weite Verbreitung der Piraterie sogar einen der Hauptgründe „for the old reluctance of states to accept the doctrine of the freedom of the seas“[7]. Mag daher die Piraterie auch zu allen Zeiten bekämpft worden sein, so sind doch — worauf *Stiel* als einer der ersten hingewiesen hat — die rechtlichen Grundlagen des staatlichen Einschreitens in alter und moderner Zeit durchaus verschieden.

---

[2] Vol. I, IV, S. 12, wiedergegeben bei *Smith,* H. A., The Law and Customs of the Sea, 3. A. 1959, S. 69.

[3] *Dahm,* VR I, S. 680.

[4] Harvard Research on Piracy, a.a.O., S. 764.

[5] *Dahm,* a.a.O., S. 680.

[6] *Stiel,* Der Tatbestand der Piraterie, S. 30.

[7] Harvard Research, a.a.O.

II. Der Meinungsstreit über die Rechtsnatur der Pirateriereglen

In der Diskussion um die Rechtsnatur der gewohnheitsrechtlichen Pirateriereglen lassen sich im wesentlichen drei Theorien unterscheiden:

a) Die überkommene Auffassung, nach der jeder Pirat ein „Feind der Menschheit" ist und als Rechtloser der Strafverfolgung durch den aufbringenden Staat unterliegt[8].

b) Die insbesondere von *Kelsen* vertretene These, die besagt, daß die Pirateriereglen als echte völkerrechtliche Strafnormen konzipiert seien und der einzelne Pirat somit unter dem Gesichtspunkt dieser Tat zum unmittelbaren Verpflichtungssubjekt des allgemeinen Völkerrechts werde[9].

c) Der überwiegend eingenommene Standpunkt, demzufolge die völkerrechtlichen Pirateriereglen den Einzelnen nicht unmittelbar betreffen, sondern sich berechtigend allein an die Staaten wenden, indem sie ihnen eine besondere Strafkompetenz einräumen[10].

III. Stellungnahme zu diesem Meinungsstreit

Eine unvoreingenommene Stellungnahme in diesem Meinungsstreit läßt sich nur durch eine Überprüfung der Völkerrechtspraxis erreichen.

1. Der Pirat — als Feind der Menschheit rechtlos?

Selbst neuere Entscheidungen nationaler Gerichte sowie Lehrmeinungen der jüngsten Zeit begnügen sich zur Begründung der besonderen Strafbefugnisse, die das Piraterierecht gewährt, mit der kritiklosen Wiedergabe der traditionellen, schon bei Grotius[11] zu findenden These, der Pirat habe sich durch seine gemeingefährliche Tat selbst außerhalb jeglicher rechtlichen Ordnung gestellt und sei damit vogelfrei. Als „hostis humani generis" habe er den Schutz seines Heimat-

---

[8] Vgl. *Lord Stowell* im *Le Louis-Fall* (1817), 2 Dods. 210, 244; *Richter Story* in *United States v. Smith* (1820), 18 US (5 Wheat), S. 153; *Richter Johnston* in *United States v. Bowers* (5 Wheat) S. 190 (194—95). Aus neuerer Zeit: Bericht des Piraterie-Unterausschusses des Kodifikationsausschusses des Völkerbundes: „Pirates become the ennemies of the human race and place themselves outside the law of peaceful people" (Report, League of Nations Publ. No. C. 196, M, S. 70 (1927); ferner Judicial Commission des *Privy Council* in *Re Piracy Jure Gentium*, 1934 A. C. S. 586. Ebenso *Colombos*, a.a.O., S. 354 und *Oppenheim-Lauterpacht*, a.a.O., S. 616.

[9] Vgl. *Kelsen, Sauer, Lawrence, Lorimer.* (Fundstellen nachfolgend). Ebenso im Ergebnis *McDougal-Burke*, a.a.O., S. 807.

[10] So *Verdross, Schwarzenberger, Dahm, Menzel, Berber, Anzilotti;* Harvard Research Group, *Hoffmann* (Fundstellen nachfolgend).

[11] *Grotius* De iure belli ac pacis, III, 3, § 2.

staates verwirkt, so daß mit ihm nach Belieben verfahren werden könne[12].

Menzel[13] hat bereits mit Recht darauf hingewiesen, daß eine derartige „Hors-la-loi-Konzeption", nach der ein Täter durch seine Tat vogelfrei wird, dem heutigen Rechtsempfinden nicht mehr entspricht. Denn nach der Rechtsauffassung unserer Zeit verliert selbst der Täter eines Kapitalverbrechens durch die Tat nicht mehr automatisch seine Nationalität oder seine bürgerlichen Rechte; beide könnten ihm nur durch Gesetz oder besonderen hoheitlichen Spruch aberkannt werden. Die Rechtsstellung des Piraten entspricht daher der jedes anderen Rechtsbrechers; er steht „unter dem Gesetz, nicht außerhalb dessen"[14]. Im übrigen ist in diesem Zusammenhang darauf hinzuweisen, daß sich der Verlust der Staatsangehörigkeit grundsätzlich nicht nach völkerrechtlichen Regeln, sondern nach innerstaatlichen Rechtsvorschriften bestimmt[15]. Damit behält auch ein Pirat seine Staatsangehörigkeit, sofern sie ihm nicht aufgrund der Tat durch die Rechtsordnung seines Heimatstaates aberkannt worden ist.

Ist dies nicht der Fall, so bleibt sein Heimatstaat auch weiterhin zur Ausübung des diplomatischen Schutzes berechtigt und verpflichtet[16].

---

[12] Vgl. hierzu die gutachtliche Äußerung des *Privy Council* in *Re Piracy Jure Gentium* (1934), AC 586: „A person guilty of such piracy has placed himself beyond the protection of any State. He is no longer a national, but hostis humani generis, and as such he is justiciable by any State anywhere".

Siehe ferner *Columbos*, a.a.O., S. 354, mit weiteren Nachweisen aus der Geschichte des Piraterierechts. Ebenso noch *Haucke* in seiner 1968 vorgelegten Kölner Dissertation: Piratensender auf See, S. 119.

Nussbaum, a.a.O., S. 348, Note 73, hält die häufig aufgestellte Behauptung, daß Piraten schon frühzeitig als Feinde der menschlichen Rasse angesehen und entsprechend behandelt worden seien, für fragwürdig, zumindest in rechtlicher Beziehung: „Sie gründet sich anscheinend auf Ciceros De Officiis III, 29; aber dort ist lediglich gesagt, daß Versprechen und Eide, die man Piraten gegenüber leistet, nicht gehalten zu werden brauchen".

[13] VR, S. 292.

[14] So zutreffend *Müller*, Piraterie, S. 62.

[15] Über die vom allgemeinen Völkerrecht für die innerstaatliche Regelung der Staatsangehörigkeit gesetzten Schranken siehe *Dubois*, B., Die Frage der völkerrechtlichen Schranken landesrechtlicher Regelung der Staatsangehörigkeit, 1955; ferner *Makarov*, Staatsangehörigkeit im WdVR III, S. 324, mit weiteren Literaturhinweisen.

[16] So zutreffend auch *Dahm*, VR, I, S. 686. Dieser Grundsatz gilt auch hinsichtlich der Staatszugehörigkeit des bei der Begehung des Seeraubs benutzten Schiffes. Er wurde in Art. 18 GAHS ausdrücklich bekräftigt. Unrichtig daher *Oppenheim-Lauterpacht*, I, § 278: „A pirate and his ship lose ipso facto ... their national character."

Der mit der Ausarbeitung dieses Abkommens beauftragte Völkerrechtsausschuß führt in seiner Kommentierung zu dieser Abkommensbestimmung (Art. 42 des ursprünglichen Entwurfs) hierzu aus:

It has been argued that a ship loses its national character by the fact of

2. Das Piraterierecht — ein Beispiel für das Bestehen völkerrechtlicher Strafnormen oder lediglich eine vom Völkerrecht eingeräumte besondere staatliche Strafkompetenz?

Das Fehlen einer neueren Staatenpraxis hinsichtlich völkerrechtlich relevanter Fälle von Seeraub macht es erforderlich, zur Erforschung der Rechtslage auf die sonstigen Erkenntnismittel im Sinne des Art. 38 des Statuts des Internationalen Gerichtshofes, nämlich gerichtliche Entscheidungen und Lehrmeinungen, zurückzugreifen.

a) Entscheidungen nationaler Gerichte

In einigen führenden Entscheidungen (leading cases) der Obergerichte Großbritanniens und der USA — also der beiden Staaten, die als bedeutendste Seemächte der gesamten neueren Entwicklung des Seerechts ihren Stempel aufgeprägt haben, — wird die völkerrechtliche Piraterie (piracy iure gentium) als ein „crime against international law" oder als „international crime"[17] bezeichnet. Bedauerlicherweise bleibt aber die Frage, welche terminologische Bedeutung die Gerichte dieser Bezeichnung beimessen wollten, auch in der neueren Entscheidung des Privy Council von 1934 unbeantwortet, da die von den Gerichten bejahte universelle Strafkompetenz noch auf die überholte *Hors-la-loi-These* gestürzt wurde. Diese veraltete Denkweise, die jeden Piraten als „Feind der Menschheit" zur Rechtlosigkeit verdammt, läßt klar erkennen, daß die Richter den Begriff „crime against international law" schwerlich im Sinne der Verfechter eines modernen Völkerstrafrechts verstanden wissen wollten. Vielmehr liegt die Vermutung nahe, daß die Richter, die in einem Verfahren gegen eine der Piraterie verdächtige Person fremder Nationalität zwar gehalten waren, die Umstände der Tat nach allgemeinem Völkerrecht zu prüfen, dies tatsächlich eben doch im Lichte nationalen Rechtsdenkens taten; zumal sie im Falle der Verurteilung ohnehin auf die Normen ihres nationalen Strafrechts zu-

---

committing acts of piracy. The Commission does not share this view. Such acts involve the consequences referred to in Art. 43 [Artikel 19 des Abkommens.] Even though the rule under which a ship on the high seas is subject only to the authority of the flag State no longer applies, the ship keeps the nationality of the State in question, and ... that State can apply its flag. A pirate ship should only be regarded as a ship without nationality where the national laws of the State in question regard piracy as a ground for loss of nationality (Report of the International Law Commission, 1956, G. A. 11/Supplement No. 9 (A/3159) S. 29).

[17] Vgl. *Lord Stowel* in *Le Louis*, 2 Dods. S. 210; ferner *United States* v. *Smith* (18 U. S. 5 Wheat.) S. 153; *United States v. Bowers* (5 Wheat.) S. 190 f. Ebenso die gutachtliche Äußerung des Privy Council in Re Piracy Jure Gentium (1934) A. C. 586. Auch in *Mutual Marine Assurance Co.* (1909, 1 Kings Bench, 785) wird die Piraterie als ein „international crime" bezeichnet.

rückgreifen mußten. Da die Piraterie aber im innerstaatlichen Recht ein besonderer Straftatbestand (special crime) ist, so bestand für die Richter eine verständliche Neigung, diese Rechtsvorstellung auch auf den zwischenstaatlichen Bereich zu übertragen.

Darüberhinaus ist der Begriff „international crime" terminologisch recht umstritten und wird — wie *Schwarzenberger* nachgewiesen hat — in mindestens sechs verschiedenartigen Bedeutungen gebraucht[18]. In fünf dieser sechs Fälle dient der Ausdruck zur Bezeichnung von Handlungen, welche nicht die Verletzung der internationalen, sondern der nationalen Ordnung betreffen[19]. Eine Beziehung zum Völkerrecht besitzen diese innerstaatlichen Verbotsnormen nur insofern, als sie aufgrund einer völkerrechtlichen Ermächtigung oder Verpflichtung des Staates oder wegen seines Interesses an der Aufrechterhaltung der guten Beziehungen zum Ausland erlassen wurden. Zur Klärung der Streitfrage, ob die zur Bekämpfung der Piraterie entwickelten Regeln völkerrechtliche Strafnormen darstellen, vermögen diese Entscheidungen daher nicht beizutragen und sind folglich als ein Hilfsmittel zur Erkenntnis bestehenden Völkerrechts im Sinne des Artikels 38 des Statuts des Internationalen Gerichtshofes ungeeignet.

b) Die Stellung des Einzelnen innerhalb der Völkerrechtsordnung

Da auch in der Völkerrechtslehre die Frage, ob das Pirateriereacht eine unmittelbare völkerrechtliche Individualhaftung und damit internationale Individualpflichten begründet, recht umstritten ist, so kann eine Beantwortung dieser Frage nur aufgrund einer Untersuchung der Rechtsstellung von Einzelpersonen innerhalb der Völkerrechtsordnung erfolgen.

aa) Der Begriff der Völkerrechtssubjektivität

Gegen eine bestimmte Rechtsordnung kann nur verstoßen, wer Subjekt dieser Rechtsordnung ist[20]. Falls also — wie einige Völkerrechtslehrer meinen — der Einzelne durch die vom Völkergewohnheitsrecht entwickelten Pirateriereregeln internationalen Pflichten unterworfen

---

[18] Zum Begrifflichen siehe *Schwarzenberger*, The Problem of an International Criminal Law, Current Legal Problems, 1950, S. 263, der festgestellt hat, daß dieser Ausdruck verwandt wird „in at least six different meanings by those who consider international criminal law to form part of the existing law of nations". Vgl. ferner *Dahm*, Zur Problematik des Völkerstrafrechts, S. 47, der gleichfalls mehrere Bedeutungen dieses Begriffs anführt, sowie *Hoffmann*, Strafrechtliche Verantwortung im VR, S. 19 f.

[19] Siehe *Schwarzenberger*, a.a.O.

[20] So zutreffend *Bauer*, Die völkerrechtswidrige Entführung, S. 21.

wird, so müßte er auch Verpflichtungssubjekt dieser Rechtsordnung sein. Nach der trotz mancher geringfügiger Differenzierungen als Standarddefinition zu bezeichnenden Begriffsbestimmung gilt als Völkerrechtssubjekt, wer Träger völkerrechtlicher Rechte und Pflichten ist[21].

bb) Die Rechtslage bis zum Ende des 1. Weltkrieges

Die Frage, ob der Einzelne als Völkerrechtssubjekt, also als Adressat völkerrechtlicher Rechte und Pflichten, angesehen werden kann, gehört zu den umstrittensten innerhalb der Völkerrechtslehre. Während noch die frühere Natur- und Völkerrechtslehre neben den Staaten vereinzelt auch das Individuum als Subjekt des Völkerrechts gelten ließ[22], erfolgte in dem vom Souveränitätsdenken geprägten 19. Jahrhundert eine völlige „Zurückdrängung des Individuums aus der Völkerrechtsordnung"[23]. Nach der bis zum Ende des 1. Weltkrieges absolut herrschenden Auffassung war der Kreis der Völkerrechtssubjekte auf die souveränen Staaten beschränkt, obwohl gewisse systemwidrige Ausnahmen zugelassen wurden[24]. Innerhalb dieser ausschließlich auf der souveränen Gleichheit der Staaten und dem Nichtinterventionsprinzip aufgebauten Rechtsgemeinschaft war folglich kein Raum für die Einzelperson als Adressat der Normen dieser Rechtsordnung. Deshalb konnte der Einzelne auch nicht als unmittelbares Pflichtensubjekt völkerrechtlich verantwortlich gemacht werden.

Geht man daher von dieser durch das Souveränitätsdenken bestimmten konservativen Völkerrechtstheorie aus, nach der Rechtssubjekte des Völkerrechts nur die Staaten und ihnen gleichgestellte Organisations-

---

[21] Vgl. *Berber*, VR. I, S. 110; *Seidl-Hohenveldern*, VR, Rdz. 429; *Dahm*, VR, I, S. 70; *Liszt-Fleischmann*, VR, 12. A., S. 85. *Kelsen* definiert als Rechtssubjekte des Völkerrechts jene Personen, denen das Völkerrecht Verpflichtungen und Haftungen auferlegt und Rechte zuerkennt (in Principles of International Law, S. 114). Nach *Verdross* sind Völkerrechtssubjekte „jene Personen, deren Verhalten unmittelbar von der Völkerrechtsordnung geregelt wird" (a.a.O., S. 188), wobei er zwischen Pflicht- und Berechtigungssubjekten sowie aktiven und passiven Völkerrechtssubjekten unterscheidet.

[22] Vgl. etwa *Hefter*, Das europäische Völkerrecht der Gegenwart, 1. A., 1844, S. 26 f., ebenso *v. Martens* und *Bonfils* zitiert bei *Barth*, Das völkerrechtliche Delikt, 1932, S. 5. Dazu *P. Remec*, The Position of the Individual in International Law according to Grotius and Vattel, 1960, sowie *Mosler*, Die Erweiterung des Kreises der Völkerrechtssubjekte, in Berichte der deutsch. Gesellschaft f. Völkerrecht, Heft 4 (1961), S. 62, und *Partsch*, Individuum im Völkerrecht, WdVR, Bd. II, S. 13.

[23] *Mosler*, a.a.O.

[24] Hierzu zählen insbesondere staatsähnliche Gebietskörperschaften, wie die auf dem Wiener Kongreß geschaffene, unter dem Schutz der drei östlichen Großmächte stehende Freie Stadt Krakau (Wiener Kongreßakte vom 9. 6. 1815 Art. 6—10), Protektorate, Gliedstaaten von Bundesstaaten, ferner der Heilige Stuhl sowie anerkannte Insurgenten.

formen sein können, so ist es sicherlich verfehlt, in der Piraterie ein Verbrechen gegen das Völkerrecht zu sehen, da nach dieser Auffassung eine Verletzung des Völkerrechts durch ein Individuum gar nicht möglich ist. Rechtswidriges Verhalten von Einzelpersonen wäre nur dann völkerrechtlich relevant, wenn es einem Subjekt des Völkerrechts zugerechnet werden kann, sei es, daß der Einzelne als Organ des Staates gehandelt hat oder aber der Staat es unterlassen hat, die rechtswidrige Handlung einer Einzelperson durch seine Organe zu unterbinden[25].

Dieser strengen klassischen Auffassung grundsätzlich entgegengesetzt ist die von der sogenannten französischen rechtssoziologischen Schule unter der Führung von *Scelle* und *Duguit* vertretene These, die besagt, daß die Staaten im Völkerrecht lediglich als Agenten ihrer Staatsangehörigen auftreten und damit allein die Individuen die wahren Subjekte des Völkerrechts seien[26]. Wegen ihrer Unvereinbarkeit mit der völkerrechtlichen Praxis vermochte sich diese Theorie nicht durchzusetzen[27].

cc) Gegenwärtige Rechtslage

Wenngleich es heute auch allgemein anerkannt ist, daß neben den souveränen Staaten noch eine Reihe weiterer Völkerrechtssubjekte bestehen[28], so bleibt doch die Frage der Völkerrechtspersönlichkeit der Einzelmenschen weiterhin umstritten. Neuere Entwicklungen, namentlich in Auswirkung der beiden Weltkriege, lassen jedoch in verstärktem

---

[25] *Dahm*, VR, Bd. III, S. 196 mit weiteren Nachweisen.

[26] So *Duguit*, Traité de droit constitutionnel, I, S. 560 f.; *Scelle*, Précis de droit des gens, S. 42 f. Ferner *Politis*, Les nouvelles tendances du droit international, S. 55 f.; *Baumgarten*, Das Subjekt völkerrechtlicher Verpflichtungen, Teil I (1931), S. 320; *Spiropoulos*, L'individu en droit international, 1928. Weitere Nachweise bei *Grassi*, Die Rechtsstellung des Individuums im Völkerrecht, 1955, S. 109.

[27] Vgl. hierzu insbesondere die ablehnende Stellungnahme von *Seidl-Hohenveldern*, VR, Rdz. 444, und *Verdross*, VR, S. 216.

[28] Vgl. deren Aufzählung bei *Seidl-Hohenveldern*, a.a.O., Rdz. 446; *Verdross*, VR, S. 188 ff.; *Dahm*, VR, S. 70 ff. Hinsichtlich der von der sowjetischen Völkerrechtslehre in bezug auf die Rechtssubjektivität internationaler Organisationen vertretenen Auffassung vgl. zunächst das Völkerrechtslehrbuch der Akademie der Wissenschaften, S. 87 ff. *Seidl-Hohenveldern* (in Öster. ZöR (1961) S. 498 f.) hat jedoch bereits 1961 nachgewiesen, daß auch die sowjetische Völkerrechtswissenschaft im Ergebnis die Völkerrechtssubjektivität staatlicher internationaler Organisationen anerkennt. So auch *Mosler*, Die Erweiterung des Kreises der Völkerrechtssubjekte, a.a.O., S. 40 ff. Offiziell wird diese nachgewiesene Abweichung von der früheren sowjetischen These, daß das Völkerrecht auch heute noch ausschließlich auf der souveränen Gleichheit der Staaten aufgebaut sei, in dem 1967 in deutscher Übersetzung erschienenen Völkerrechtslehrbuch von *Lewin*, S. 110/11, bestätigt, das vom Ministerium für das Hoch- und Fachschulwesen der UdSSR als juristisches Lehrbuch genehmigt wurde.

Maße die Tendenz erkennen, auch den Einzelnen unter bestimmten Umständen unmittelbar zum Träger völkerrechtlicher Pflichten oder Rechte zu machen. Gerade strafrechtlich relevante Verhaltensweisen wie Kriegsverbrechen und Verbrechen gegen die Menschlichkeit haben den Wandel in der allgemeinen Rechtsüberzeugung bewirkt, daß der in der Völkerrechtsordnung der Gegenwart lebende Einzelne in gewissen Fällen auch „über den Kopf seines Staates hinweg"[29] unmittelbar angesprochen werden kann, und haben damit bereits zu den Anfängen eines echten Völkerstrafrechts gegenüber dem Individuum geführt[30].

Eine Darstellung der Problematik eines solchen Völkerstrafrechts[31] und eine Auseinandersetzung mit den hierdurch aufgeworfenen grundlegenden Strukturfragen des Völkerrechts[32] würden den Rahmen der vorliegenden Untersuchung sprengen und müssen daher unterbleiben. Zur grundsätzlichen Rechtfertigung der in der modernen Völkerrechtslehre bereits überwiegenden Anschauung, auch das Individuum könne Adressat völkerrechtlicher Pflichten und Berechtigungen sein[33], mag es genügen, darauf hinzuweisen, daß Gegenstand des Völkerrechts zwar in erster Linie die Rechtsbeziehungen zwischen Staaten und anderen anerkannten Gemeinschaften sind, letztlich aber — wie *Seidl-Hohenveldern* sagt — der Endzweck jedweden Rechts die Regelung von Beziehungen zwischen Menschen ist[34]. Wird somit das Völkerrecht nicht nur als eine Summe von Einzelvereinbarungen zwischen Staaten, sondern als eine objektive Rechtsordnung verstanden, in der auch dem In-

---

[29] Vgl. *Menzel*, VR, S. 279.

[30] *Dahm*, Zur Problematik des Völkerstrafrechts, S. 15. Vgl. auch *Verdross* VR, S. 646. Die Verbrechen gegen die Menschlichkeit bedürfen noch einer näheren Bestimmung. Den ersten Ansatz dazu bildet das Abkommen zur Verhütung und Bestrafung des Völkermordes vom 9. 12. 1948.

[31] Vgl. im einzelnen: *Jeschek*, Völkerstrafrecht, im WdVR II, S. 781; ders., Die Entwicklung des Völkerstrafrechts nach Nürnberg, Schweizer Zeitschrift für Strafrecht 72 (1957), S. 217 ff; *Graven*, Les crimes contre l'humanité, RC 76 (1950, I), S. 429 ff.

[32] Vgl. hierzu insbesondere *Dahm*, Zur Problematik des Völkerstrafrechts sowie VR, Bd. I, S. 418, der zutreffend darauf hingewiesen hat, daß auch in denjenigen Fällen, in denen das Individuum Völkerrechtssubjektivität besitzt, seine formelle und materielle Rechtsstellung sich von der der Staaten und der zwischenstaatlichen Organisationen grundlegend unterscheidet. So können die meisten Regeln des Völkerrechts auf den Einzelnen gar nicht angewandt werden. Die Problematik eines Völkerstrafrechts zeigt sich insbesondere dort, wo die vom Völkerrecht umrissenen Pflichten des Einzelnen zu denen der innerstaatlichen Rechtsordnung in Widerspruch treten. Wie *Dahm*, a.a.O., S. 419, ausgeführt hat, besteht dann die Gefahr, daß der Einzelne in „unlösbare Konflikte gerät und eben doch den Weisungen der nationalen Staatsgewalt folgt, die ihm näher ist als die internationale Gemeinschaft und in der Regel über Mittel des Zwanges verfügt, deren die unvollkommene internationale Ordnung einstweilen entbehrt".

[33] Zum Stand der Meinungen in dieser Frage siehe *Dahm*, VR, I, S. 418.

[34] VR, S. 1.

dividuum ein Platz gebührt, so ist damit auch der Weg zu einer keineswegs nur ideologisch-humanitären, sondern durchaus realistischen neuen Betrachtungsweise des Verhältnisses Mensch-Staat-Internationale Ordnung eröffnet.

Doch gerade eine solche realistische Schau kann nicht verkennen, daß auch die Völkerrechtsgemeinschaft unserer Zeit grundsätzlich als eine Koordinationsordnung gleichrangiger hoheitlicher Verbände strukturiert ist[35], in der noch überwiegend der Grundsatz der Mediatisierung des Menschen gilt. Daher unterscheidet sich auch in den bisher seltenen Ausnahmefällen, in denen der Einzelne als Träger völkerrechtlicher Rechte oder Pflichten in Erscheinung tritt, seine Rechtsstellung in formeller und materieller Hinsicht grundlegend von der hoheitlicher Verbände. Dem Individuum wird nicht nur die Handlungsfähigkeit, insbesondere die Befugnis verweigert, an der Erzeugung des Völkerrechts mitzuwirken, sondern auch dort, wo die internationale Ordnung ein bestimmtes Verhalten von Einzelpersonen sicherstellen will, wendet sie sich im Regelfall nicht unmittelbar an das Individuum als Pflichtsubjekt, sondern verleiht den Staaten eine entsprechende Strafbefugnis[36].

Zusammenfassend läßt sich mit *Berber* aufgrund der gegenwärtigen Völkerrechtspraxis feststellen, daß Einzelmenschen zum Träger völkerrechtlicher Rechte oder Pflichten immer nur durch Willenseinigung der Staaten — entweder auf vertraglichem oder gewohnheitsrechtlichem Wege — werden können und es den Staaten unbenommen bleibt, ihnen diese Rechtsstellung als beschränkte Subjekte des Völkerrechts jederzeit wieder zu entziehen[37].

c) Überprüfung der überkommenen Piraterieregeln anhand dieser Grundsätze

Aus dem bisherigen Ausnahmecharakter völkerrechtlicher Individualrechte und -pflichten folgt, daß grundsätzlich die Vermutung gegen ihr Bestehen spricht. Diese Vermutung wird — wie *Meyer-Lindenberg* betont[38] — nur durch eindeutige normative Regelungen widerlegt. Während *Verdross* als Vertreter der herrschenden Lehre der Auffassung ist, daß nach allgemeinem Völkergewohnheitsrecht, das sich ohnehin für die Normierung eines Ausnahmeverhaltens kaum eignet[39], eine

[35] Siehe übereinstimmend *Seidl-Hohenveldern*, VR, Rdz. 632; *Oppenheim-Lauterpacht*, VR, I, S. 693; *Berber*, VR, I, S. 177.

[36] Vgl. *Seidl-Hohenveldern*, VR, Rdz. 634.

[37] Siehe *Berber*, VR, I, S. 177; so auch *Guggenheim*, Traité, I, S. 284.

[38] Die Menschenrechte im Völkerrecht, Berichte der DGf. V, Heft 4 (1961), S. 99.

[39] So *Meyer-Lindenberg*, a.a.O., S. 99.

individuelle Verantwortlichkeit nicht für Piraten, sondern ausschließlich für Kriegsverbrecher besteht[40], sieht *Kelsen* auch den Tatbestand der Piraterie als ein Beispiel für das Bestehen echter völkerrechtlicher Verbotsnormen an, durch die eine strafrechtliche Verantwortlichkeit des Einzelnen unmittelbar — also ohne das „Medium des staatlichen Rechts" — begründet werde[41]. Nach *Kelsen* knüpft die völkerrechtliche Norm, welche die Staaten zur Bestrafung von Piraten ermächtigt, an die Begehung dieser Tat „a sanction individually directed against the person committing piracy"[42]. Der bestrafende Staat betätige sich insoweit als ein „organ of the international legal community, for its is international law which the State applies against the pirate"[43]. *Kelsens* These ist von Verdross mit dem zutreffenden Hinweis widerlegt worden, daß das klassische Völkerrecht keine Verpflichtung der Staaten zur Verfolgung der Piraten kennt, sondern sie lediglich ausnahmsweise ermächtigt, gegen solche Personen auf hoher See aufgrund ihrer Rechtsordnung vorzugehen[44]. Da *Kelsen* ferner einräumt, daß das Völkerrecht, welches die Staaten zu Sanktionen gegenüber Piraten ermächtigt, „does not directly determine these sanctions", sondern „leaves the determination to the discretion of the States, that means, to the national legal orders"[45], so ist auch nicht einzusehen, wieso der bestrafende Staat Völkerrecht und nicht lediglich sein eigenes Recht zur Anwendung bringt[46]. Denn eine Bestrafung als Pirat ist nur dann möglich, wenn die nationale Rechtsordnung des Ergreiferstaates diese Tat mit Strafe be-

---

[40] VR, S. 217/18.

[41] General Theory of Law and State, S. 343/4; ders., Principles of International Law, S. 125 ff. Im völkerrechtlichen Schrifttum ebenso *Sauer*, VR, S. 277, und *Lawrence*, International Law, Sect. 102, 5. A., S. 232: „Piracy is an offence against the whole body of civilized States, not against any particular one of them. It is a crime by International Law which describes its nature and provides that the death-penalty may be inflicted upon those who are guilty of it." Ebenso *Lorimer*, Institutes of the Law of Nations, Bd. II, S. 132; *Guggenheim*, VR, Bd. I, S. 203, Anm. 106.

[42] Principles, S. 125.

[43] General Theory, S. 344 (im gleichen Sinne auch Principles, S. 125). Dem Einwand, daß sowohl Strafverfahren als auch rechtliche Würdigung der Straftat aufgrund der innerstaatlichen Normen des aburteilenden Staates erfolgt, begegnen die Vertreter dieser Lehre mit dem Hinweis auf den gegenwärtig noch wenig oder nur schlecht organisierten Zustand der Völkerrechtsgemeinschaft. Da es bisher noch an einem internationalen für die Aburteilung zuständigen Strafgericht und einem Katalog völkerrechtlich strafbarer Tatbestände fehle, hätten die Staaten stellvertretend für die noch nicht bestehenden unmittelbaren Organe der Völkerrechtsgemeinschaft zu handeln und in der Funktion internationaler Organe zu strafen. (vgl. *Sauer*, a.a.O.).

[44] *Verdross*, VR, S. 217; so auch *Dahm*, Völkerstrafrecht, S. 51, der von einem auf völkerrechtlicher Ermächtigung beruhenden nationalen Recht spricht.

[45] General Theory, S. 344.

[46] So auch *Dahm*, Völkerstrafrecht, S. 51.

droht. Schließlich läßt sich *Kelsens* Meinung, „that the capture and punishment of the pirate is the execution of a sanction provided by a norm of international law" auch nicht mit dem von ihm benutzten Argument begründen, „that in the absence of this norm it would be contrary to international law to perform acts of coercion against pirates on the open sea"[47]. Denn aus diesem Argument läßt sich, wie *Hoffmann* richtig angemerkt hat[48], lediglich entnehmen, daß das allgemeine Völkerrecht den Staaten zur Bekämpfung der Seeräuberei eine besondere Strafkompetenz zugebilligt habe. Keinesfalls könne aber dieses in sich richtige Argument als Beweis dafür dienen, daß der Einzelne unmittelbar aus dem Völkerrecht zur Unterlassung dieser Tat oder zur Duldung von Strafe wegen begangener Piraterie verpflichtet sei[49].

Vielmehr zeigt gerade *Kelsens* Argumentation, daß die Piraterie eben kein wirkliches Verbrechen gegen das Völkerrecht darstellt, sondern daß ihre Strafbarkeit auf dem nationalen Recht der einzelnen Staaten beruht, die vom Völkerrecht zur Bestrafung ermächtigt wurden[50].

IV. Ergebnis

Es bleibt somit festzuhalten, daß die klassischen Piraterieregeln nicht als echte Strafnormen konzipiert wurden, sondern lediglich einen Weg zur Verfolgung und Bestrafung der Piraten ohne Rücksicht auf Tatort und Nationalität eröffnen sollten[51], ohne aber zugleich eine Bestrafung des Täters zu fordern. Diese Regelungen entsprechen also noch völlig der dogmatischen Grundhaltung der klassischen Völkerrechtstheorie, an deren Souveränitätsdenken auch die Einführung einer völkerrechtlichen Verpflichtung der Staatengemeinschaft zum Einschreiten gegen die Piraterie scheiterte[52]. Richtigerweise läßt sich daher das Wesen und die praktische Bedeutung dieser völkerrechtlichen Regeln dahingehend zusammenfassen, daß sie allen Staaten zum Schutze des friedlichen Seeverkehrs eine besondere, zusätzliche Jurisdiktionsbefugnis einräumen. Die völkerrechtliche Unrechtsfolge (Sanktion) für die nur durch den Einzelnen begehbare Piraterie besteht somit darin, daß das Völkerrecht das Anhalten fremder der Piraterie verdächtiger Schiffe auf hoher See sowie eine Bestrafung fremder Staatsangehöriger außerhalb der normalen Strafkompetenz der Staaten für zulässig erklärt[53].

---

[47] General Theory, S. 344.

[48] *Hoffmann*, G., Strafrechtliche Verantwortung im VR, S. 48.

[49] *Hoffmann*, a.a.O.

[50] Vgl. *Dahm*, VR I, S. 680.

[51] *Dahm*, Völkerstrafrecht, S. 51.

[52] *Menzel*, VR, S. 291.

[53] So auch *Schwarzenberger*, in Current Legal Problems, 1950, S. 26;

Der Studiengruppe der Harvard Law School gebührt das Verdienst, in ihrem „Draft on Piracy“ die Rechtsnatur der völkerrechtlichen Piraterie in umfassender Weise untersucht zu haben. Sie hat das Ergebnis, das mit der hier vertretenen Auffassung übereinstimmt, wie folgt formuliert:

Properly speaking, then, piracy is not a legal crime or offence under the law of nations. In this respect it differs from the municipal law piracy which is a crime by the law of a certain state. International law piracy is only a special ground of a state jurisdiction — of jurisdiction in every state —, this jurisdiction may or may not be exercised by a certain state. It may be used in part only. How it is used depends on the municipal law of the state, not on the law of nations. The law of nations on the matter is permissive only. It justifies state action within limits and fixes those limits. It goes no further[54].

V. Die Rechtslage nach Inkrafttreten des Genfer Abkommens über die Hohe See

1. Während nach allgemeinem Völkergewohnheitsrecht die Staaten zur Verfolgung von Piraten nicht verpflichtet, wohl aber berechtigt sind, hat es das GAHS in seinem Artikel 14 nun unternommen, eine Rechtspflicht zur gemeinschaftlichen Unterdrückung der Piraten zu begründen. Diese Verpflichtung bezieht sich jedoch nur auf die in Artikel 15 als Piraterie definierten Tatbestände, die eine zum Teil erhebliche Einengung der gewohnheitsrechtlichen Regelungen darstellen[55], und bindet lediglich die Vertragsstaaten.

2. Auch in diesem neuen internationalen Kodifikationswerk wird der Grundsatz der Mediatisierung des Einzelmenschen nicht durchbrochen. Denn das Abkommen schafft im Falle der Piraterie kein neues Völkerstrafrecht, sondern wendet sich zur Sicherstellung eines bestimmten Verhaltens von Einzelmenschen ausschließlich an seine Mitgliedstaaten.

3. Welche Maßnahmen diese Staaten in Erfüllung ihrer vertraglichen Pflicht zur Zusammenarbeit im einzelnen zu ergreifen haben, ist dem recht allgemein gehaltenen Wortlaut des Artikels 14 nicht zu entneh-

---

Verdross, a.a.O., S. 127; *Menzel*, a.a.O., *Dahm*, VR I, S. 680; *Berber*, VR I, S. 172; *Wengler*, VR I, S. 549; II, S. 934; *Hyde*, a.a.O., S. 33.

[54] Harvard Research on Piracy, a.a.O., S. 759 f.

So auch *Fauchille*, Traité de Droit International Public, Sec. 483: „La piraterie est considérée comme un crime du droit des gens. Cela ne signifie pas que c'est un crime qui n'est pas spécial à chaque pays et que répriment toutes les nations, car à ce titre il y aurait beaucoup de crimes qui seraient des crimes du droit de gens: ainsi l'assassinat. Cela veut dire simplement que la piraterie autorise certaines mesures de police et de juridiction qui en général ne peuvent être prises par un Etat qu'à l'égard de ses nationaux et des navires portant son pavillon.“

[55] Vgl. hierzu im einzelnen Kapitel IV.

men. So ist es auch fraglich, ob die Mitgliedstaaten überhaupt verpflichtet sind, die in Artikel 15 genannten Tatbestände unter Strafe zu stellen und zu verfolgen. Eine auf den allgemeinen Zusammenhang des Abkommenstextes gestützte Auslegung legt den Schluß nahe, daß eine derartige Verpflichtung nicht besteht. Denn in vergleichbaren Fällen, in denen ein bestimmtes Verhalten von Einzelmenschen gewährleistet werden soll, werden die hierfür als notwendig erachteten staatlichen Pflichten in der Konvention genau umschrieben. So werden die Mitgliedstaaten durch Art. 27 ausdrücklich verpflichtet, Strafvorschriften zum Schutz unterseeischer Kabel vor Bruch oder Beschädigung zu erlassen[56]. In zwei weiteren Fällen — Art. 13 und 24 — haben sie zumindest gesetzgeberische oder sonstige wirksame Maßnahmen zu ergreifen, um den Sklavenhandel und die Verschmutzung der hohen See durch Öl zu verhindern. Aufgrund dieser klaren sachlichen Unterschiede wäre es wohl denkbar, im Falle des Artikels 14 einen a contrario-Schluß zu ziehen. Doch selbst wenn man die Verpflichtung „to cooperate to the fullest extent in the repression of piracy" in einer funktionellen Weise auslegt und folglich die Vertragsstaaten für verpflichtet ansieht, sämtliche Maßnahmen zu ergreifen, die zur Erreichung dieses Zwecks erforderlich sind, einschließlich des Erlasses entsprechender nationaler Strafnormen, so würde auch in diesem Falle keine unmittelbare völkerrechtliche Verantwortlichkeit des einzelnen Piraten begründet. Der Täter könnte vielmehr auch dann erst aufgrund staatlicher Durchführungsnormen bestraft werden. Seine durch ein solches innerstaatliches Verbot begründeten Rechtspflichten würden zudem wieder erlöschen, falls die Staaten — möglicherweise unter Verletzung ihrer völkerrechtlichen Pflichten — diese Normen wieder außer Kraft setzen[57].

4. Aus dem Gesagten folgt, daß die Rechtsnatur der Pirateriegeln durch das GAHS zwar in der Weise geändert wurde, daß zu der vom Völkergewohnheitsrecht gewährten Jurisdiktionsbefugnis für die Vertragsstaaten gewisse Pflichten zur Unterdrückung der Piraterie hinzugetreten sind. An der Rechtsnatur des Piraterierechts als einer sich ausschließlich an die Staaten richtenden völkerrechtlichen Regelung, die den Einzelmenschen nicht unmittelbar verpflichtet, hat sich durch das Inkrafttreten des GAHS jedoch nichts geändert.

---

[56] Artikel 27 lautet: Every State shall take the necessary legislative measures to provide that the breaking or injury by a ship flying its flag or by a subject to its jurisdiction of a submarine cable ... shall be a punishable offence.

[57] So *Verdross*, VR, S. 218.

VI. Zusammenfassung

1. Der universellen Strafgewalt über Piraten kommt im System der Völkerrechtsordnung besondere Bedeutung zu als dem bisher einzigen Fall einer solchen extensiven Kompetenzzuweisung in Friedenszeiten[58]. Sie ist zugleich ein geschichtlicher Beweis für den Wert, den die internationale Gemeinschaft seit jeher der Aufrechterhaltung von Sicherheit und Ordnung auf den internationalen Verkehrswegen beigemessen hat. Wenngleich das tatsächliche Vorkommen seeräuberischer Akte auf den Meeren in unserer Zeit äußerst selten geworden ist, so bedeutet dies nicht — wie das Beispiel der zahlreichen gewaltsamen Entführungen von Flugzeugen über der Hohen See zeigt —, daß damit „the use of private violence is ... merely an historical curiosity"[59]. Vielmehr sollte der von der Staatengemeinschaft bisher bekundete Wille zur Unterdrückung solcher Taten sich auch auf neue, durch den technologischen Fortschritt ermöglichte Gewaltakte erstrecken.

2. Eine Anwendung der durch das Pirateriereckt gewährten außerordentlichen Jurisdiktionsbefugnisse auf die Fälle gewaltsamer Flugzeugentführungen wäre in höchstem Maße wünschenswert. Ob dies bereits aufgrund der gegenwärtigen Rechtslage möglich ist, wird die nachfolgende Untersuchung der Tatbestandsmerkmale völkerrechtlicher Piraterie zeigen. Allerdings lassen die besonderen Verhältnisse der Luftfahrt erkennen, daß nur einer der beiden Aspekte dieser seerechtlichen Jurisdiktionsbefugnis[60], nämlich die universelle Strafgewalt über Piraten, praktische luftrechtliche Bedeutung besitzt. Dagegen ist der im Rahmen der Rechtsverhältnisse auf hoher See wichtigste Teil dieser Befugnis, das Recht zur Vornahme seepolizeilicher Maßnahmen, aus den bereits dargelegten flugtechnischen Gründen weniger bedeutungsvoll. Denn anders als bei einem in die Hand von Piraten gefallenen Schiff gibt es bei einem im Flug befindlichen Verkehrsflugzeug kaum die Möglichkeit einer Hilfeleistung durch Dritte. Um so größere Bedeutung besitzt dagegen die völkerrechtliche Befugnis jedes Staates zur Bestrafung von Piraten, denn sie ermöglicht es, den Täter in jedem Staat, in dem das Flugzeug entsprechend der Absicht seiner Besatzung oder gegen deren Willen schließlich landet, festzunehmen und zu bestrafen.

Die Beantwortung der Frage, ob für die Mitgliedstaaten des GAHS bereits eine Verpflichtung zur strafrechtlichen Verfolgung von Piraten

[58] Vgl. *McDougal-Burke*, a.a.O., S. 876.

[59] *McDougal-Burke*, a.a.O.

[60] Im Harvard Research wird der Umfang dieser Jurisdiktion wie folgt umrissen: That special jurisdiction is therefore judicial, executive and (in the matter of defining for purposes of municipal law, the offence, procedure and penalty) legislative.

gemäß Art. 14 besteht, richtet sich nach der Auffassung, die man bei der Auslegung dieser recht unbestimmt gehaltenen Abkommensbestimmung vertritt.

3. Kapitel: Der Tatbestand der völkerrechtlichen Piraterie

I. Abgrenzung von innerstaatlichen Pirateriebestimmungen

Die allen Staaten in bezug auf Schiffe und Personen fremder Nationalität eingeräumte Jurisdiktionsbefugnis besteht nur hinsichtlich der vom Völkerrecht als Piraterie verstandenen Tatbestände. Von diesem völkerrechtlichen Pirateriebegriff, der im anglo-amerikanischen Rechtskreis als *Piracy iure gentium* bezeichnet wird[1], sind daher rechtsgeschichtlich und systematisch diejenigen Straftatbestände zu unterscheiden, die sich in den Rechtsordnungen der meisten Staaten finden und häufig gleichfalls die Bezeichnung „Piraterie" tragen[2]. Diese innerstaatlichen Strafnormen sind an den völkerrechtlichen Begriff der Piraterie nicht gebunden und daher häufig enger gefaßt. In einigen Staaten werden jedoch auch Handlungen als Piraterie bestraft, die über den völkerrechtlichen Begriff weit hinausgehen. So ist nach englischem Recht jeder britische Staatsangehörige ein Pirat, der während eines Krieges die Feinde Großbritanniens auf den Meeren unterstützt oder auf hoher See Sklaven befördert[3]. Ferner unterwerfen die nationalen Rechtsordnungen in aller Regel nicht nur die auf hoher See, sondern auch die innerhalb der eigenen Hoheitsgewässer begangenen räuberischen Handlungen ihrer Strafgewalt[4]. Diese Abweichungen erklä-

---

[1] Diese Bezeichnung entstand gegen Ende des 17. Jahrhunderts in England. Sie dient der Unterscheidung der völkerrechtlichen Regelungen von den durch Vertrag oder Gesetz geschaffenen Straftatbeständen („Piracy by Statute"). Vgl. *Nussbaum*, a.a.O., S. 142.

[2] Eine Sammlung nationaler Piraterie-Strafvorschriften findet sich im Anhang zum Harvard Research, a.a.O., S. 887—1013. Für das deutsche Strafrecht siehe § 250 Abs. I Nr. 3 StGB.

[3] Vgl. *Stephen*, Digest of Criminal Law, Art. 104—117, und Slave Trade Act von 1824, 5 George IV, c. 113, sect. 9, geändert durch den Statute Law Revision Act (Nr. 2) 1888. Über die französische Regelung, nach der die Besatzung eines bewaffneten Schiffes, das in Friedenszeiten mit unvorschriftsmäßigen Schiffspapieren angetroffen wird, als Piraten bestraft wird, siehe *Colombos*, a.a.O., S. 357/358.

[4] So auch §250 I Satz 3 StGB. Hierbei ist zu beachten, daß nationale Strafnormen, die den Begriff der Piraterie über die durch das Völkerrecht gezogenen Grenzen ausdehnen, sich im staatsfreien Raum grundsätzlich nur auf die eigenen Staatsangehörigen erstrecken können (aktives Personalitätsprinzip). Fremde Staatsangehörige kommen als Adressaten dieser Strafnormen nur dann in Betracht, wenn sie die Handlungen an Bord eines seiner Schiffe oder sonst innerhalb des Jurisdiktionsbereiches des diese Norm erlassenden Staates begangen haben (vgl. *Oppenheim-Lauterpacht*, I, S. 617; *Colombos*, S. 358). Daher verwahrten sich die Vereinigten Staaten vor der

ren sich aus den unterschiedlichen Zielen, welche die beiden Rechtsgebiete verfolgen. Während das Anliegen des innerstaatlichen Rechts die Verfolgung bestimmter als strafwürdig angesehener Verhaltensweisen ist, geht es im Völkerrecht vorwiegend darum, den Staaten im Interesse der Sicherheit des friedlichen Seeverkehrs gewisse seepolizeiliche Befugnisse zur Bekämpfung der Piraten einzuräumen und hierbei die Grenzen staatlichen Vorgehens gegen andere als die Schiffe eigener Nationalität zu bestimmen[5].

II. Die im GAHS niedergelegte Definition

1. Die Entwicklung des internationalen Piraterierechts hat einen vorläufigen Abschluß durch das Genfer Abkommen über die Hohe See vom 29. 4. 1958 gefunden, das nach Ratifizierung durch 22 Staaten am 30. 9. 1962 in Kraft trat[6]. In seinem Artikel 15 wird der Tatbestand der völkerrechtlichen Piraterie begrifflich bestimmt. Die englische Fassung dieser Definition lautet:

Piracy consists in any of the following acts:

„1. Any illegal act of violence, detention or any act of depredation, committed for private ends by the crew or the passengers of a private ship or a private aircraft, and directed:

(a) On the high seas, against another ship or aircraft or against persons or property on board such ship or aircraft.

(b) Against a ship, aircraft, persons or property in a place outside the jurisdiction of any State.

2. Fraglich ist indessen, ob diese Definition als Ausdruck bestehenden Völkerrechts gelten kann oder aber eine von der bisherigen Rechtslage abweichende Regelung enthält[7]. Die Genfer Staatenkonferenz hat zwar

---

Abschaffung der Sklaverei zu Recht gegen das Anhalten ihrer der Sklavenbeförderung verdächtigen Schiffe durch britische Kriegsschiffe, da der Tranport von Sklaven wohl nach englischem Recht, nicht aber nach allgemeinem Völkerrecht als Piraterie verfolgt werden durfte. (Siehe *Oppenheim-Lauterpacht*, a.a.O.; ferner *Soulsby*, H., The Right of Search and the Slave Trade in Anglo-American Relations, 1933). Großbritannien hat jedoch vor Inkrafttreten der Brüsseler Antisklavereiakte vom 2. 7. 1890 bereits durch Abschluß einer Reihe von Verträgen versucht, seine Befugnis zur Anhaltung verdächtiger fremder Schiffe beständig auszudehnen.

[5] Vgl. *Dahm*, VR, I, S. 681.

[6] Nach dem jünsten, von den Vereinten Nationen im Jahre 1968 veröffentlichten Stand der Ratifikationen und Beitritte gehören dem Abkommen gegenwärtig 41 Staaten an (vgl. Treaty Series, Cumulative Index Bd. 501 bis 550 (1968) sowie Bd. 585 und 592 (1968). Aus dem Kreis der wichtigeren Seefahrt treibenden Staaten gehören ihm an:

Die USA, Großbritannien, die Sowjetunion, Polen, die Niederlande, Italien, Australien, Südafrika und Portugal.

[7] Vgl. hierzu die Erklärung der UdSSR vom 30. Oktober 1958 anläßlich der Unterzeichnung des GAHS (UN. Treaty Series Bd. 450, S. 159), in der es

in der Präambel zum GAHS erklärt, daß sie dessen Inhalt als deklaratorische Feststellung bestehenden Völkerrechts betrachte[8]. Diese Aussage erfährt jedoch durch die Worte „generally declaratory" bereits eine Einschränkung, denn hierdurch wird eingeräumt, daß zumindest einige Abkommensbestimmungen kein allgemeines Völkerrecht wiedergeben, sondern neues Recht schaffen[9].

Wie noch im einzelnen nachzuweisen sein wird, zählt die in Artikel 15 niedergelegte Begriffsbestimmung völkerrechtlicher Piraterie zu eben jenen Regelungen, die keineswegs als „declaratory of established principles of international law" gelten können[10]. Vielmehr haben Staatenpraxis, Judikatur und Schrifttum auch sonstige, nicht in der Definition des Artikels 15 enthaltene Tatbestände unter den Begriff der Piraterie subsumiert, so daß zum Zeitpunkt der Genfer Kodifizierung von einer einheitlichen, vom Bewußtsein einer rechtlichen Verpflichtung getra-

---

heißt, „that the definition of piracy given in the Convention is not consistent with present international law and does not serve to ensure freedom of navigation on the high seas". Die anderen Ostblockstaaten haben inhaltlich gleiche Erklärungen abgegeben (siehe UN Treaty Series, Bd. 450, S. 138 ff.; für Albanien siehe Bd. 520, S. 430). Zum Pirateriebegriff der sowjetischen Völkerrechtslehre siehe das von der Akademie der Wissenschaften der UdSSR herausgegebene Werk: Völkerrecht, Deutsche Übersetzung in Veröffentlichungen des Instituts für Internationales Recht an der Universität Kiel, Nr. 43 (1960), S. 228.

[8] Der englische Text lautet: „... the UN Conference on the Law of the Sea ... adopted the following provisions as generally declaratory of established principles of international law." (7 UNCLS, Bd. II, A/Conf. 13/L. 53).

[9] *Schulte*, Die billigen Flaggen im Völkerrecht, S. 140, hat bereits darauf hingewiesen, daß man schwerlich der Argumentation der USA und der Südafrikanischen Union zu folgen vermag, welche das Wort „generally" im Sinne von „entirely" oder „in every respect" ausgelegt haben. Vgl. hierzu *Jessup*, The UN Conference on the Law of the Sea, 59 Columbia Law Review (1959), S. 265.

[10] Zu dieser Gruppe zählen ferner Artikel 14, durch den — wie bereits dargelegt — abweichend vom Völkergewohnheitsrecht eine Verpflichtung der Mitgliedstaaten zur Bekämpfung der Piraterie neu begründet wird, sowie Artikel 11, dessen eindeutiger Zweck — ebenso wie der des 1954 in Kraft getretenen Brüsseler Abkommens zur Vereinheitlichung von Regeln über die strafrechtliche Zuständigkeit beim Zusammenstoß von Schiffen und anderen Schiffsunfällen — darin besteht, die Entscheidung des St. I. G. H. im *Lotus-Fall* umzustoßen. Weitere Ausnahmen von dem in der Präambel aufgestellten Grundsatz sehen *Verdross* VR, S. 232, in Artikel 24 und 25 über das Verbot der Verschmutzung des Meeres und *Münch* (Die Internationale Seerechtskonferenz in Genf 1958, Arch. VR (59/60, S. 202) in Artikel 22 Absatz Ib, durch den das Durchsuchungsrecht bei Verdacht des Sklavenhandels nicht mehr auf bestimmte Seezonen beschränkt, sondern auf alle Meere ausgedehnt wird. Zweifel an der lediglich deklaratorischen Bedeutung bestehen auch hinsichtlich Artikel 5, der das Erfordernis einer „echten Verbindung (genuine link) aufstellt (hierzu *McDougal-Burke*, a.a.O., S. 104: „... a wholly new provision hitherto unknown either to the customary and treaty law of the sea or to the national shipping laws of any particular country ...") sowie hinsichtlich der Artikel 16 und 17 GAHS.

genen internationalen Übung hinsichtlich der die universelle Jurisdiktion auslösenden Tatbestände nicht gesprochen werden kann. Dies war der mit den Vorarbeiten zu diesem Abkommen betrauten Völkerrechtskommission auch bewußt, wie aus ihrer Kommentierung zu dem im Jahre 1956 vorgelegten Abkommensentwurf klar hervorgeht. Dort heißt es: „The Commission had to consider certain *controversial* points as to the elemental features of piracy[11].“ Auch die sonstige in dieser Kommentierung verwandte Ausdrucksweise, wie „The Commission considers, despite certain dissenting opinions, that ...“ oder „the view adopted by the Commission, in regard to ...“ läßt erkennen, daß die Völkerrechtskommission sich bei ihrem Entwurf einer Piraterie-Definition darauf beschränkt hat, wegen der offenkundigen Gefährlichkeit gewisser Verhaltensweisen in kasuistischer Weise einen Mindeststandard strafwürdiger Tatbestände zu schaffen — unter Verzicht auf eine systematische Erfassung sämtlicher tatsächlichen Erscheinungsformen piratischen Handelns. Dieses von der Kommission gewählte Verfahren hat *Johnson* wie folgt beschrieben:

> Having regard to the long and confused history of the doctrine of piracy in international law, those who are concerned with the codification or progressive development of the law of the sea — or air set out quite precisely those acts for the punishment of which they wish to provide, as distinct from those acts for the punishment of which they do not wish to provide, irrespective of the question whether under existing international law certain acts do or do not constitute the crime of piracy[12].

Die Begründung für dieses Vorgehen liegt auf der Hand. Um eine möglichst weltweite Annahme des Abkommens zu gewährleisten, sollte lediglich eine für die Mehrheit der Staaten annehmbare Mindestregelung in das Abkommen aufgenommen werden, während alle schwierigen Fragen soweit wie möglich ausgeklammert bleiben sollten[13].

---

[11] Report 1956, UN. Doc. A/3159, Suppl. 9, S. 28 (Hervorhebung vom Verfasser).

[12] Piracy in Modern International Law, 307—9, Grot. Soc. (1959), S. 85.

[13] Auf die mit einer völkerrechtlichen Kodifikation verbundenen Nachteile und Gefahren hat insbesondere *Seidl-Hohenveldern* (VR, Rdz. 338 f.) nachdrücklich hingewiesen: In der heutigen Zeit, in der Umfang und Inhalt des allgemeinen Völkergewohnheitsrechts erheblich umstrittener sind als früher, könnten nur diejenigen Regeln allgemeiner Zustimmung sicher sein, die dem *kleinsten gemeinsamen Nenner* entsprechen oder gar noch unter diesem Niveau lägen. „Mit der Möglichkeit einer Kodifikation konfrontiert“, führt *Seidl-Hohenveldern aus*, „neigen manche Staaten dazu, die Verbindlichkeit auch von ihnen bisher angewandter Regeln aus übergroßer *Vorsicht* zu bestreiten, da man ja nicht wissen könne, ob in irgendeiner Ausnahmesituation die derart kodifizierte Regel ihnen nicht zum Nachteil gereichen könne“. Da eine kodifizierte Regel schwieriger abzuändern sei als eine gewohnheitsrechtliche, so werde durch eine Kodifikation die Rechtslage zementiert. Hierdurch würden gerade die über den kleinsten gemeinsamen Nenner hinausgehenden Regeln weitgehend um die Chance gebracht, sich durchzusetzen.

3. Die Entscheidung, nur bestimmte, auf überkommenen Vorstellungen beruhende Fälle der Piraterie in die seerechtliche Kodifikation aufzunehmen und nur insoweit eine staatliche Verpflichtung zu deren Bekämpfung zu begründen, ist für den Gegenstand der vorliegenden Arbeit bedeutungsvoll. Denn geht man davon aus, daß die sonstigen gewohnheitsrechtlich geltenden Piraterietatbestände nach dem Willen der Verfasser des GAHS nicht durch dessen Artikel 15 derogiert werden sollten, so besitzen die Vertragsstaaten auch weiterhin die ihnen vor Inkrafttreten des GAHS zustehende Befugnis, diese nicht vom Abkommen geregelten Fälle als „Piracy iure gentium“ zu verfolgen. Doch selbst wenn man die Auffassung vertritt, daß das völkerrechtliche Pirateriereecht durch das Genfer Abkommen abschließend geregelt werden sollte, so kann dessen Artikel 15 gegenwärtig keine allgemeine Geltung beanspruchen, sondern nur die Mitgliedstaaten binden, da sein Inhalt nicht als deklaratorische Feststellung des zeitgenössischen völkerrechtlichen Pirateriebegriffs gelten kann[14].

III. Die Voraussetzungen für eine universelle Geltung völkerrechtlicher Normen

1. *Der gewohnheitsrechtbildende Charakter von Verträgen*

Universelle Geltung könnte die Begriffsbestimmung des Artikels 15 nur dann beanspruchen, falls durch das GAHS die bisherigen gewohnheitsrechtlichen Pirateriereegeln abgeändert oder außer Kraft gesetzt worden wären. Das ist bisher jedoch nicht geschehen. Zwar ist es allgemein anerkannt, daß internationale Verträge, namentlich multilaterale Abkommen, rechtliche Wirkungen auch über den Kreis der Mitgliedstaaten hinaus entfalten können, und zwar dadurch, daß einzelne Abkommensbestimmungen oder der gesamte Vertragsinhalt allgemeine

---

Vgl. hierzu ferner *Lauterpacht*, The Function of Law in the International Community, S. 245; ders., Codification and Development of International Law, 49 AJIL (1955), S. 16 f.; *Scheuner*, Völkerrechtsgeschichte, WdVR, Bd. III S. 755; *Jennings*, The Progressive Development of International Law and its Codification, 24 British Yearbook (1947), S. 301 ff., und *Dahm*, VR, Bd. I, S. 52.

[14] Wie bereits angeführt, gehören dem GAHS von der gegenwärtig aus 125 Staaten bestehenden Völkergemeinschaft zur Zeit lediglich 41 Staaten an, unter ihnen nur 5 oder 6 der größeren Seefahrtnationen, zu denen jedoch die drei Großmächte: USA, UdSSR und Großbritannien zählen. Es fehlen bisher die meisten europäischen Staaten, so die skandinavischen Länder, Frankreich und die BRD, ferner die meisten Länder des Mittelmeerraumes, wie Spanien, Griechenland, die Türkei und die arabischen Staaten. Von den amerikanischen Staaten fehlen bisher Kanada und — mit Ausnahme von Mexiko, Guatemala und Venezuela — sämtliche lateinamerikanischen Staaten. Ebenso sind die meisten asiatischen Staaten, insbesondere Japan, National- und Rot-China und Indien keine Mitglieder des GAHS.

Geltung als neues Völkergewohnheitsrecht erlangen[15]. Dies gilt selbst für unratifizierte Verträge, die als Indiz für das Bestehen einer entsprechenden, auf Rechtsüberzeugung beruhenden, ständigen Übung oder als Konkretisierung schöpferischer, den veränderten sozialen Gegebenheiten angepaßter Rechtsgedanken zur Quelle neuen Gewohnheitsrechts werden können[16].

Mit einer Zahl von gegenwärtig 41 Ratifikationen und Beitritten sowie als Ergebnis der Beratungen von insgesamt 86 Staaten ist die in dem GAHS niedergelegte Begriffsbestimmung zweifellos die bislang „most authoritative definition of piracy“[17]. Das allein genügt jedoch nicht, wie der IGH in seiner jüngsten seerechtlichen Entscheidung, dem *Nordsee-Festlandsockel-Fall* vom 20. 2. 1969[18] dargelegt hat, um inhaltlich abweichende gewohnheitsrechtliche Regeln außer Kraft zu setzen. Selbst der weitere Umstand, daß das GAHS einer besonderen Kategorie multilateraler Abkommen angehört, die das Ergebnis der Tätigkeit der Vereinten Nationen auf dem Gebiet der Kodifikation und Weiterentwicklung des Völkerrechts gemäß Artikel 13 der UN-Charta darstellen, vermag für sich allein eine derartige Rechtsänderung nicht herbeizuführen.

---

[15] Dies ist die ganz herrschende Meinung in Schrifttum und Judikatur. Vgl. *Seidl-Hohenveldern*, VR, Rdz. 361—365 und 370—71; ders., General principles of law as applied by the concilation commissions under the peace treaty with Italy of 1947, 53 AJIL (1959), S. 853 ff.; *Dahm*, VR, Bd. I, S. 22 f.; *Jaenicke*, Völkerrechtsquellen, in WdVR IIII, S. 766 f.; CH. *de Visscher*, Coutume et traité en droit international public, Revue gen. 59 (1955), S. 353 f.

Zur Spruchpraxis des IGH siehe dessen jüngste seerechtliche Entscheidung im *Nordsee-Festlandsockel-Fall* vom 20. 2. 1969, International Legal Materials, Bd. III (Nr. 2), 1969 S. 373 ff., die auf frühere Entscheidungen des StIGH und IGH Bezug nimmt.

Hinsichtlich der im Einzelfall bestehenden Problematik vgl. *Seidl-Hohenveldern*, VR, Rdz. 364 f., und *Dahm*, a.a.O., der zutreffend betont, daß das Bestehen zahlreicher Verträge gleichlautenden Inhalts sowohl als Anzeichen für das Bestehen einer einhelligen Rechtsüberzeugung der Völkerrechtsgemeinschaft als auch als Beweis dafür gedeutet werden könne, daß es eben an einer allgemeinen Rechtsüberzeugung fehle, und die Parteien daher eine Sonderregelung für notwendig erachteten. Als Beispiel für die zweite Alternative führt *Dahm* an, daß es zwar eine beträchtliche Anzahl von Auslieferungsverträgen, aber doch keine auf Gewohnheitsrecht beruhende Auslieferungspflicht gibt.

[16] Vgl. das Sondervotum des Richters *Lachs* zur Entscheidung des IGH im *Nordsee-Festlandsockel (North Sea-Continental Shelf)-Fall* vom 20. 2. 1969, a.a.O., S. 419. Siehe ferner *Dahm*, a.a.O., S. 22, der anhand des *Haya de la Torre-Falls* (I. C. J. Series 1959, S. 276 ff.) aufzeigt, daß ein Vertrag, der auf die Dauer keine oder nur wenige Ratifikationen zu erzielen vermag, zum Nachweis eines angeblich bestehenden Gewohnheitsrecht ungeeignet ist, da in einem solchen Falle der Schluß naheliegt, daß sein Inhalt eben nicht Ausdruck allgemeiner Rechtsüberzeugung ist.

[17] *Villamin*, Piracy and Air Law, S. 68.

[18] International Legal Materials, Bd. III (Nr. 2), 1969, S. 340 ff.

2. *Der Nordsee-Festlandsockel-Fall*

Der IGH hatte im *Nordsee-Festlandsockel-Fall* über die Frage zu entscheiden, ob Artikel 6 des Genfer Abkommens über den Festlandsockel vom 29. 4. 1958[19]

> has generated a rule which, while only conventional or contractual in its origin, has since passed into the general *corpus* of international law, and is now accepted as such by the *opinio juris*, so as to have become binding even for countries which have never, and do not, become parties to the Convention[20].

Der IGH hat diese Frage mit einer überzeugenden Begründung verneint. Die in dieser Entscheidung enthaltenen Grundsätze, die im Einklang mit der vom StIGH im *Lotus-Fall*[21] vertretenen Rechtsauffassung stehen, gelten in gleicher Weise *mutatis mutandis* für die hier zu behandelnde Frage:

a) Der IGH räumt ein, daß als Voraussetzung für die Anerkennung einer vertraglichen Bestimmung als neues Völkergewohnheitsrecht auch eine weitverbreitete und repräsentative Beteiligung an dem betreffenden Abkommen in Betracht kommen könne, vorausgesetzt, sie schließe jene Staaten ein, deren Interessen in besonderem Maße berührt seien. Im Falle des Genfer-Festlandsockel Abkommens (GAFS) hielt der IGH die gegenwärtige Mitgliederzahl von 39 Staaten für „hardly sufficient", selbst unter Berücksichtigung der Tatsache, daß einer Reihe von Staaten der Zugang zu den Genfer Seerechtsabkommen verwehrt ist und ferner einige Staaten, zumal die Binnenländer (land-locked States), an einer Mitgliedschaft kein Interesse besitzen.

Diese Überlegungen gelten gleichfalls für das GAHS, dessen Mitgliederzahl die des GAFS gegenwärtig nur um zwei übersteigt. Darüberhinaus betrifft das GAHS weit grundlegendere Fragen des Seevölkerrechts, die auch die Interessen der Binnenstaaten berühren[22] und sie zu einer Mitgliedschaft veranlassen müßten.

b) Hinsichtlich des für die Entstehung von Gewohnheitsrecht erforderlichen Zeitfaktors vertritt der IGH die Auffassung, daß die geringe Zeitspanne von weniger als fünf Jahren, die seit Inkrafttreten des GAFS verstrichen ist[23], nicht notwendigerweise ein Entstehungshindernis sei, sofern innerhalb dieses recht kurzen Zeitraums

---

[19] Fundstelle: UN Treaty Series, Vol. 499, S. 311 ff.; Deutsche Übersetzung bei *Berber*, VR, Dokumentensammlung, Bd. I, S. 1361 ff. Das Abkommen ist am 10. 6. 1964 in Kraft getreten; gegenwärtig gehören ihm 39 Staaten an.

[20] a.a.O., S. 373.

[21] P. C. I. J. Series A., No. 10, 1927, S. 28 f.

[22] Vgl. Art. 3 GAHS.

[23] Für das GAHS beträgt dieser Zeitraum gegenwärtig 7 Jahre.

„State practice, including that of States whose interests are specially affected, should have been both extensive and virtually uniform in the sense of the provision invoked — and should moreover have occurred in such a way as to show a general recognition that a rule of law or legal obligation is involved[24]."

Noch eindeutiger als der IGH im Falle der Begrenzung des Festlandsockels das Vorliegen einer entsprechenden einheitlichen Staatenpraxis verneint hat, läßt sich feststellen, daß es in der Frage der rechtlichen Behandlung piratischer Akte gegenwärtig an einer dem Inhalt des Art. 15 GAHS entsprechenden einheitlichen Staatenpraxis fehlt[25].

c) Das psychologische Element der Rechtsüberzeugung als Voraussetzung für das Entstehen eines Gewohnheitsrechts

Wegen Fehlens einer der Begriffsbestimmung des Artikels 15 GAHS entsprechenden einheitlichen Staatenpraxis der Nichtmitgliedstaaten bedarf es eines Eingehens auf diese weitere, nicht nur vom IGH für entscheidend erachtete Voraussetzung eigentlich nicht mehr. Da es jedoch nicht völlig auszuschließen ist, daß sich eine solche gleichförmige Übung zu einem späteren Zeitpunkt noch auszubilden vermag, so erscheint doch ein kurzer Hinweis gerechtfertigt: Der IGH betont mit Recht, daß das Verhalten der Nichtmitgliedstaaten nicht nur den Umfang einer feststehenden Praxis erreichen müsse, sondern darüberhinaus auch Ausdruck einer Überzeugung sein müsse, „that this practice is rendered obligatory by the existence of a rule of law requiring it"[26]. Es sei nur am Rande erwähnt, daß der IGH den schwierig zu führenden Nachweis eines von der Überzeugung der Rechtsnotwendigkeit (opinio iuris vel necessitatis) getragenen staatlichen Handelns, welche das Völkergewohnheitsrecht vom bloßen völkerrechtlichen Brauch unterscheidet[27], im *Nordsee-Festlandsockel-Fall* nicht für erbracht hielt.

3. Das gefundene Ergebnis zeigt, daß die Pirateriedefinition des GAHS zur Zeit nur für den Kreis der Mitgliedstaaten als vertragliches

---

[24] a.a.O., S. 375.

[25] Bisher hat lediglich Großbritannien, also ein Mitglied des GAHS, die Pirateriedefinition des Art. 15 GAHS in sein nationales Recht übernommen. Vgl. *Colombos*, 6. A., Paragraph 464 a. Irgendwelche Anzeichen für das Bestehen einer entsprechenden gleichförmigen und räumlich genügend verbreiteten Übung der Nicht-Mitgliedstaaten, auf die es in diesem Zusammenhang ankäme, sind bisher nicht bekannt.

[26] Vgl. die Auffassung des StIGH im *Lotus-Fall*, P. C. I. J. Series A, No. 10, S. 29 f. Die gleiche Ansicht wurde vom IGH auch im Falle des diplomatischen Asyls (Recueil 1950, S. 274 ff.) und der amerikanischen Konsulargerichtsbarkeit in Marokko (Recueil 1952, S. 200) vertreten.

[27] Vgl. hierzu *Seidl-Hohenveldern*, VR, Rdz. 323 f.

Teilvölkerrecht rechtsverbindlich ist; weitergehende oder gar universelle Geltung kommt ihr gegenwärtig nicht zu.

An diesem Ergebnis ändert auch die Tatsache nichts, daß sich insgesamt 86 Staaten — also die überwiegende Mehrheit der Völkergemeinschaft — an den Beratungen und Vorarbeiten zur Genfer Seerechtskonferenz beteiligt und mit großer Mehrheit der Fassung des Artikels 15 GAHS zugestimmt haben[28]. Grundsätzlich muß zwar das durch ausdrückliche Erklärungen oder auch nur durch Unterlassen eines an sich erforderlichen Protestes manifestierte Verhalten eines an einer derartigen internationalen Konferenz beteiligten Staates auch daraufhin überprüft werden, ob es bereits als Ausdruck eines rechtlich bindenden Verpflichtungswillens zu werten ist oder aber lediglich den Charakter einer unverbindlichen Information, etwa eines Policy Statements[29], besitzt. Diese von Fall zu Fall unterschiedlich zu beantwortende Frage stellt sich jedoch — wie der IGH im *Nordsee-Festlandsockel-Fall* überzeugend dargelegt hat[30] — bei Abkommen, wie dem GAHS, das ein besonderes förmliches Verfahren für den Beitritt vorsieht, grundsätzlich nicht. Denn hier wird die Absicht, „to become bound by the regime of the convention“[31], erst durch die Erfüllung der vorgeschriebenen Beitrittsformalitäten unmißverständlich zum Ausdruck gebracht.

Nach Auffassung des IGH

„it is not lightly to be presumed that a state which has not carried out these formalities, though at all times fully able and entitled to do so, has nevertheless somehow become bound in another way. Indeed, if it were a question not of obligation but of rights, — if, that is to say, a State which, though entitled to do so, had not ratified or acceded, attempted to claim rights under the convention, on the basis of a declared willingness to be bound by it, or of conduct evincing acceptance of the conventional régime, it would simply be told that, not having become a party to the convention it could not claim any rights under it until the professed willingness and acceptance had be manifested in the prescribed form[32].“

4. Kapitel: Die einzelnen Tatbestandsmerkmale der Piraterie

Aus dem Gesagten folgt, daß — zumindest für die beträchtliche Zahl der Nicht-Mitgliedstaaten — die gewaltsame Flugzeugentführung einen Akt der Piraterie darstellen könnte, der diese Tat ihrer völkergewohn-

---

[28] Der Entwurf des GAHS erhielt in der Gesamtabstimmung 65 Ja-Stimmen bei einer Stimmenthaltung; 49 Staaten unterzeichneten die Konvention.

[29] So *Jaenicke*, Völkerrechtsquellen, WdVR, Bd. III, S. 768.

[30] a.a.O., S. 360.

[31] So der IGH, ebendort.

[32] IGH, a.a.O., S. 360.

heitsrechtlichen Jurisdiktionsbefugnis unterwirft. Aus diesem Grunde sollen nachfolgend die einzelnen Tatbestandsmerkmale des zeitgenössischen Pirateriereechts untersucht werden. Besondere Bedeutung kommt hierbei den folgenden Fragen zu:

1. Umfaßt das zeitgenössische Pirateriereecht auch solche Gewaltakte, die von einem Luftfahrzeug ausgehen oder deren Opfer ein Luftfahrzeug ist?

2. Kann Piraterie auch durch an Bord befindliche Personen begangen werden, deren Tat sich gegen das Schiff oder Luftfahrzeug selbst richtet?

3. Kommt es im Rahmen des subjektiven Tatbestandes auf die Absicht des Handelnden an oder ist die mit der Tat verfolgte politische oder private Zielsetzung unbeachtlich?

I. Der traditionelle Pirateriebegriff

Das klassische Völkerrecht verstand unter Piraten Personen, die — ohne hierzu durch einen Souverän ermächtigt zu sein — auf den Meeren gewohnheitsmäßig Jagd auf Handelsschiffe machten, um sich Schiff, Ladung und — häufig genug auch — deren Mannschaft und Passagiere als Beute zuzueignen. In dieser traditionellen Bedeutung umfaßt der Begriff der Piraterie somit nur den eigentlichen Seeraub, also lediglich solche Gewaltakte, die von einem Nichtkriegsschiff auf hoher See gegen ein anderes Schiff begangen werden und von der Absicht getragen sind, der Bereicherung des Angreifers zu dienen (animo furandi)[1].

II. Die Ausdehnung des Pirateriebegriffs im modernen Völkerrecht

Der stete Rückgang der diesem klassischen Leitbild entsprechenden Seeräuberei und die rasche Entwicklung auf dem Gebiet des internationalen Verkehrs- und Nachrichtenwesens führten zu der Erkenntnis, daß der traditionelle Pirateriebegriff den veränderten Verhältnissen angepaßt werden müsse, sofern er nicht seine Bedeutung als wirksames Mittel zur Bekämpfung gemeingefährlicher Gewalttaten in staatsfreien Räumen verlieren sollte[2].

---

[1] Vgl. *Abendroth*, Piraterie, in WdVR, Bd. II, S. 768.

[2] So hat der *Privy Council* in seiner gutachtlichen Stellungnahme vom 26. 7. 1934 (Re Piracy, a.a.O.) den Standpunkt vertreten, daß die tatsächliche Entwicklung über diese älteren Regeln hinausgewachsen sei und es darauf ankomme, hier neue Richtlinien und Grenzen zu finden: „A careful examination of the subject shows a gradual widening of the earlier definition of piracy to bring it from time to time more in consonance with situations either not thought of or not in existence when the older jurisconsults were expressing their opinions".

1. Die Erstreckung der Piraterieregeln auf Luftfahrzeuge

a) Die Auffassung, daß Piraterie nicht nur mittels eines Schiffes, sondern auch mit Hilfe von Luftfahrzeugen begangen werden kann, wurde erstmals von der rumänischen Regierung in ihrer Stellungnahme zu dem von der Kodifikationskommission des Völkerbundes vorgelegten Abkommensentwurf vertreten: „Nevertheless, the word „aircraft" might be added, especially as it is quite possible that piracy may be practiced in the future by means of hydroplanes[3]." Obgleich die vielfältigen Verwendungsmöglichkeiten der Luftfahrzeuge infolge ihres Einsatzes im 1. Weltkrieg bereits hinreichend bekannt waren, fand dieser rumänische Vorschlag keine Aufnahme in den 1927 erstellten Abkommensentwurf[4].

b) Dagegen enthält die 1932 erstellte „Harvard Draft Convention on Piracy" bereits den Begriff des Piratenflugzeuges. Gemäß Artikel 1, Abs. 5 dieses Entwurfs bedeutet der in dem Abkommen verwandte Ausdruck „ship": „any water craft or aircraft of whatever size[5]." Die Kommentierung zu diesem Artikel weist in weitblickender Weise darauf hin, daß „in time aircraft may become the most efficient means of piratical attack"[6]. Der Pirateriebegriff müsse daher auch auf solche gewaltsamen Überfälle erstreckt werden, die in der Luft begangen werden oder von dort ihren Ausgang nehmen. Zur Rechtfertigung dieser bereits künftige Entwicklungen berücksichtigenden Regelung enthält der Kommentar den für alle Verfasser völkerrechtlicher Kodifikationen beherzigenswerten Hinweis: „A codification ... should not be drafted to fit only cases raised by present conditions of business, the arts, and criminal operations. Continual amendment should be obviated by foresight as far as possible[7]."

c) Die Völkerrechtskommission der Vereinten Nationen erachtete die Gefahren einer mittels Luftfahrzeuge begangenen Piraterie als weniger schwerwiegend. Angesichts der Tatsache, daß Luftfahrzeuge „had not been used as anticipated in the quarter-century since the Harvard Draft"[8], vertrat die Kommission die Auffassung, daß „acts committed in the air by one aircraft against another aircraft can hardly be regarded as acts of piracy ... However, acts committed by a pirate aircraft against a ship on the high seas may ... be assimilated to acts committed by a pirate ship[9]."

---

[3] Vgl. Akten des Völkerbundes, C. 196. M. 70. 1927. V, S. 211.
[4] Vgl. Akten des Völkerbundes, ebenda, S. 116—119.
[5] Harvard Draft, a.a.O., S. 768.
[6] Ebendort.
[7] Ebendort.
[8] *McDougal-Burke*, a.a.O., S. 815.
[9] Paragraph 5 der Kommentierung zu Artikel 39, a.a.O., S. 28.

d) Auf Vorschlag Italiens wurde jedoch auf der Genfer Konferenz der Begriff der Piraterie entsprechend dem Harvard Draft wieder in der Weise erweitert, daß er nun auch Gewalttaten umfaßt, die in der Luft von einem Luftfahrzeug gegen ein anderes Luftfahrzeug gerichtet sind[10]. Es sei der Hinweis gestattet, daß in diesem Falle das Genfer Seerechtsabkommen reines Luftrecht geschaffen hat.

2. Der Schauplatz der Piraterie

1. Das Hauptmerkmal des völkerrechtlichen Pirateriebegriffs — und zugleich der Entstehungsgrund dieses Rechtsinstituts überhaupt — besteht darin, daß seeräuberische Akte in einem Bereich außerhalb staatlicher Hoheitsgewalt begangen werden oder aber von dort ihren Ausgang nehmen. Straftaten und sonstige sicherheitsgefährdende Handlungen, die sich innerhalb des Hoheitsgebietes eines Staates, einschließlich der seiner Gebietshoheit unterworfenen Meeresteile, ereignen, unterliegen dessen ausschließlicher Jurisdiktion. Es ist daher die Angelegenheit des Uferstaates, die in seinen Binnen- und Küstengewässern verübten Gewalttaten zu bekämpfen. Für das Gebiet der hohen See folgt aus dem das Seevölkerrecht zumindest in Friedenszeiten beherrschenden Grundsatz der Freiheit der Meere und des darüber befindlichen Luftraums, daß die Staaten zur Ausübung von Hoheitsrechten, insbesondere von Zwangsmaßnahmen, in der Regel nur gegenüber den ihre Flagge führenden See- und Luftfahrzeugen befugt sind. Hierin liegt nun gerade die Gefährlichkeit der Piraten, die gleichsam in einem rechtsleeren Raum[11] handeln und sich auf diese Weise jeglicher Autorität zu entziehen suchen. Die völkerrechtlichen Pirateriegeln bezwecken daher, in diesem staatsfreien Raum Sicherungen zum Schutz des allen Nationen zustehenden Rechts auf einen ungestörten Verkehr zu errichten, die in ihrer Wirkung dem Schutz nahekommen, den ein Staat innerhalb seines Hoheitsgebietes zur Gewährleistung von Sicherheit und Ordnung bietet[12].

2. Wenngleich das klassische Völkerrecht den Geltungsbereich der Pirateriereregeln aufgrund der damaligen internationalen Handels- und Verkehrsverhältnisse auf das Gebiet der hohen See beschränkt hat[13],

---

[10] Vgl. Artikel 15 GAHS.

[11] *Dahm*, VR, S. 682.

[12] Vgl. *Abendroth*, Piraterie, a.a.O., S. 769.

[13] Vgl. den Bericht der Kodifikationskommission des Völkerbundes, a.a.O., S. 117; ferner *US v. Furlong*, 5 Wheat. 184 (1820); British High Court im *Magellan Pirates-Fall*, 1 Spink's 81, sowie im Fall *Republic of Bolivia v. Indemnity Mutual Marine Assurance Comp. Ltd.*, 1 K B. 785 (1909); ebenso *Britannia Shipping Corporation v. Globe and Rutgus Fire Insurance Co.*, 244 N. Y. S. 720 (1920).

so liegt doch die eigentliche *raison d'être* dieser völkerrechtlichen Normen nicht so sehr in dem maritimen Charakter dieser Gewalttaten, als vielmehr in der Tatsache, daß sie in einem staatsfreien Raum begangen werden. Angesichts der heute bestehenden Möglichkeit, auch den Luftraum dem Weltverkehr nutzbar zu machen, definierte bereits der Harvard Entwurf „piratical acts" als Handlungen, die an einem Ort „not within the territorial jurisdiction of any state"[14] begangen werden. Diese Formulierung schließt somit nicht nur das Gebiet der hohen See, sondern auch den darüber befindlichen Luftraum sowie diejenigen Land- und Luftregionen ein, die nicht zum Hoheitsgebiet eines Staates zählen. Die Völkerrechtskommission übernahm diese Auffassung in ihren Entwurf von 1956, nachdem sie zuvor einen Antrag, auch gewisse innerhalb des Staatsgebietes begangene räuberische Handlungen (sog. Fluß- und Küstenpiraterie) unter den Pirateriebegriff zu fassen, mit Recht ausdrücklich abgelehnt hatte[15]. Dem Entwurf der Völkerrechtskommission folgend, beschränkt Artikel 15 des Genfer Abkommens über die Hohe See den räumlichen Anwendungsbereich des Piraterierechts auf die hohe See sowie auf Gebiete „outside the jurisdiction of any state". Dieses Ergebnis bedeutet für den Gegenstand der vorliegenden Untersuchung, daß — sofern die gewaltsame Inbesitznahme von Luftfahrzeugen die sonstigen im folgenden zu prüfenden Tatbestandsmerkmale der Piraterie erfüllt — aus dem Gesamtkreis dieser Taten nur eine Gruppe, nämlich die Entführungen von Luftfahrzeugen über der hohen See oder staatenlosem Gebiet, unter das Piraterierecht fiele.

3. Als Zwischenergebnis ist folglich bereits festzustellen, daß die völkerrechtlichen Piraterieregeln auf diejenigen Flugzeugentführungen, die ausschließlich über den staatlicher Hoheitsgewalt unterliegenden Land- und Seeregionen begangen werden, nicht anwendbar sind.

---

[14] Harvard Research, S. 788. Der Berichterstatter, *Prof. Bingham*, erklärt hierzu: „The central idea in recent times of the traditional concession of a common jurisdiction to all states over piracy has been that the offence occurs out of the territory of every state — generally on the high sea." Die Frage, ob mit dieser Formulierung bereits an Gewaltakte in denjenigen Regionen gedacht worden sei, die als Weltraum (outer space) gleichfalls keiner nationalen Souveränität unterliegen, läßt sich zweifelsfrei verneinen, da zu jenem Zeitpunkt lediglich konventionelle Luftfahrzeuge bekannt waren.

[15] ILC. Yearbook I, S. 51—53.

Aus der Kommentierung zu Artikel 39 des Entwurfs ist ersichtlich, daß die Völkerrechtskommission zu den an einem Ort außerhalb staatlicher Jurisdiktion begangenen Handlungen insbesondere die von einem Schiff oder Luftfahrzeug „on an island, constituting terra nullius or on the shores of an unoccupied territory" begangenen Gewaltakte zählt. Jedoch wollte die Kommission auch nicht solche Handlungen ausschließen, die von Luftfahrzeugen innerhalb eines größeren unbesetzten Gebietes begangen werden, „since it wished to prevent such acts committed on ownerless territories from escaping all general jurisdiction". ILC. Yearbook, S. 282.

3. Tathandlung und Motive

Stellen die bei der Entführung von Luftfahrzeugen mit Waffengewalt begangenen Nötigungen, Bedrohungen und Freiheitsberaubungen Tathandlungen im Sinne des Piraterietatbestandes dar?

a) Die Piraterie — eine Gewalttat

Nach klassischem Völkerrecht gehörte der „animus furandi", die gewinnsüchtige Absicht, auf die schon die Bezeichnung „Seeräuber" hinweist, zum Wesen der Piraterie. Diese Auffassung gilt heute unstreitig als veraltet; auch andere Gewalttaten, wie Mord, Körperverletzung, Menschenraub, gewaltsame Sachbeschädigung usw. können nach heutiger Rechtsauffassung Piraterie darstellen[16].

Die Harvard Draft Convention definiert erstmalig in ihrem Artikel 3 diejenigen Handlungen, die als „piratical" verstanden werden, und zwar „any act of violence or of depredation committed with intent to rob, rape, wound, enslave, imprison or kill a person or with intent to steal or destroy property"[17]. In der Erläuterung gibt *Prof. Bingham* hierfür die zutreffende Begründung:

„Acts done with other purposes than robbery also are put under the common jurisdiction, although the typical piracy is usually defined as robbery on the high seas; for there is no good reason why one who does an act with intent to kill, wound, rape, enslave or imprison, or to steal or maliciously destroy property, which would be piracy if done to rob, should not be subjected to more probable retribution through the common jurisdiction of all states, instead of to a lesser chance of apprehension and punishment by a single state (or one or two or three states) which may not have the present force, or opportunity or interest to serve the cause of security and order in the locality[18]."

---

[16] So bereits 1844 Richter *Story* in *The United States v. The Malek Adhel:* „If he willfully sinks or destroys an innocent merchant ship without any other object than to gratity his lawless appetite for mischief, it is just as much piratical aggression, in the sense of the law of nations ... as if he did it solely and exclusively for the sake of plunder, *lucri causa.* The law looks at it as an act of hostility, and being committed by a vessel not commissioned and engaged in lawful warfare, it treats it as the act of a pirate". (2 How. 211, 11 L. ed. 210).

In Re Piracy Jure Gentium vermied es der Privy Council im Jahre 1934 zwar, nach einer eingehenden Prüfung verschiedener Begriffsbestimmungen die Tathandlung der völkerrechtlichen Piraterie selbst zu definieren, billigte jedoch die von *Kenny* (Outlines of Criminal Law, neue Auflage 1952, S. 354) vorgeschlagene Definition als „coming nearest to accuracy coupled with brevity", nach der Seeraub jede *bewaffnete Gewalttat* auf See ist, die nach Völkerrecht keine Kriegshandlung darstellt.

[17] Harvard Draft, a.a.O., S. 768/69.

[18] Ebendort, S. 786.

Die Fassung des Artikel 3 des Harvard Draft wurde von dem Berichterstatter der UN-Völkerrechtskommission, Professor *Francois*, zunächst wörtlich in den von ihm vorgelegten Abkommensentwurf übernommen[19]. Sie fand nach einigen redaktionellen Änderungen Eingang in das Abkommen über die Hohe See. Artikel 15 definiert als Pirateriehandlung „any illegal act of violence, detention or any act of depredation". Der Antrag Griechenlands, in diesem Artikel das Wort „illegal" zu streichen, wurde von der Konferenz abgelehnt. Zur Begründung hatte Griechenland darauf hingewiesen, daß

„illegality must be qualified by some system of law: in the absence of international regulations on the subject, there would be no other interpretation than that covered by national law, and the legal confusion that would arise might make it impossible to punish a ship which had engaged in piracy"[20].

Die Konferenzunterlagen lassen keine Gründe für die Ablehnung des griechischen Vorschlags erkennen. Es ist jedoch kaum anzunehmen, daß die Mehrheit der Konferenzteilnehmer tatsächlich die Auffassung vertreten haben sollte, die Rechtswidrigkeit dieser Taten sei aufgrund der nationalen Rechtsordnungen zu bestimmen. Es wäre eine in der Tat höchst unglückliche Lösung, als Voraussetzung für die Tatbestandsmäßigkeit einer seeräuberischen Handlung den Nachweis verlangen zu wollen, daß die Tat zugleich ein Verbrechen — und damit rechtswidrig — im Sinne der Strafgesetze eines einzelnen Staates sein müsse. Da andererseits jedoch nur eine solche Handlung rechtswidrig sein kann, die gegen irgendeine Rechtsordnung verstößt, so käme des weiteren in Betracht, daß die Verfasser des Abkommens die Vornahme dieser Handlungen als Verletzung einer Norm der Völkerrechtsordnung verstanden wissen wollten. Dies erscheint jedoch gleichfalls zweifelhaft, da — wie bereits im einzelnen dargelegt — nicht das Völkerrecht selbst, sondern erst eine staatliche Durchführungsnorm dem Einzelnen die Piraterie verbietet, so daß der Einzelne durch Begehung der Tat begrifflich die Völkerrechtsordnung gar nicht verletzen kann. Mangels geeigneter Anhaltspunkte in den Konferenzunterlagen lassen sich daher Rückschlüsse auf die Absichten der Verfasser des Abkommens nur in der Weise ziehen, daß sie wohl gar nicht beabsichtigt haben, die „acts of violence, detention or depredation" durch das Wort „illegal" überhaupt rechtlich zu qualifizieren, sondern lediglich eine größtmögliche Anzahl mißbilligter Gewalttaten unter den Pirateriebegriff fassen wollten[21]. In diesem Sinne verstanden, wiese der Ausdruck *Rechtswidrigkeit* zu-

---

[19] *Francois*, Sixth Report on the Regime of the High Seas, S. 26—27 (UN. Doc. No. A/C. N. 4/79 [1954]).

[20] 4 Official Records, a.a.O., S. 83—84, Paragraph 3.

[21] Ähnlich auch *Forman*, International Law of Piracy and the Santa Maria Incident, JAGJ, 1961, S. 143 ff.

treffend daraufhin, daß diese Gewalttaten von allen Mitgliedern der Völkerrechtsgemeinschaft deshalb als unzulässig angesehen werden, weil sie schwerwiegende Verletzungen schutzwürdiger Rechtsgüter, wie Leben, Gesundheit und Eigentum, darstellen.

Als Zwischenergebnis ist daher festzuhalten, daß die zum Zwecke der Entführung von Luftfahrzeugen mittels Gewalt oder Drohung begangenen Handlungen als „acts of violence or detention“ im Sinne des Pirateriereechts anzusehen sind[22].

b) Der private Charakter der Tat

aa) Wesensmäßige Beschränkung auf nicht durch ein Völkerrechtssubjekt autorisierte Gewaltakte

Nur solche Gewalttaten werden vom Pirateriebegriff umfaßt, zu denen der Täter nicht durch ein Völkerrechtssubjekt ermächtigt worden ist[23]. Der Grund für diese einschränkende Auslegung folgt aus dem Wesen des Pirateriereechts. Es bekämpft lediglich Gewalttaten, die — mögen sie sich auch in tatsächlicher Weise und moralischer Wertung erheblich voneinander unterscheiden — sämtlich das eine gemeinsam haben: Sie werden unter solchen Umständen begangen, die — wie *Hall* sagt — „render it impossible or unfair to hold any state responsible for their commission“[24]. Einige Staaten haben zwar wiederholt versucht, von dieser Überlegung abzusehen. So erklärte das englische Parlament bei Ausbruch der amerikanischen Revolution, daß alle im Dienst der Rebellen stehenden Schiffsbesatzungen als Piraten behandelt würden[25]. Auch Präsident *Lincoln* warnte in einer Proklamation vom 19. 4. 1861 die Mannschaften der unter dem Befehl der Konföderierten stehenden Schiffe, daß sie als Piraten bestraft würden, falls sie Schiffe der Vereinigten Staaten angreifen sollten[26]. Im ersten Weltkrieg hat Großbritannien damit gedroht, das Pirateriereecht auf gegnerische Untersee-

[22] Piraten brauchen keine Gewohnheitsverbrecher zu sein. Nach dem Gutachten des Privy Council in Re Piracy Jure Gentium (1934, AC. 586) reicht ein einmaliger Gewaltakt und selbst ein vereitelter Versuch bereits aus, um den Tatbestand der Piraterie zu erfüllen. Siehe auch das Urteil von Dr. *Lushington* in The Serhassen Pirates (1845), 2 C. Rob. 354 und in the Magellan Pirates (1853) 1 Spinks, Eu. A, 81.

[23] Vgl. *Seidl-Hohenveldern*, VR, Rdz. 939; *Dahm*, VR, Bd. I, S. 682; *Abendroth*, Piraterie, a.a.O., S. 769; *Brierly*, a.a.O., S. 241; ebenso *US. V. The Malek Adhel*, a.a.O.; *US. v. Smith*, a.a.O.; *US. v. Baker*, 5 Blatch. 6, Fed. Case No. 14 501; *Davidson v. Seal Skins*, 2 Paine, 324 Fed. Case No. 3661; Distr. Ct. New York in *The Ambrose Light* (1885), 25 Fed. Report 408; siehe ferner Art. 3 des Harvard Draft mit ausführlicher Literaturangabe.

[24] *Hall*, International Law, 8 A. v. A. *Pearce Higgins*, S. 310.

[25] Vgl. *Smith*, H. A., The Law and Custom of the Sea, S. 67.

[26] Siehe *Dahm*, VR, Bd. I, S. 683.

boote anzuwenden, soweit sie nach englischer Ansicht das Seekriegsrecht verletzten[27].

Bekannt ist schließlich die Erklärung Präsident *Roosevelts* vom 11. 9. 1941, der den Angriff deutscher U-Boote auf amerikanische Zerstörer, die unter Verletzung der Neutralität zum Schutz der für Großbritannien bestimmten Kriegsmaterialtransporte eingesetzt waren[28], als „piracy-legally and morally" bezeichnete[29]. In jüngster Zeit waren es vornehmlich die Ostblockstaaten, die diese These wieder aufgegriffen und versucht haben, das Piraterierecht in den Dienst politischer Ziele zu stellen[30]. Diese Versuche sind jedoch in der Staatenpraxis und im Schrifttum überwiegend auf Ablehnung gestoßen. Bereits die Harvard Draft Convention schließt in ihrer Piraterie-Definition solche Gewaltmaßnahmen aus, gleichgültig ob sie begangen werden „on behalf of States, or of recognized belligerent organizations or of unrecognized revolutionary bands"[31]. Die UN-Völkerrechtskommission geht in ihrem Abkommensentwurf gleichfalls davon aus, daß Piraterie nur von privaten Schiffen oder Luftfahrzeugen, nicht aber von Kriegs- oder sonstigen staatlichen Luft- oder Seefahrzeugen begangen werden kann[32]. Mit Recht sieht die Kommission darin, daß das Washingtoner Abkommen vom 6. 2. 1922 sowie die Nyoner Vereinbarung vom 14. 9. 1937 auf die Rechtsfigur der Piraterie zur Ahndung völkerrechtswidriger Versenkungen durch Unterseeboote zurückgegriffen haben[33], keinen Beweis für ein „new law in process of development", wie es mehrere Ostblockstaaten, insbesondere Polen, in ihren Stellungnahmen zu dem Entwurf behauptet hatten[34]. Weder das mangels Ratifizierung nicht in Kraft getretene Washingtoner Abkommen noch die mit dem Ende des spanischen Bürgerkriegs bedeutungslos gewordene Nyoner Vereinbarung vermögen den Grundsatz zu derogieren, daß lediglich auf eigene Faust handelnde Privatpersonen, nicht aber staatliche Organe oder

---

[27] Vgl. *Abendroth*, Piraterie, a.a.O., S. 769.

[28] Nach *Dahm*, VR, S. 684, Fußnote 25.

[29] Wie *Dahm*, a.a.O., hierzu anmerkt, lag „in Wahrheit ... keine Piraterie vor, weder rechtlich noch moralisch". *Dahm* führt auch Zeugnisse dafür an, daß im angelsächsischen Rechtskreis häufig genug eine gegenteilige Auffassung vertreten worden ist (S. 683, Fußnote 19). Von besonderem Interesse ist hier die Auffassung der Rechtsabteilung des US State Department aus dem Jahre 1929, wonach selbst völkerrechtlich nicht anerkannte Aufständische nach überwiegender Ansicht nicht als Piraten behandelt werden können.

[30] Vgl. vorstehend 1. Kapitel III.

[31] Harvard Research, Art. 3, mit ausführlichen Hinweisen auf völkerrechtliche Praxis und Schrifttum in der Kommentierung, S. 798 f.

[32] Report, 1956, a.a.O., S. 28.

[33] Fundstellenangabe S. 90, Fußnote 7.

[34] Vgl. die polnische Stellungnahme in UN-Doc. A/Conf. 13/37, S. 99.

staatlich autorisierte Personen als Piraten zu behandeln sind[35]. Beide Verträge stellen vielmehr nur situationsbedingte Abweichungen von der Linie der völkerrechtlichen Entwicklung dar[36].

Das bedeutet nun aber nicht, daß völkerrechtswidrige Gewaltakte staatlicher Schiffe und Flugzeuge gegenüber See- und Luftfahrzeugen fremder Staaten von der internationalen Rechtsordnung ungeahndet blieben. Solche Handlungen können sehr wohl zu einer völkerrechtlichen Verantwortlichkeit des Flaggenstaates und zur Bestrafung der Verantwortlichen führen — nur eben nicht unter dem Gesichtspunkt der Piraterie, sondern aufgrund anderer völkerrechtlicher Normen. Hierauf hat gerade der britische Vertreter bei der Genfer Seerechtskonferenz besonders hingewiesen und erklärt, eine von einem Kriegsschiff auf hoher See gegenüber einem Handelsschiff begangene illegale Handlung „may be a breach of the peace, it may be an act of force. It is illegal just the same, but on other grounds equally recognized by international law. There is no need to call it piracy[37].“ Folgerichtig beschränkt Art. 15 GAHS den Begriff der Piraterie auf solche Gewalttaten, die von der Mannschaft oder den Passagieren privater Schiffe oder Luftfahrzeuge begangen werden.

bb) Das Erfordernis der „private ends“

Nach dem Harvard Entwurf und — ihm folgend — dem Genfer Abkommen über die Hohe See ist darüber hinaus erforderlich, daß die Täter mit diesen Gewaltakten private Zwecke („private ends“) verfolgen. Das Vorliegen dieses Tatbestandsmerkmals dürfte in jenen Fällen gewaltsamer Flugzeugentführungen zweifelhaft sein, in denen eine *politische* Motivation der Tat behauptet wurde oder gar offenkundig ist.

cc) Der Santa Maria-Fall

Die Schwierigkeit, politisch motivierte Gewaltakte völkerrechtlich zu werten, läßt sich besonders deutlich am Beispiel des bekanntesten

---

[35] Lediglich solche staatlichen Schiffe oder Luftfahrzeuge, deren Besatzungen sich gegen ihren Heimatstaat empört haben oder die in die Gewalt anderer als der staatlich beauftragten Personen geraten sind und alsdann seeräuberische Handlungen begehen, werden den privaten Piratenschiffen und Luftfahrzeugen gleichgestellt (vgl. Artikel 16 GAHS).

[36] Vgl. *Scheuner*, Seekriegsrecht, WdVR, Bd. III, S. 232. Nach *Scheuner* konnte insbesondere der spanische Bürgerkrieg die Entwicklung des Seekriegsrechts nicht wesentlich fördern, da mangels eines international anerkannten Statuts der Kriegsführung die Regeln des Seekriegs, einschließlich der Blockade und Beschlagnahme von Konterbande, auf hoher See keine Anwendung finden konnten (a.a.O.).

[37] UNCLS, Vol. II, A/Conf. 13 L, S. 257.

seerechtlichen Entführungsfalles aufzeigen, der gewaltsamen Inbesitznahme des portugiesischen Passagierschiffes *Santa Maria* durch den portugiesischen Hauptmann *Galvao* und seine Leute. Am 23. Januar 1961 bemächtigten sich die als Passagiere an Bord gekommenen Täter nach einem Kampf mit der Besatzung, bei dem ein Schiffsoffizier den Tod fand, des Schiffes, das sich auf dem Weg von Curaçao nach Lissabon befand. Nach den hierüber bekanntgewordenen Umständen handelte es sich um eine politische Aktion, die von der „Portugiesischen Nationalen Unabhängigkeits-Bewegung“, einer im Exil lebenden Gruppe, geplant worden war und sich gegen die damalige portugiesische Regierung richtete[38]. Portugal bezeichnete diesen Zwischenfall sofort als einen Akt der Piraterie und ersuchte andere Staaten um Hilfe. Da die Position des Schiffes zunächst unbekannt war, beteiligten sich amerikanische, britische und holländische Schiffe sowie Flugzeuge der US-Luftwaffe und Marine an der Suche. Amerikanische Regierungsstellen erklärten anfänglich, die Marine werde die *Santa Maria* aufhalten und in Gewahrsam nehmen, und zwar „under the welldefined terms of international law governing piracy and insurrection aboard ship“[39]. Nachdem die näheren Umstände des Falles bekannt geworden waren, sah die amerikanische Regierung jedoch davon ab, dieses Vorhaben zu verwirklichen und beschränkte sich darauf, die *Santa Maria*, auf der sich auch amerikanische Staatsangehörige befanden, unter Beobachtung zu halten und Maßnahmen zur Ausschiffung der Passagiere zu treffen. Die *Santa Maria* lief am 2. Februar 1961 den brasilianischen Hafen Recife an. Brasilien gewährte *Galvao* und seinen Leuten politisches Asyl und übergab das Schiff der portugiesischen Regierung.

Die besondere Bedeutung dieses Falles für das zeitgenössische Pirateriereecht liegt — worauf *McDougal* und *Burke* zutreffend hingewiesen haben — „in the recognition by the interested states, except Spain und Portugal, that this seizure by violence was not, because of the political objectives of the actors, a case of piracy“[40]. Es bestand bei diesen Staaten offensichtlich Einigkeit darüber, daß die Inbesitznahme der *Santa Maria* nicht der Absicht, einen privaten Vorteil zu erzielen, diente, sondern einem ausschließlich politischen Ziel, und somit bereits aus diesem Grunde die Voraussetzungen des Piraterietatbestandes nicht erfüllt waren.

---

[38] Nach einer Meldung der New York Times vom 31. 1. 1961 hatte *Galvao* in einem Funkspruch für sich und seine Gruppe die Anerkennung als „insurgent politicians in a state of belligerency, with corresponding rights in international law“ verlangt.

[39] Nach *McDougal-Burke*, a.a.O., S. 822.

[40] Ebendort.

Indessen war die Verfolgung der *Santa Maria* durch die Kriegsschiffe dieser Staaten nicht völkerrechtswidrig, da sie hiermit einmal dem ausdrücklichen Ersuchen des Flaggenstaates nachkamen, bei der Beseitigung der Folgen einer nach portugiesischem Recht strafbaren Handlung zu helfen und folglich insoweit Rechtshilfe leisteten. Zum anderen waren sie zu diesem Vorhaben aufgrund des durch das Völkergewohnheitsrecht eingeräumten Rechts der *Annäherung* (enquête ou vérification du pavillon)[41] sowie der Pflicht eines jeden Staates, seine eigenen in Gefahr befindlichen Staatsangehörigen zu schützen, befugt[42].

4. *Gewaltakte an Bord von See- und Luftfahrzeugen*

1. Nach *Franck*[43] hat gerade der *Santa Maria-Fall* eine Lücke in dem Pirateriestatbestand des GAHS offenbart, die für die Frage der Flugzeugentführungen von ausschlaggebender Bedeutung ist. *Franck* stellt die hypothetische Frage nach der völkerrechtlichen Behandlung Hauptmann Galvaos und seiner Leute, falls sie die Tat aus privater Gewinnsucht begangen hätten, und gelangt zu dem zutreffenden Ergebnis, daß sie auch in diesem Falle nach dem GAHS nicht als Piraten hätten verfolgt werden können. Denn die Begriffsbestimmung des Art. 15 GAHS verlangt, daß die Tat von einem See- oder Luftfahrzeug ausgehen und gegen *ein anderes* Schiff oder Flugzeug oder die darauf befindlichen

[41] Vgl. *Colombos*, a.a.O., S. 356. Inhalt und Grenzen dieses Rechts wurden in der Entscheidung des US Supreme Court im *Marianna Flora-Fall* (1826) klar formuliert. Das Recht, sich einem der Piraterie verdächtigen fremden Schiff zu nähern, um dessen Nationalität festzustellen, und damit in einem solchen Ausnahmefall Polizeigewalt auf der hohen See auszuüben, ist in den Artikeln 19 und 20 des Genfer Abkommens über die Hohe See ausdrücklich bestätigt worden.

[42] Der *Santa Maria-Fall* ist mehrfach Gegenstand völkerrechtlicher Erörterungen gewesen, vgl. *Fenwick*, Piracy in the Carribbean, 55 AJIL (1961), S. 426; *Forman*, International Law of Piracy and the Santa Maria Incident, 15 JAGJ (1961), S. 143 f.; *Franck*, To Define and Punish Piracies — the Lesson of the Santa Maria, 36 New York University Law Review (1961), S. 839; *Green*, The Santa Maria: Rebels or Pirates, 37 BYJL (1961), S. 496; *Vali*, The Santa Maria Case, 56 Nw. U. L. Rev., S. 168; *Leigh*, The Santa Maria, Proceedings of the Am. Bar Ass., Section of Intern. and Comparative Law, 1961, S. 160; *Zwanenberg*, Interference with Ships on the High Seas, 10 I. C. L. Q. (1961), S. 785. Siehe ferner *McDougal-Burke*, S. 821 f. und *Colombos*, S. 355/56; *Seidl-Hohenveldern*, VR, S. 190.

Der von *Fenwick*, a.a.O., vertretenen Auffassung, der Tat könne kein politischer Charakter beigemessen werden, da der Anführer der Gruppe, Henrique *Galvao* „held no public office before starting his insurgent movement" kann nicht zugestimmt werden, da dies kein akzeptierbares Merkmal zur Unterscheidung von privaten und politischen Zielrichtungen darstellen kann (so auch *McDougal-Burke*, S. 823).

[43] *Franck*, Th., „To Define and Punish Piracies" — The Lesson of the Santa Maria: A Comment, 36 New York University Law Review (1961), S. 839 ff.

Personen oder Güter gerichtet sein muß. Damit scheiden die durch bereits an Bord befindliche Personen begangenen Gewaltakte, einschließlich derjenigen, die darauf abzielen, die Kommandogewalt über das betreffende Fahrzeug an sich zu reißen oder sich in den Besitz von Schiff und Ladung zu bringen, aus dem Kreis der vom GAHS als Piraterie bezeichneten Taten aus.

Die Definition des Artikels 15 folgt auch in diesem Punkt der von der Völkerrechtskommission in ihrem Entwurf von 1956 (Art. 39) vertretenen Auffassung. Leider findet sich weder in den Konferenzunterlagen noch in den vorbereitenden Arbeiten eine einleuchtende Begründung für eine derartige begriffliche Einengung des Pirateritatbestandes auf — wie *Franck* es nennt — „external piratical acts[44].

Die über diese Rechtsfrage innerhalb der Kommission und im Rahmen der Genfer Konferenz geführte Diskussion zeichnet sich lediglich durch ihre Kürze aus, vermutlich, weil damals — verglichen mit den als recht obsolet angesehenen Pirateriereegeln — wesentlich aktuellere und politisch umstrittenere Fragen des Seevölkerrechts ihrer rechtlichen Lösung harrten. So wurde bei den Beratungen der Völkerrechtskommission ein von dem chinesischen Mitglied *Shusi Hsu* eingebrachter Antrag ohne nähere Erörterung abgelehnt, der vorsah, die zu erarbeitende Definition ... „should include piracy in the broad sense of the term, according to which any member of the crew or any passenger on board a vessel who ... commits violence or employs threats against any other member of the crew or passenger and navigates or takes command of the vessel, also commits piracy[45].“

Die Kommission beschränkte sich zur Rechtfertigung ihrer Auffassung, daß „acts committed on board a ship by the crew or passengers and directed against the ship itself, or against persons or property on the ship, cannot be regarded as acts of piracy“[46], auf die Behauptung,

---

[44] a.a.O.

[45] ILC. Yearbook 1956, S. 18.

Auch auf der Genfer Seerechtskonferenz versuchte Nationalchina, den Pirateriebegriff auf diejenigen Gewaltakte zu erstrecken, die von an Bord befindlichen Personen mit dem Ziel begangen werden, die Navigations- oder Kommandogewalt über ein Schiff zu erlangen (vgl. UN Conference on the Law of the Sea, Second Committee (High Seas, General Regime) Doc. A/Conf. 13/C. 2, L. 45, S. 128). Vor der Abstimmung zog China jedoch diesen Antrag zurück (a.a.O., S. 84). Vgl. auch das an das UN-Sekretariat gerichtete Schreiben der chinesischen Permanent Mission to the UN vom 27. 1. 1958, in dem es heißt, daß an Bord begangene Akte, die auf die Übernahme der Navigations- oder Kommandogewalt gerichtet sind, als Piraterie zu behandeln seien und daher vorgeschlagen wird, daß „a new sub-paragraph be added to paragraph 1 of article 39 as follows: On the high seas, against persons or property on board the ship if, for these ends, the person or persons committing such act navigate or take command of the ship“ (UN Doc. A. 13/5, S. 111).

[46] ILC-Yearbook (1956), S. 282.

ihre Ansicht „tallies with the opinion of most writers“[47], ohne auch nur einen einzigen zu nennen. Die niederländische Regierung hat bereits in ihrer Stellungnahme zu Artikel 39 des Entwurfs von 1956 diese Behauptung in Frage gestellt und nachdrücklich darauf hingewiesen, „that many writers of note hold a different opinion on the subject of mutiny“[48]. So zitiert allein *Lauterpacht* in *Oppenheim's* International Law fünf Völkerrechtslehrer, die, wie *Oppenheim* und *Lauterpacht* selbst, der Auffassung sind, daß „if the members of the crew revolt and convert the ship, and the goods thereon, to their own use, they are considered to be pirates, although they have not committed an act of violence against another ship“[49].

Lauterpacht erwähnt in diesem Zusammenhang auch ausdrücklich den Fall der gewaltsamen Entführung eines Schiffes durch an Bord befindliche Personen als ein Beispiel völkerrechtlicher Piraterie:

> The crew or passengers who, for the purpose of converting a vessel and her goods to their own use, force the master through intimidation to steer another course, commit piracy just as much as those who murder the master and navigate the vessel themselves[50].

---

[47] a.a.O.

[48] Vgl. The Netherlands Government: Letter from the Permanent Mission to the UN, dated 17 October 1957, UN Doc. A/Conf. 13/5, S. 108/9.

[49] Bd. I (8. Auflage, 1955), S. 609; es sind dies: *Hall*, A Treatise on International Law (8. Aufl. 1924), bearbeitet von Pearce *Higgins*, § 81; *Lawrence*, The Principles of International Law (7. Aufl.), § 102; *Bluntschli*, Das moderne Völkerrecht der civilisierten Staaten, 3 A. (1878), S. 343; *Liszt*, Völkerrecht (12. Aufl.), bearbeitet von *Fleischmann* (1925), § 36, IV, und *Calvo*, Le Droit international théorique et pratique (5. Aufl.), § 485. Diese Auffassung wird gleichfalls von *Hyde*, International Law, Sect. 232 und den Verfassern des Harvard Research on Piracy (a.a.O., S. 810) vertreten. Vgl. ferner *Ortolan*, 1 Diplomatie de la Mer, S. 231—258 (1856); *Gidel*, Le Droit international public de la Mer (Temps de paix), Bd. I, S. 303—355, sowie die Entscheidung des Privy Council in Attorney General of Hong Kong v. Kwok-a-Sing, L. R. 5 P. C. 179 (1873) und die Stellungnahme der griechischen Regierung zum Entwurf der Kodifikationskommission des Völkerbundes (Akten des Völkerbundes, C. 196. M. 70. 1927. V.).

Auch in den britisch-belgischen Auslieferungsverträgen von 1862 (Nr. 16) und 1876 (Nr. 17) wurde der französische Text: „Prise d'un navire par les marins ou passagers par fraude ou violence envers le capitaine“ im Englischen mit „Piracy by law of nations“ wiedergegeben (nach *Müller*, A., Piraterie, S. 10).

Bemerkenswert ist endlich die Auffassung der amerikanischen Regierung sowie die Entscheidung des Vice-Admiralty Court of Halifax, Nova Scotia, im Fall der *Chesapeake*. Dieses auf dem Weg von New York nach Portland befindliche amerikanische Handelsschiff wurde am 5. Dezember 1863 von 16 als Passagieren an Bord gekommenen Männern gewaltsam in Besitz genommen, wobei ein Schiffsoffizier getötet und zwei weitere verwundet wurden. Nach ihrer Landung in Halifax verlangten die USA die Herausgabe der Chesapeake „as having been piratically taken at sea“. Richter *Stewart* gab diesem Verlangen statt mit der Begründung „that the seizure was piractically“. Nach *Wheaton*, 8. Auflage, Sect. 428, S. 521 f.).

[50] a.a.O., S. 614.

Lauterpacht definiert daher den Pirateriebegriff in einer Weise, die erheblich von demjenigen des Artikels 15 GAHS abweicht:

If a definition is desired which really covers all such acts as are in practice treated as piratical, piracy must be defined as every unauthorized act of violence against persons or goods committed on the open sea either by a private vessel against another vessel or by the mutinuous crew or passengers against their own vessel[51].

Wenngleich *Lauterpacht* in dieser Definition Luftfahrzeuge nicht ausdrücklich erwähnt, so bestehen doch aufgrund seiner Gesamtinterpretation des Piraterierechts keine Bedenken, den von ihm definierten Pirateriètatbestand begrifflich auf im staatsfreien Raum befindliche Luftfahrzeuge zu erstrecken. Zu den Autoren, die selbst nach dem Zeitpunkt der Unterzeichnung des Genfer Abkommens über die Hohe See das Piraterierecht auf den Fall der gewaltsamen Inbesitznahme eines im staatsfreien Raum befindlichen Schiffes (oder Luftfahrzeuges) anwenden, zählen u. a. *Colombos*[52], *Menzel*[53], *Abendroth*[54], *Franck*[55], *Reuter*[56] und *Smith*[57].

2. Bereits dieser kurze Überblick über den Stand der Auffassung zur Frage der sogenannten internen Piraterie läßt erkennen, daß — entgegen der Darstellung der Völkerrechtskommission — diejenigen Völkerrechtslehrer, die sich mit dieser Rechtsfrage befaßt haben, in überwiegender Mehrheit die Anwendbarkeit der völkerrechtlichen Pirateriereгeln bejahen[58]. Ferner läßt sich eine dieser Auffassung entsprechende völkerrechtliche Übung anhand einer — angesichts der geringen Zahl völkerrechtlich relevanter Piraterie-Fälle — nicht unbedeutenden Staatenpraxis und Judikatur nachweisen.

[51] a.a.O., S. 609.

[52] The International Law of the Sea, 5. Aufl. 1962, S. 354 und 6. Aufl. 1967, S. 445: „Wenn die Besatzung und/oder die Fahrgäste rebellieren und sich mit bewaffneter Gewalt des Schiffes oder dessen Ladung für eigene Zwecke zu bemächtigen versuchen . . ., so ist auch das Piraterie.“

[53] VR, S. 292: „Auch die Überwältigung der eigenen Schiffsführung durch meuternde Besatzungen oder Passagiere erfüllt den Tatbestand der völkerrechtlichen Piraterie“.

[54] Piraterie, a.a.O., S. 769.

[55] In „To define and punish Piracies“, a.a.O.

[56] *Reuter*, P., Droit International Public, 1959, S. 202.

[57] The Law and Customs of the Sea, 1959, S. 67.

[58] Sollte die Völkerrechtskommission mit ihrem Hinweis auf die namentlich nicht genannten Autoren versucht haben, das Bestehen einer ihrer Rechtsansicht entsprechenden völkergewohnheitsrechtlichen Norm anhand einer Hilfsquelle des Völkerrechts im Sinne des Art. 38 I (d) des Statuts des Internationalen Gerichtshofs nachzuweisen, so wäre hierauf zu entgegnen, daß sich ein solcher Nachweis nicht führen läßt. Vielmehr zeigen die Ergebnisse dieser Untersuchung, daß zahlreiche Völkerrechtslehrer verschiedener Völker ausdrücklich auch die gewaltsame Entführung eines Schiffes durch an Bord befindliche Personen unter den Tatbestand der völkerrechtlichen Piraterie subsumieren.

Die Entstehungsgeschichte der internationalen Piraterieregeln und der von der Staatengemeinschaft durch sie verfolgte Zweck bestätigen zudem die Richtigkeit dieser Auffassung. Denn zu einer Zeit, da es der internationalen Gemeinschaft mangels ausreichender Kriegsflotten noch nicht möglich war, für Sicherheit und Ordnung auf den Meeren zu sorgen, und ihre Kauffahrteischiffe sich sogar durch eigene Bewaffnung und Fahrten im Konvoi der Piraten erwehren mußten, bestand kein Anlaß, einen räuberischen Überfall auf See rechtlich anders zu qualifizieren, bei dem die Piraten nicht von einem Schiff oder Boot aus, sondern unerkannt in der Rolle von Passagieren oder angeheuerten Matrosen an Bord gelangt waren. Eine derartige rechtliche Differenzierung der in ihrem verbrecherischen Erfolg und ihrer Gefährlichkeit für die internationale Schiffahrt völlig wesensgleichen Tatbestände hätte zu einer der historischen Gesamtsituation sowie der eigentlichen Schutzfunktion der Piraterieregeln gänzlich widersprechenden Rechtslage geführt: Während bei dem von einem Piratenschiff ausgehenden Überfall immerhin noch die Möglichkeit bestand, daß sämtliche verfügbaren bewaffneten Schiffe, also auch die anderer Nationen, das in die Hand der Piraten gefallene Schiff verfolgen und die Täter ihrer Bestrafung zuführen konnten, wäre im anderen Fall ausschließlich der Flaggenstaat des überfallenen Schiffes für die Verfolgung der Seeräuber zuständig gewesen, ein — angesichts der weiten Meeresräume — wohl aussichtsloses Unterfangen.

3. Diese vom Sinn und Zweck der völkerrechtlichen Piraterieregeln geforderte Gleichbehandlung der externen und internen Piraterie bedeutet nun nicht, daß damit jede an Bord eines Schiffes oder Luftfahrzeugs begangene Gewalttat bereits allen Staaten ein Recht zum Einschreiten gäbe. Bei Straftaten, deren Wirkungen auf das Schiff selbst und die darauf befindliche Gemeinschaft beschränkt sind, wie etwa die Beraubung oder gar Ermordung eines Passagiers oder Besatzungsmitglieds, besteht kein Bedürfnis für andere Staaten, im Interesse der internationalen Gemeinschaft Schutz- und Ordnungsfunktionen auf den Meeren und in dem darüber befindlichen Luftraum auszuüben. Dies bleibt ausschließlich dem Staat vorbehalten, dessen Flagge das See- oder Luftfahrzeug führt und dessen Hoheitsgewalt es in diesen staatsfreien Gebieten unterworfen ist. Da der Flaggenstaat zur Aufrechterhaltung der Ordnung auf seinen Schiffen und Luftfahrzeugen völkerrechtlich berechtigt und verpflichtet ist, so ist er auch befugt, alle Vorgänge an Bord sowie alle dort befindlichen Personen ungeachtet ihrer Staatsangehörigkeit seiner Rechtsordnung zu unterwerfen. Deshalb fallen grundsätzlich diese an Bord begangenen Gewaltakte nicht in einen rechtsleeren Raum.

Anders verhält es sich dagegen in den Fällen, in denen die Absicht der an Bord befindlichen Täter darauf gerichtet ist, das See- oder Luftfahrzeug gewaltsam in ihre Hand zu bringen, um es und sich selbst eben dieser ausschließlichen Jurisdiktion des Flaggenstaates zu entziehen. Hier entsteht eine Situation, die der externen Piraterie völlig entspricht. Auch dort besteht die Gefahr, daß die Täter sich in den hoheitsfreien Räumen jeglicher Autorität zu entziehen suchen. Dieser Gefahr will die Völkerrechtsordnung mit den — den Grundsatz der Meeresfreiheit insoweit einschränkenden — Ausnahmeregeln des Piraterierechts begegnen.

Angesichts dieser tatsächlich und rechtlich identischen Ausgangs- und Interessenlage widerspricht der im GAHS niedergelegte Gedanke, daß bei der „internen“ Entführung eines See- oder Luftfahrzeuges nur der betroffene Flaggenstaat gegen die Entführer vorgehen darf — diese also keinen Zugriff durch sämtliche Staaten zu befürchten haben —, dem Sinn und Zweck des der Abwehr privater Gewalt auf den Meeren dienenden internationalen Piraterierechts.

III. Zusammenfassung

In früherer Zeit waren Seeräuber solche Personen, die auf einem Piratenschiff die Meere befuhren und von diesem Schiff aus Jagd auf die Handelschiffe aller seefahrenden Nationen machten. Wenngleich nun die Verfasser des GAHS modernen Entwicklungen folgend den Begriff des Seeraubes auch auf andere, nicht von einer Bereicherungsabsicht getragene private Gewaltakte erstreckt und ferner als Instrument oder Objekt der Piraterie das Luftfahrzeug hinzugefügt haben, so gelang es ihnen letztlich doch nicht, sich von den überkommenen Vorstellungen freizumachen, die heute im wesentlichen nur noch musealen Wert besitzen[59].

Gemäß Artikel 15 GAHS kann ein von den Insassen überfallenes See- oder Luftfahrzeug — selbst wenn die Täter *animo furandi* dessen Ladung rauben oder die Passagiere ausplündern — nur durch Organe des Flaggenstaates verfolgt werden, während das gleiche Fahrzeug,

---

[59] Bereits die Harvard Studiengruppe hat darauf hingewiesen, daß die nur noch in den Abenteuerbüchern zu findende Gestalt des über alle Meere segelnden Seeräubers als Leitbild für eine Kodifikation des zeitgenössischen Piraterierechts ungeeignet sei: „There are many practical and technical problems in the field of piracy which it does not touch at all. Undoubtedly it has prejudiced the opinion of many jurists, but as popular ideas so often do, it ignores all difficulties by focussing attention exclusively on the striking unquestionable case and generalizing categorically from it. An investigator finds that instead of a single relatively simple problem, there are series of difficult problems which have occasioned a great diversity of professional opinion“. (Harvard Research on Piracy, S. 769).

„had it been captured by hijackers who had boarded it from a motor launch, would at once be subject to universal pursuit and arrest — an absurd distinction“[60].

Angesichts dieser Sachlage ist es bedauerlich, daß die Verfasser des GAHS den weitblickenden Anregungen der Harvard Studiengruppe nicht gefolgt sind und es unterlassen haben, einen durch die moderne Flugtechnik erst ermöglichten Fall gefährlicher privater Gewaltanwendung unter den Piraterietatbestand zu fassen. Dies um so mehr, als diese neue Form piratischen Handelns als Gefahr für die gesamte internationale Gemeinschaft ihrem Wesen nach völlig denjenigen Fällen privater Gewaltanwendung entspricht, deren Bekämpfung die Völkergemeinschaft für so wichtig erachtete, daß sie hierfür eigens ein besonderes Rechtsinsitut, das Piraterierecht, schuf.

IV. Ergebnis

1. Flugzeugentführungen als Akte völkerrechtlicher Piraterie

Die Untersuchung des zeitgenössischen Piraterierechts hat gezeigt, daß in hoheitsfreien Räumen begangene Flugzeugentführungen nach allgemeinem Völkergewohnheitsrecht Akte der Piraterie darstellen können und damit den entsprechenden völkerrechtlichen Sanktionen unterliegen. Im Hinblick auf diese Gruppe neuer gemeingefährlicher Gewalttaten bedeutet dies, daß für das dringend gebotene Einschreiten der Staatengemeinschaft im geltenden Völkerrecht bereits geeignete Rechtsgrundlagen zur weltweiten Verfolgung der Täter bestehen. Denn die den Staaten durch das Piraterierecht eingeräumten Jurisdiktionsbefugnisse ermöglichen es, den Täter an jedem Ort, an dem das Flugzeug nach der Entführung oder nach einem vereitelten Versuch landet, sowie in jedem Staat, in dem der Täter nach begangener Tat entdeckt wird, festzunehmen und zu bestrafen.

2. Die Lücke im Genfer Hochseeabkommen

Demgegenüber schließt die Begriffsbestimmung des Artikels 15 GAHS sämtliche Fälle gewaltsamer Flugzeugentführungen durch an Bord befindliche Personen aus dem Kreis der als Piraterie definierten Tatbestände aus[61].

---

[60] *Franck*, To Define and Punish Piracies, a.a.O., S. 842.

[61] Zur Frage, ob die gewohnheitsrechtlich geltenden Piraterietatbestände für die Mitgliedstaaten des GAHS durch dessen Art. 15 derogiert worden sind, vgl. 2. Teil, 2. Abschnitt, 3. Kapitel.

a) Eine ausdehnende Auslegung oder gar analoge Anwendung des in Art. 15 GAHS niedergelegten Pirateriebegriffs auf die in ihrem verbrecherischen Erfolg und ihrer Gefährlichkeit für die internationale Gemeinschaft völlig identischen gewaltsamen Flugzeugentführungen verbietet sich angesichts des insoweit eindeutigen Wortlauts[62] sowie der Entstehungsgeschichte dieser Abkommensbestimmung.

b) Die Tatsache, daß die Verfasser des GAHS es unterlassen haben, den Pirterietatbestand auf neue, durch die moderne Flugtechnik ermöglichte Gewaltakte zu erstrecken, sondern stattdessen fragwürdig gewordenen Rechtsauffassungen „posthumes Leben eingehaucht haben“[63], ist bedauerlich, nimmt jedoch nicht wunder, da zum damaligen Zeitpunkt eine ernstliche Gefährdung des internationalen See- und Luftverkehrs durch Flugzeugentführungen noch nicht bestand und wohl auch kaum vorhersehbar war. „Encore une fois les faits marchent plus vite que les lois“, sagt *Valladao*[64] zu dem hier sichtbar gewordenen Mißverhältnis zwischen der Dynamik des Lebens und der Statik des Rechts. Überprüft man daher heute dieses erst vor einem Jahrzehnt kodifizierte Pirateriereecht auf seinen praktischen Wert, so „erweisen sich diese sieben Artikel der Genfer Konvention über die Hohe See als ein etwas übertriebender Aufwand: Denn das, was diese Artikel meinen, gibt es heute kaum mehr, was es aber der Piraterie entsprechendes gibt, das treffen sie nicht[65].“

3. Die Möglichkeit einer Abkommensänderung

Zwar lehrt die Erfahrung, daß die für eine Vertragsrevision erforderliche erneute Willenseinigung häufig noch schwieriger zu erzielen ist, als die ursprüngliche Zustimmung zum Vertragsabschluß selbst. Doch angesichts der Tatsache, daß sich zur Zeit nicht nur die sachlich zuständige Spezialorganisation der UNO, die ICAO, mit einer Mitgliederzahl von 120 Staaten, sondern auch bereits die Vereinten Nationen selbst mit der Frage einer wirksamen Bekämpfung gewaltsamer Flugzeugentführungen befassen, dürfte gegenwärtig eine durchaus als realistisch zu wertende Möglichkeit für eine entsprechende Abkommensänderung bestehen.

---

[62] Zwar könnte der in Art. 15 Abs. 1, Buchst. a verwandte Ausdruck „against persons or property on board such ship or aircraft“ möglicherweise auch in dem Sinne „on board of the same ship or aircraft“ verstanden werden, doch läßt der Satzzusammenhang und die syntaktische Stellung dieses Ausdrucks erkennen, daß er sich auf die ihm unmittelbar vorausgehenden Wörter „another ship or aircraft“ bezieht.

[63] Nach *Dahm*, VR. Bd. I, S. 52.

[64] *Valladao*, La Piraterie Aérienne, RGA 1969, S. 265.

[65] *Haucke*, Piratensender auf See, S. 118.

a) Von besonderem Interesse erscheint deshalb die Frage, ob es ratsam sei, von der im Genfer Hochseeabkommen vorgesehenen Möglichkeit einer Abkommensänderung Gebrauch zu machen und auf diese Weise den vertraglichen Piraterietatbestand den veränderten Bedürfnissen anzupassen. Gemäß Art. 35 GAHS, der dem Gedanken Rechnung trägt, daß der rasche Wandel der sozialen Verhältnisse in immer kürzeren Zeitabständen eine Anpassung des Rechts an neue Entwicklungen erfordert, sind die Mitgliedstaaten berechtigt, nach Ablauf von fünf Jahren nach Inkrafttreten des Vertragswerkes einen Revisionsantrag zu stellen. Dieser Antrag ist an den Generalsekretär der Vereinten Nationen zu richten; es bleibt der UN-Vollversammlung vorbehalten, ob und inwieweit einem solchen Antrag entsprochen werden soll[66].

b) Allerdings könnte eine Einbeziehung der Hijacking-Tatbestände in den Pirateriebegriff des Art. 15 GAHS nur einen ersten Schritt auf dem Wege zu einer weltweiten Bekämpfung dieser neuen gemeingefährlichen Gewalttaten bedeuten; denn hierdurch würde ein internationales Einschreiten nur gegen diejenigen Flugzeugentführungsfälle ermöglicht werden, deren Tatort der Luftraum über den Meeren oder sonstigem staatsfreien Gebiet ist. Berücksichtigt man jedoch, daß zumindest gewisse Teilhandlungen dieser Taten, nämlich die mit Waffengewalt begangene Nötigung und Freiheitsberaubung der Besatzung und Passagiere, bis zur erzwungenen Landung fortdauern und damit den Charakter von Dauerdelikten besitzen, so könnten mit Hilfe eines entsprechend abgeänderten Piraterierechts bereits sämtliche Flugzeugentführungen, deren erzwungener Flugweg über das Gebiet der hohen See führt, wirksam verfolgt werden. Hierunter fiele auch die gegenwärtig weitaus größte Gruppe, nämlich die gewaltsamen Flugzeugentführungen von und nach Kuba.

Als eine erste internationale Maßnahme zur Verhinderung des weiteren Anwachsens der Zahl dieser Gewalttaten und der dadurch ent-

---

[66] Im Gegensatz zu den üblichen Revisionsklauseln multilateraler Verträge, in denen in der Regel ein pactum de negotiando, also eine rechtliche Verpflichtung aller Parteien zu erblicken ist, über den Wunsch eines Vertragspartners nach einer Vertragsüberprüfung in den „Grenzen des Sachgemäßen und Vernünftigen" nach Treu und Glauben zu verhandeln (so *Dahm*, VR, Bd. III, S. 143), erscheint dies bei der Revisionsklausel des Art. 35 GAHS fraglich. Denn da nur etwa ein Drittel der Mitglieder der UN-Vollversammlung zugleich Vertragspartner des GAHS sind, so könnte eine auf Art. 35 GAHS beruhende Verpflichtung zu Revisionsverhandlungen nur diesen Teil der UN-Mitglieder treffen.

Sieht man dagegen in der Klausel des Art. 35 GAHS eine der UNO eingeräumte Begünstigung, und zwar nicht nur eine bloße Reflexwirkung des Vertrages, sondern einen echten materiellen Vorteil, nämlich als Revisionsorgan tätig zu werden, so könnten die Regeln über Verträge zugunsten Dritter Anwendung finden (vgl. hierzu insbesondere: *Seidl-Hohenveldern*, VR, Rdz. 226 und die dort angeführte Literatur).

standenen Gefahren für die Staatengemeinschaft dürfte sich der hier vorgeschlagene Weg gegenwärtig als zweckdienlicher erweisen als die ausschließliche Beschränkung auf das Inkraftsetzen eines besonderen internationalen Flugzeugentführungs-Abkommens. Ein solches Abkommen, das sämtliche Flugzeugentführungsfälle umfaßt, stellt — wie bereits ausgeführt — auf lange Sicht hin zweifelsohne die bessere und dogmatisch befriedigendere Lösung dar; jedoch dauert es bekanntlich Jahre oder gar Jahrzehnte, bis ein derartiges Vertragswerk schließlich die für eine weltweite Bekämpfung erforderliche Zahl von Ratifikationen erlangt[67].

c) Eine im Wege der *Vertragsrevision* erfolgende Ausdehnung des Pirateriebegriffs auf sämtliche transnationalen Flugzeugentführungen ist dagegen nicht empfehlenswert, da hierdurch nicht nur der Rahmen des Genfer Seerechtsabkommens, sondern der zeitgenössischen völkerrechtlichen Pirateriegeln überhaupt gesprengt würde.

4. Zur Ausdehnung des Pirateriebegriffs im Wege besonderer vertraglicher Vereinbarung

Es versteht sich, daß diese Feststellungen die weitere Möglichkeit unberührt lassen, die durch das Piraterierecht gewährten außerordentlichen Jurisdiktionsbefugnisse im Wege vertraglicher Vereinbarung auf sämtliche Flugzeugentführungsfälle entsprechend anzuwenden[68]. Dieses Verfahren ist in jüngster Zeit von Schweden und Norwegen in ihren Stellungnahmen zu dem von der ICAO vorgelegten Entwurf eines besonderen Flugzeugentführungsabkommens empfohlen worden. Nach norwegischer Auffassung ist die Piraterie „a crime to which hijacking of aircraft can be easily assimilated"[69] und daher sollte das Hijacking — wie Schweden vorschlägt — „be treated as piracy from the point of view of prosecution"[70]. Gegenüber der Schaffung einer gänzlich neuen Konvention, deren Inhalt, wie die bisherigen Stellungnahmen der Staaten erkennen lassen, noch Anlaß zu zahlreichen Meinungsverschiedenheiten geben dürfte — mit all den nachteiligen Folgen für eine baldige Ratifikation — besäße dieses Verfahren erhebliche Vorteile. Denn die Mitgliedstaaten der ICAO oder UNO könnten in einer nur aus einem einzigen Paragraphen bestehenden Vereinbarung im Sinne des

---

[67] Vgl. hierzu auch die Anmerkungen zu dem in diesem Zusammenhang besonders interessanten Tokioter Abkommen in der Einführung.

[68] Auf diese Weise könnten auch diejenigen Flugzeugentführer strafrechtlich verfolgt werden, deren Fluchtweg nicht über die hohe See führt.

[69] Comments of Norway, LC/SC. SA. WD. 33 (23/9/69).

[70] Comments of Sweden LC/SC. SA. WD. 15 (17/2/69).

schwedischen Vorschlags einander das Recht zugestehen, Flugzeugentführer für Zwecke der Strafverfolgung wie Piraten zu behandeln[71].

Der Vorteil gegenüber einer Revision des GAHS bestünde darin, daß sämtliche transnationalen Hijacking-Zwischenfälle ungeachtet ihres Tatorts umfaßt werden könnten. Hierdurch würde der engere Rahmen des Seevölkerrechts verlassen und neues Luftrecht geschaffen. Im Interesse einer wirksamen Bekämpfung auf weltweiter Ebene wäre es zu begrüßen, wenn die in einer solchen multilateralen Vereinbarung eingeräumten Rechte zugleich mit einer entsprechenden Strafverfolgungspflicht der Staaten gekoppelt würden.

---

[71] Bereits früher haben Staaten in zahlreichen Fällen einander über das damalige Völkergewohnheitsrecht hinausgehende Befugnisse — mit daraus resultierenden Einschränkungen ihrer Hoheitsrechte — eingeräumt; so im Falle der Bekämpfung des Sklavenhandels durch den Londoner Vertrag von 1841 und die Brüsseler Akte vom 2. 7. 1890, sowie zum Schutze unterseeischer Kabel durch das multilaterale Abkommen vom 14. 3. 1884. Siehe ferner die am 6. Mai 1822 zwischen Belgien, Dänemark, Deutschland, Frankreich, Großbritannien und den Niederlanden abgeschlossene Konvention über die polizeiliche Regelung der Fischerei in der Nordsee, die zwischen denselben Parteien geschlossene Konvention zur Unterdrückung des Branntweinhandels unter den Nordseefischern vom 16. 11. 1887 sowie das Abkommen zur Bekämpfung des Alkoholschmuggels von Helsingfors vom 19. 8. 1925.

Dritter Teil

Zur Frage der Erforderlichkeit neuen Völkervertragsrechts für die Bekämpfung transnationaler Flugzeugentführungen

1. Kapitel: Straftaten mit Auslandselementen als Gegenstand inländischer Jurisdiktion

I. Einleitung

Wie bereits eingangs erwähnt, zwingt die Erkenntnis, daß es gegenwärtig nur selten möglich sein dürfte, die Entführung eines Flugzeugs vor dem Start oder während des Fluges zu verhindern, dazu, den Kampf gegen diese gefährlichen Gewaltakte auf eine wirksame Strafverfolgung nach der erzwungenen Landung zu konzentrieren. Ihre Aufgabe sollte es sein, den Täter ungeachtet seiner Staatsangehörigkeit und der Nationalität des entführten Flugzeugs in dem jeweiligen Landestaat einer der Schwere seiner Tat angemessenen Bestrafung zuzuführen oder aber ihn auszuliefern.

Wohl konnte eine kraft allgemeinen Völkergewohnheitsrechts bestehende universelle Strafbefugnis für die in hoheitsfreien Räumen begangenen Flugzeugentführungen nachgewiesen werden. Solange aber nicht die vorgeschlagene Ausdehnung der durch das Piraterierecht gewährten Befugnisse auf sämtliche transnationalen Hijackingfälle ungeachtet ihres Tatortes mittels einer universell geltenden internationalen Vereinbarung verwirklicht ist, bleibt es erforderlich zu prüfen, ob auch solche Flugzeugentführungen, die nicht in hoheitsfreien Räumen begangen werden, weltweit strafrechtlich geahndet werden können.

Aus der Tatsache, daß die ICAO es für notwendig erachtet hat, die Frage der „unbefugten Inbesitznahme im Flug befindlicher Luftfahrzeuge“ zum Gegenstand eines besonderen internationalen Abkommens zu machen, folgt, daß sie die bisher geltende Rechtslage als unzureichend ansieht. Diese Haltung erscheint nicht nur deshalb ein wenig verwunderlich, als das Bedürfnis für ein neues Abkommen von der ICAO gerade in dem Zeitpunkt bejaht wird, in dem das unter ihrer Schirmherrschaft entstandene Tokioter Abkommen über Straftaten an

Bord von Luftfahrzeugen endlich in Kraft getreten ist. Denn da Flugzeugentführungen zweifelsfrei zu den unter das Tokioter Abkommen fallenden (sicherheitsgefährdenden) Straftaten an Bord im Flug befindlicher Luftfahrzeuge zählen, so gibt die ICAO damit bereits die mangelnde Eignung dieses Abkommens für deren Bekämpfung zu erkennen[1], obgleich sie andererseits gerade wegen der ständig wachsenden Zahl dieser Hijacking-Fälle gemeinsam mit der UNO dessen rasche Ratifikation dringend empfohlen hatte[2].

Doch noch aus einem anderen Grunde erscheint die Frage nach der Erforderlichkeit besonderer luftrechtlicher Konventionen auf dem Gebiet des internationalen Strafrechts gerechtfertigt. Denn aus rein rechtlicher Sicht besteht kein Unterschied zwischen Straftaten, die während eines internationalen Fluges begangen werden, und denjenigen, die sich an Bord eines Schiffes außerhalb der Hoheitsgewässer seines Flaggenstaates ereignen. Weder in der Seeschiffahrt noch in den anderen grenzüberschreitenden Verkehrszweigen wurden aber bislang strafrechtliche Probleme für bedeutsam genug erachtet, um ein vergleichbares internationales Abkommen zu rechtfertigen, obgleich sie doch der Menschheit schon beträchtlich länger dienen als der Luftverkehr[3].

II. Der sachliche Geltungsbereich nationaler Strafgerichtsbarkeiten und ihre völkerrechtlichen Grenzen

Zudem haben die Staaten seit jeher zum Schutze wichtiger nationaler Interessen und Rechtsgüter die Strafgewalt ihrer Gerichte auch auf

---

[1] Das Tokioter Abkommen über strafbare und bestimmte andere Handlungen an Bord von Luftfahrzeugen vom 14. 9. 1963 ist am 4. Dezember 1969 für zunächst 12 Staaten in Kraft getreten. Wenngleich dieses Abkommen auf eine möglichst weltweite Geltung ausgerichtet ist, so stellt es zur Zeit mit 29 ihm angehörenden Staaten eine lediglich partikuläre Völkerrechtsquelle dar.

[2] Vgl. 1. Teil, 2. Abschnitt.

[3] Im internationalen Seerecht besteht lediglich eine internationale Zuständigkeitsregelung zur strafrechtlichen Verfolgung der für Schiffszusammenstöße auf hoher See Verantwortlichen durch das 1952 in Brüssel unterzeichnete *Abkommen zur Vereinheitlichung von Regeln über die strafrechtliche Zuständigkeit beim Zusammenstoß von Schiffen und anderen Schiffsunfällen* (UN Doc. A/CN. 4/9). Dieses bislang schwach ratifizierte Abkommen trat am 8. 5. 1954 in Kraft. Vgl. auch die inhaltlich dem Brüsseler Abkommen entsprechenden Zuständigkeitsregelungen in Art. 11 GAHS sowie Art. 19 Abs. 1 des Genfer Abkommens über das Küstenmeer und die Anschlußzone. Auf regionaler Ebene besteht das 1940 in Montevideo von mehreren lateinamerikanischen Staaten unterzeichnete *Abkommen über internationales Strafrecht*, dessen Art. 8 die Bestimmung enthält, daß strafbare Handlungen, die auf hoher See an Bord von Flugzeugen, Kriegs- oder Handelsschiffen begangen werden, nur nach dem Recht des Flaggenstaates zu verfolgen und zu bestrafen sind (Text bei *Hudson*, International Legislation, Bd. 8, S. 482, sowie im AJ IntL, Bd. 37 [1943], Supplement, S. 122).

solche Taten erstreckt, die sich außerhalb ihrer Landesgrenzen ereigneten oder innerhalb ihres Territoriums von Ausländern begangen wurden.

Zwar folgt — wie bereits ausgeführt — aus dem völkerrechtlichen Grundprinzip der territorialen Souveränität und Gleichheit der Staaten, daß die Ausübung staatlicher Macht streng an das Staatsgebiet gebunden ist und folglich die Vornahme von Hoheitsakten auf dem Territorium eines anderen Staates grundsätzlich verboten ist. In diesem Sinne ist, wie der StIGH im *Lotusfall* dargelegt hat, die staatliche Jurisdiktion „certainly territorial, it cannot be exercised by a State outside its territory except by virtue of a permissive rule derived from international custom or from a convention“[4].

Dies bedeute jedoch nicht, daß ein Staat vom Völkerrecht daran gehindert werde, in seinem eigenen Staatsgebiet Jurisdiktion im Hinblick auf Tatbestände und Vorgänge auszuüben, die sich jenseits der Grenzen seines Territoriums ereignet haben[5]. Es besteht damit ein grundlegender Unterschied zwischen dem *räumlichen Herrschaftsbereich* eines Staates, in dem er zur tatsächlichen Vornahme von Hoheitsakten befugt ist, und dem *sachlichen Geltungsbereich* seiner innerstaatlichen Rechtsordnung[6].

Deshalb finden sich denn auch in allen nationalen Rechtsordnungen Normen, die den Anwendungsbereich des materiellen Strafrechts auf Sachverhalte ausdehnen, die transnationale Elemente aufweisen. Diese Bestimmungen werden herkömmlich, wenn auch unzutreffend, als „internationales Strafrecht“ bezeichnet[7]. Tatsächlich handelt es sich hierbei weder um Völkerrecht noch um Strafrecht im eigentlichen Sinne[8]. Vielmehr bestimmen diese Normen auf rein nationaler Grundlage den

---

[4] StIGH, Ser. A. Nr. 10, S. 19.

[5] So der StIGH, a.a.O.,: „It does not, however, follow that international law prohibits a State from exercising jurisdiction in its own territory in respect of a case which relates to acts which have taken place abroad.“

[6] Vgl. hierzu *Verdross*, VR, S. 241/42; *Dahm*, VR, I, S. 254; ders., Zur Problematik des Völkerstrafrechts, S. 23 f. Siehe auch *Guggenheim (Traité I*, S. 369 f.), der in diesem Zusammenhang von „sphère d'efficacité“ und „sphère de validité“ spricht, also vom „Wirkungs“- und vom „Geltungsraum“.

[7] Daneben wird der Ausdruck „Internationales Strafrecht“ teilweise auch zur Bezeichnung des erst in Ansätzen vorhandenen Völkerstrafrechts im Sinne einer den Staaten übergeordneten unmittelbaren völkerrechtlichen Strafgewalt verwendet (vgl. *Schwarzenberger*, The Problem of an International Criminal Law, 3 Current Legal Problems, 1950, S. 263 ff.).

[8] Für das deutsche Recht vgl. die §§ 3 ff. StGB. Sie sind nicht Bestandteil der gesetzlichen Straftatbestände und daher im rechtstechnischen Sinne als „Bedingung der Strafbarkeit“ aufzufassen. Vgl. *Jeschek*, H., Zur Reform der Vorschriften über das internationale Strafrecht, Internationales Recht und Diplomatie, 1956, S. 93.

Umfang der staatlichen Strafgewalt und regeln das Entstehen des inländischen Strafanspruchs[9]. Mit *Mezger*[10] und *Jeschek*[11] läßt sich dieser Normenkomplex daher wohl am treffendsten als „Strafrechtsanwendungsrecht" bezeichnen.[12]

Mit der Feststellung, daß das „Strafrechtsanwendungsrecht" nicht dem völkerrechtlichen Bereich angehört, ist indessen noch nicht die Frage beantwortet, ob und in welchem Umfang das Völkerrecht einem Staat gestattet, Auslandssachverhalte mit seinem Souveränitätsbereich zu verknüpfen. Zu dieser Frage hat der StIGH im *Lotus-Fall* ausgeführt, daß den Staaten bei der Ausdehnung ihrer Strafgewalt auf Personen und Handlungen außerhalb ihres Territoriums durch das Völkerrecht eine weitgehende Ermessensfreiheit gewährt werde. Daher sei es einem Staat grundsätzlich freigestellt, „d'adopter les principes qu'il juge les meilleurs et les plus convenables"[13].

Andererseits dürfen die Staaten aber auch nicht völlig selbstherrlich vorgehen. Vielmehr bestehen einige völkerrechtliche Regeln, mögen sie auch — wie *Verdross* betont[14] — noch sehr weitmaschig sein, deren Aufgabe es ist, zu verhindern, daß diese grundsätzliche Freiheit in einen Mißbrauch der Strafgewalt ausartet und damit zu „unübersehbaren Kompetenzkonflikten und Reibungen"[15] führt[16]. So ist es einem Staat nach Völkerrecht verwehrt, Vorgänge zu regeln, die keinerlei tatsächliche Beziehungen zum regelnden Staat aufweisen. Daher bedarf

---

[9] *Schröder*, H., Die Teilnahme im internationalen Strafrecht. Zugleich ein Beitrag zur Lehre vom Geltungsbereich des deutschen Strafrechts ZSTW 61, 1941, S. 85.

[10] *Mezger*, E., Strafrecht, 2. A., S. 57, hat — soweit ersichtlich — erstmals diese Bezeichnung verwandt.

[11] *Jeschek*, a.a.O.

[12] Im Gegensatz zu jedem nationalen System des „internationalen Privatrechts", dessen Aufgabe es ist, das anwendbare Recht im Falle eines Sachverhaltes mit Auslandsberührung (conflict of laws) zu bestimmen und damit dem nationalen Richter vorzuschreiben, ob das inländische Recht oder aber Bestimmungen einer ausländischen Rechtsordnung Anwendung finden (choice of law), bestimmt das „internationale Strafrecht" lediglich, ob der Richter das eigene Strafrecht anzuwenden hat oder nicht. Damit bestimmt die Wahl des Gerichts auch die Wahl des anwendbaren materiellen Rechts, da ein Gericht in aller Regel kein ausländisches materielles Strafrecht anwenden wird. Über die Einschränkung dieses Grundsatzes in einigen Staaten und die Verbreitung des Fremdrechtsprinzips vgl. *Jeschek*, a.a.O., S. 75 und die dort angeführte Literatur.

[13] StIGH, Ser. A., Nr. 10, A. 9, S. 18/19.

[14] *Verdross*, VR, S. 320.

[15] *Dahm*, VR, S. 260.

[16] Die Völkerrechtswissenschaft bejaht heute nahezu einhellig die Kompetenz-Kompetenz des Völkerrechts in Fragen des sog. internationalen Strafrechts. Vgl. hierzu *Jeschek*, H., Zur Reform der Vorschriften des StGB über das internationale Strafrecht, a.a.O., S. 83 mit weiteren Nachweisen.

es für die völkerrechtliche Zulässigkeit der Bestrafung von Handlungen mit transnationalen Elementen eines *Anknüpfungspunktes* (point of contact, point de rattachement), der geeignet ist, diesen Vorgang mit dem inländischen Souveränitätsbereich in sinnvoller Weise zu verbinden. Hierfür stehen dem Gesetzgeber eine Reihe von Kriterien zur Verfügung: das Staatsgebiet, die Zugehörigkeit des Täters oder des Opfers zum strafenden Staat, der Schutz wichtiger nationaler Interessen sowie — in Ausnahmefällen — die Solidarität der Staatengemeinschaft bei der internationalen Verbrechensbekämpfung, sei es, daß besondere Verträge diese Strafgewalt verleihen oder aber in dieser Hinsicht eine hinreichend gefestigte Rechtsüberzeugung besteht[17]. Dementsprechend werden seit Beginn des 19. Jahrhunderts die folgenden, als Prinzipien des internationalen Strafrechts bezeichneten Abknüpfungspunkte als völkerrechtlich ausreichende Beziehung anerkannt[18].

1. Als Ausfluß des Grundsatzes der territorialen Souveränität und rechtlichen Gleichheit der Staaten gilt weltweit das *Territorialitätsprinzip* als Basis des internationalen Strafrechts. Danach ist jeder Staat befugt, alle innerhalb seines Staatsgebiets begangenen Taten seiner Strafgewalt zu unterwerfen, auch wenn der Täter ein Ausländer ist[19].

2.a) Aufgrund seiner Personalhoheit besitzt jeder Staat das Recht, seine Staatsangehörigen auch wegen der von ihnen im Ausland verübten Verbrechen strafrechtlich zur Verantwortung zu ziehen (*aktives Personalitätsprinzip*)[20].

b) Weniger zweifelsfrei ist die völkerrechtliche Befugnis, Ausländer aufgrund des *passiven Personalitätsprinzips* für Auslandstaaten zu bestrafen, deren Opfer Staatsbürger des strafenden Staates geworden sind. Während es der StIGH im *Lotusfall* vermieden hat, zur Völker-

---

[17] Vgl. *Dahm*, VR, S. 260.

[18] Siehe hierzu insbesondere die eingehenden rechtsvergleichenden Studien im Harvard Law School Research on Jurisdiction with Respect to Crime (AJIL, Bd. 29, 1934, Supplement 1, S. 443 ff.), der auch einen internationalen Abkommensentwurf enthält. Hiernach stellen die nachfolgenden Anknüpfungspunkte diejenigen Prinzipien dar, „on which more or less extensive penal jurisdiction is claimed by States at the present time" (a.a.O., S. 445).

[19] Wegen der strafprozessualen Sonderstellung bestimmter Ausländer, die als Diplomaten oder Angehörige einer Besatzungsmacht von der Gerichtsbarkeit des Aufenthaltsstaates ausgenommen sind, vgl. *Jeschek*, H., Die an Bord von Luftfahrzeugen begangenen Straftaten und ihre Rechtsfolgen, a.a.O., S. 200 f.

[20] Die Ausübung dieses Rechts wird durch das völkerrechtliche Mißbrauchsverbot beschränkt. So wäre es rechtsmißbräuchlich, wenn ein Staat ein Verhalten fordern würde, das im Widerspruch zur Rechtsordnung des ausländischen Aufenthaltstaates steht. Vgl. hierzu *Oppenheim-Lauterpacht*, International Law, Bd. I, S. 296, und *Verdross*, VR, S. 317.

rechtsmäßigkeit dieses Prinzips Stellung zu nehmen, bejaht *Rosswog*[21] nach eingehender Prüfung der Staatenpraxis und des Schrifttums die Vereinbarkeit dieses Prinzips mit dem Völkerrecht.

3. Außer Zweifel steht dagegen die völkerrechtliche Zulässigkeit des *Schutz-* oder *Realprinzips*, demzufolge ein Staat solche Auslandstaten von In- oder Ausländern bestrafen darf, die sich gegen seine Existenz, seine Sicherheit oder sonstige besonders schutzwürdige inländische Rechtsgüter richten[22].

4. Nach dem *subsidiären Universalitätsgrundsatz* — besser wohl als Prinzip der *stellvertretenden Strafrechtspflege* bezeichnet — werden Auslandstaten von Ausländern auch dann im Inland bestraft, wenn die Tat durch das Recht des Tatorts mit Strafe bedroht ist, eine Auslieferung des Täters aber (z. B. aus staats- oder kriminalpolitischen Gründen) nicht erfolgt, obwohl die Auslieferung nach der Art der Straftat zulässig wäre. Sinn dieser Regelung ist es, „die unvermeidlichen Lücken im internationalen Strafrecht auszufüllen, damit nicht ungerechtfertigterweise Straflosigkeit eintreten muß, wenn der Täter ins Ausland entkommt“[23]. Dem subsidiären Charakter dieses Grundsatzes entspricht das Erfordernis der Strafnormidentität und das Erledigungsprinzip, demzufolge Hoheitsakte des primär zuständigen Staates, welche die Erledigung der Strafverfolgung bewirken, zu berücksichtigen sind, so beispielsweise ein rechtskräftiger Freispruch, eine Verurteilung oder ein Straferlaß[24].

5. Fraglich ist hingegen die generelle völkerrechtliche Zulässigkeit des sogenannten *primären* oder *uneingeschränkten Universalitätsprinzips*, das eine Ausdehnung der staatlichen Strafkompetenz auf gewisse von Ausländern im Ausland gesetzte Tatbestände ohne Rücksicht auf die Nationalität vom Tatort, Täter und Opfer zum Schutze von Rechtsgütern vorsieht, „die einem Staate zwar angehören, an deren Unver-

---

[21] *Rosswog*, E., Das Problem der Vereinbarkeit des aktiven und passiven Personalgrundsatzes mit dem Völkerrecht, S. 69 f.

[22] Wie *Jeschek* (Internationales Strafrecht, in WdVR III, S. 397) hierzu betont, würde eine Überspannung des eigenen Schutzes, insbesondere durch das politische Strafrecht, wiederum einen Rechtsmißbrauch bedeuten. Mit *Schnorr von Carolsfeld* (Straftaten in Flugzeugen, S. 58 [Fußnote 120]) dürfte ein solcher Fall zutreffender als völkerrechtswidrige Einmischung in den Souveränitätsbereich eines anderen Staates zu bezeichnen sein, da ein *Rechtsmißbrauch* begrifflich eine „an sich bestehende Erstreckung“ voraussetzt. Aufgrund der Kompetenz-Kompetenz des Völkerrechts kann eine solche Erstreckung gar nicht bestehen, weil — wie *Schnorr von Carolsfeld* mit Recht betont — „jeder Staat von vorneherein durch die außerhalb seiner Normen bestehende Völkerrechtsordnung nur Macht in bestimmten Grenzen besitzt“ (a.a.O.).

[23] *Jeschek*, H., Internationales Strafrecht, WdVR III, S. 398.

[24] Vgl. *Jeschek*, a.a.O.

sehrtheit aber alle Kulturstaaten das gleiche Interesse haben"[25]. Während *Jeschek* die autonome Anwendung dieses Prinzips bejaht, soweit es „wirklich Ausdruck der Mitverantwortung des betreffenden Staates für die gemeinsamen kriminalpolitischen Anliegen der Kulturwelt ist"[26], wird die Geltung des reinen Weltrechtsgrundsatzes im Sinne eines allgemein akzeptierten Rechtsprinzips überwiegend mit dem zutreffenden Hinweis bestritten, daß kein einzelner Staat dazu berufen sei, bei der Verfolgung von Straftaten ohne eigentliche Inlandsberührung die internationale Gemeinschaft als solche zu repräsentieren[27].

Aus diesem Grunde wird die völkerrechtliche Zulässigkeit des (primären) Universalitätsprinzips richtigerweise auf diejenigen Fälle zu beschränken sein, in denen seine Anwendbarkeit durch besondere völkerrechtliche Normen legitimiert wird[28]. Neben der bereits kraft Völkergewohnheitsrechts weltweit verfolgbaren Piraterie reicht der Katalog solcher durch besondere Kollektivverträge geschaffenen Unrechtstatbestände über den Sklaven-, Kinder- und Frauenhandel und die Falschmünzerei bis zu bestimmten Verbrechen gegen die Menschlichkeit[29].

Die Strafbarkeit dieser Delikte beruht — wie dies bereits für den Fall der Piraterie dargelegt wurde — ausschließlich auf nationalem Recht. Eine Beziehung zum Völkerrecht besitzen diese innerstaatlichen Verbotsnormen nur insofern, als sie aufgrund einer zwischenstaatlichen Ermächtigung bzw. Verpflichtung der Staaten, die sich zu ihrer einheitlichen und universalen Bekämpfung verbunden haben, erlassen wurden. In der vorliegenden Arbeit wird der (primäre) Universalitätsgrundsatz in diesem einschränkenden Sinne — als einer durch besonderen Konsens der Staaten zusätzlich zur normalen Strafkompetenz gewährten Zuständigkeit — verstanden.

6. Zusätzlich zu den vorstehend genannten Prinzipien des internationalen Strafrechts wird für Taten, die sich im Ausland an Bord von See-

---

[25] So bereits *Binding*, K., Handbuch des Strafrechts, Bd. I, Leipzig 1885, S. 380; zitiert nach *Jeschek*, H., Zur Reform der Vorschriften des StGB, a.a.O., S. 88.

[26] *Jeschek*, a.a.O.

[27] *Dahm*, VR, S. 260. Vgl. auch die von *Verdross* (VR, S. 319) hinsichtlich einer einseitigen Inanspruchnahme des reinen Weltrechtsprinzips geäußerten Bedenken.

[28] Vgl. hierzu auch *Seidl-Hohenveldern*, VR, Rdz. 1026, der jedoch in Abweichung von der hier verwendeten Terminologie die Ausübung dieser vertraglich gewährten besonderen Strafgewalt nicht als Anwendung des Universalitätsprinzips ansieht.

[29] Eine Zusammenstellung dieser nach dem (reinen) Universalitätsprinzip verfolgbaren Delikte findet sich bei *Jeschek*, Zur Reform der Vorschriften des StGB, a.a.O., S. 88, und *Verdross*, VR, S. 643 f.

und Luftfahrzeugen ereignen, das *Flaggenprinzip* als legitimer Anknüpfungspunkt völkerrechtlich anerkannt, da der Eintragungsstaat ein berechtigtes Interesse daran besitzt, die Sicherheit und Ordnung an Bord der seine Flagge führenden Schiffe und Flugzeuge durch strafrechtlichen Schutz zu gewährleisten. Wie *Jeschek* zutreffend dargelegt hat, ist diese Regelung nicht nur während des Fluges in staatsfreien Räumen, sondern auch über fremdem Hoheitsgebiet sachgemäß, da die Passagiere sich, vor allem bei einem raschen Überfliegen mehrerer Staaten, im Schutze der Rechtsordnung und Gerichtsbarkeit desjenigen Staates sicher fühlen müssen, dessen Flugzeugen sie sich anvertraut haben[30].

7. Endlich beanspruchen einige Staaten, insbesondere Frankreich[31] und Belgien[32], eine strafrechtliche Zuständigkeit auch für den Fall, daß ein ausländisches Flugzeug nach Begehung der Tat im Inland landet *(Recht des ersten Landungsortes)*. Wenngleich praktische Gründe für eine solche zusätzliche Strafkompetenz sprechen, so vor allem die Tatsache, daß Täter und Beweismaterial an Ort und Stelle sind und damit eine Strafverfolgung unverzüglich eingeleitet werden kann sowie eine Auslieferung vermieden wird, so bestehen doch erhebliche Bedenken gegen die völkerrechtliche Zulässigkeit eines solchen Anknüpfungspunktes. Alex *Meyer*[33] hat hierzu überzeugend ausgeführt, daß eine Landung nach der Tat für sich allein nicht ausreichen kann, um die Anwendung der an diesem Ort geltenden Gesetze auf die an Bord des Flugzeugs begangenen Straftaten zu begründen. Vielmehr würde damit eine Strafzuständigkeit geschaffen, die lediglich auf einen Zufall zurückzuführen sei, denn lediglich aufgrund der Tatsache, daß ein Flugzeug irgendwo lande, werde in keiner Weise irgendeine Verbindung mit den materiellen oder personellen Umständen der Straftat hergestellt. Zudem könne der Umstand, daß ein Täter in das Gebiet eines Staates auf dem Luftwege gelangt sei, anstatt zu Wasser oder zu Lande, keine vom übrigen Strafrecht abweichende Regelung rechtfertigen[34].

---

[30] *Jeschek*, Zur Reform der Vorschriften des StGB, a.a.O., S. 85/86, und: Die an Bord von Luftfahrzeugen begangenen Straftaten, a.a.O., S. 207.

[31] Vgl. Art. 8, Abs. 2 des Code français de l'Air vom 30. 11. 1955: ... au cas de crime ou de délit, commis à bord d'un aéronef étranger, les tribunaux français sont compétents ... si l'appareil attérit en France après le crime ou le délit."

[32] Art. 36 des Luftfahrtgesetzes vom 27. 6. 1937.

[33] Strafbare Handlungen an Bord von Luftfahrzeugen und ihre Folgen, Generalbericht für den VII. Kongreß der Internationalen Vereinigung für Strafrecht in Athen 1957, in Internationale Luftfahrtabkommen, Bd. V, S. 103 f.

[34] Paul *Fauchille* (Traité, Bd. 1, S. 1142) hat bereits im Jahre 1925 die „Théorie du lieu d'attérissage" als eine „simple fiction" abgelehnt. Vgl. hierzu auch *Honig*, The Legal Status of Aircraft, 1956, S. 104 und 141.

Eine gänzlich andere Rechtslage besteht in denjenigen Fällen, in denen

III. Die kumulative Geltung nationaler Strafkompetenzen

Die Zuständigkeit einer nationalen Strafrechtsordnung aufgrund eines dieser Prinzipien schließt die Zuständigkeit anderer Staaten für denselben Sachverhalt aufgrund anderer völkerrechtlich zulässiger Anknüpfungspunkte nicht aus. Dies bedeutet für die Praxis, daß sich der Geltungsbereich der verschiedenen Strafrechtsordnungen überschneidet und folglich mehrere Staaten nebeneinander ihre Gerichtsbarkeit ausüben können[35]. Diese konkurrierende oder — besser — kumulative sachliche Zuständigkeit kann den Täter der Gefahr einer mehrfachen Bestrafung aussetzen, sofern die Rechtsordnung der strafenden Staaten nicht in Anwendung des Grundsatzes „ne bis in idem" das Verbot der Doppelbestrafung kennt oder wenigstens die Anrechnung einer im Ausland vollzogenen Strafe vorschreibt[36].

Jedoch ist andererseits nicht zu verkennen, daß eine Mehrzahl konkurrierender Zuständigkeiten das Netz um einen flüchtigen Verbrecher enger knüpft und damit die Sicherheit seiner Bestrafung erhöht. Soweit eine Normenidentität besteht, kann zudem — wie *Jeschek* betont — kein Staat etwas dagegen einzuwenden haben, daß sein eigenes Strafrecht „von jenseits der Grenzen her gedeckt und unterstützt wird"[37].

---

eine Straftat bis zum Einflug in das Gebiet des Landestaates fortdauert. Siehe hierzu S. 147 f.

[35] Vgl. *Verdross* (VR, S. 319), der hierzu ausführt, daß nach Völkerrecht der sachliche Geltungsbereich der Staaten *in weitem Ausmaße* ein *konkurrierender* ist, da die einzelnen Tatbestände von den Staaten verschieden geregelt werden können. *McDougal, Lasswell, Vlasic* (Law and Public Order in Space) beschreiben diesen Sachverhalt wie folgt: „In an interdependent world, in which more than one State may be substantially affected by the same event, these different types of claims may, and often do, conflict." (S. 647). „There are many different States which may under different jurisdictional principles make claims to prescribe policies in regard to the same events" (S. 691).

[36] *Herndl*, Lotusfall, WdVR, II, S. 433. Für das deutsche Strafrecht vgl. § 7 StGB sowie § 153 b. StPO.

Trotz kumulativer Geltung nationaler Strafkompetenzen ist es im Einzelfall sehr wohl möglich, daß ein Rechtsbrecher wegen einer Auslandstat entweder gar nicht oder doch nicht in einem der Rechtsverletzung entsprechenden Maße bestraft werden kann, da die Staaten nicht in gleicher Weise die genannten Jurisdiktionsbefugnisse in Anspruch nehmen und es bislang an einem diese Lücken schließenden völkerrechtlichen Kompetenzverteilungssystem fehlt.

[37] *Jeschek*, Zur Reform der Vorschriften des StGB, S. 82/83. Ebenso auch *von Weber*, H., Internationales Luftstrafrecht, in Festschrift für Th. Rittler, 1957, S. 116.

IV. Erfordern die besonderen Verhältnisse der internationalen Luftfahrt eine von den allgemeinen strafrechtlichen Jurisdiktionsbefugnissen abweichende Zuständigkeitsregelung?

Eine Ausübung der Strafgewalt über die auf transnationalen Flügen begangenen Taten kann aufgrund der folgenden Eigentümlichkeiten des Luftverkehrs problematisch oder gar unmöglich sein:

1. Die hohen Geschwindigkeiten und großen Flughöhen moderner Verkehrsflugzeuge, ungünstige Wetterbedingungen (Nacht- und Blindflüge nach Instrumenten) sowie der Umstand, daß in einigen Teilen der Welt mehrere Staaten innerhalb kürzester Zeit ohne Zwischenlandung überflogen werden, erschweren oder vereiteln häufig eine genaue Bestimmung des Territoriums, über dem sich das Flugzeug im Zeitpunkt der Tatausführung oder des Erfolgseintritts befand[38]. Bei einer solchen Unbestimmtheit oder Unbestimmbarkeit des Tatorts entfällt die Möglichkeit, den Täter aufgrund des Territorialitätsprinzips zu verfolgen[39].

2. Eine strafrechtliche Ahndung aufgrund dieses Basisprinzips entfällt gleichfalls bei Taten, die während der sehr häufigen Aufenthalte von Flugzeugen in staatenlosen Gebieten begangen wurden[40], so bei allen Pol- und Transatlantikflügen.

3. Schließlich kann die Ausübung der Strafgerichtsbarkeit eines lediglich überflogenen Staates für solche Handlungen ausgeschlossen sein, durch die weder die Sicherheit oder die öffentliche Ordnung noch sonstige schutzwürdige Interessen des Bodenstaates in irgendeiner Weise berührt werden[41].

V. Die grundlegende Bedeutung des Territorialitätsprinzips für eine Bestrafung von Flugzeugentführern in den Landestaaten

1. Mag damit auch die Anwendbarkeit des in allen Staaten anerkannten Gebietsgrundsatzes auf Straftaten an Bord von Flugzeugen in vielen Fällen ausgeschlossen sein, so besteht diese Schwierigkeit gerade im Falle einer vollendeten Flugzeugentführung grundsätzlich nicht. Denn wie bereits bei der Untersuchung des materiellen Unrechtsgehalts die-

---

[38] Vgl. hierzu im einzelnen den Bericht des mit den Vorarbeiten für das Tokioter Abkommen betrauten Unterausschusses des ICAO-Rechtsausschusses in ICAO Doc. LC/SC „Legal Status of Aircraft“, WD Nr. 23 vom 10. 10. 1956.

[39] Vgl. *von Weber*, H., Internationales Luftstrafrecht, a.a.O., S. 113.

[40] Dies gilt jedoch in gleicher Weise für die Schiffahrt in diesen Gebieten.

[41] In Betracht kommen nur solche Delikte (z. B. ein Diebstahl, eine Beleidigung oder eine Urkundenfälschung), deren tatbestandsmäßiger Erfolg nicht über die Gemeinschaft an Bord hinausreicht, insbesondere auch nicht — sei es direkt oder indirekt — die Sicherheit des Fluges gefährdet.

ser transnationalen Delikte ausgeführt wurde, ist es eben ihr charakteristisches Merkmal, daß die mit Waffengewalt begangene Nötigung und Freiheitsberaubung der Besatzung und Passagiere notwendigerweise bis zum Einflug in den Luftraum des Staates, in den der Täter das Flugzeug verbringen will, fortdauern müssen, da nur so das vom Täter verfolgte Ziel zu erreichen ist[42]. Die große praktische Bedeutung dieser Tatsache für eine weltweite Bekämpfung gewaltsamer Flugzeugentführungen besteht darin, daß an einer völkerrechtlich zulässigen Strafkompetenz des Staates der erzwungenen Landung — unabhängig von der Staatsangehörigkeit von Täter und Opfer oder der Nationalität der entführten Maschine — grundsätzlich kein Zweifel bestehen kann. Aus diesem Grunde bedarf es auch nicht der Einführung zusätzlicher Jurisdiktionsbefugnisse im Wege internationaler Vereinbarungen, um eine Bestrafung des Hijackers durch den Landestaat zu ermöglichen.

2. Allerdings ist es denkbar, daß sich diese auf dem Gebietsgrundsatz beruhende Strafgewalt des Landestaates bei Fehlen weiterer Jurisdiktionsbefugnisse auf die in der Form des Dauerdelikts begangenen Handlungen beschränken muß, ohne damit in jedem Falle den gesamten Unrechtsgehalt einer mehraktigen Tat zu umfassen. Dies mag das von *Schnorr von Carolsfeld*[43] angeführte Beispiel in einer unserem Thema entsprechenden Abwandlung verdeutlichen: Erschießt ein Franzose bei dem Versuch, gewaltsam die Kontrolle über ein englisches Flugzeug an sich zu bringen, über der hohen See ein holländisches Besatzungsmitglied und wird der Täter nach der Landung in der Bundesrepublik festgenommen, so wird er hier wegen der Tötungshandlung im allgemeinen nicht abgeurteilt werden können, da diese Auslandstat nach deutschem Strafrecht nur in gewissen, in § 4 StGB niedergelegten Ausnahmefällen strafwürdig ist[44].

---

[42] Soweit ersichtlich, ist dieser entscheidende Gesichtspunkt in der bisherigen Diskussion der Hijackingzwischenfälle kaum berücksichtigt worden. Auch der Unterausschuß des ICAO-Rechtsausschusses hat bei den Beratungen eines einschlägigen Abkommensentwurfs diese Tatsache übersehen und folglich in Art. 3 seines Entwurfs (Abdruck in ZLW 1969, S. 174) Zuflucht zu einer grundsätzlich überflüssigen Fiktion genommen, um eine Bestrafungsmöglichkeit des Landestaates zu gewährleisten. Lediglich Großbritannien hat in seiner Stellungnahme zu diesem Entwurf darauf hingewiesen, daß „the fiction incorporated in Art. 3 of the draft Convention does not alter the realities of the situation“ und daher nur in den äußerst seltenen Fällen von Bedeutung sei, „where the hijacker was overpowered before the aircraft entered the airspace of the State of landing. In such a case it would often be possible for the commander of the aircraft to take the hijacker to a State having jurisdiction over the offence and, where this was impossible, the hijacker would normally be extradited to such a State.“ (ICAO Doc. LC/SC SA, WD 26, S. 139).

[43] Straftaten in Flugzeugen, S. 8.

[44] Vgl. hierzu die eingehenden Erörterungen von *Schnorr von Carolsfeld*, a.a.O., S. 28, Fußnote 19.

Eine solche Beschränkung der eigenen Strafverfolgung ist jedoch nichts dem Luftstrafrecht Eigentümliches; denn sie ergibt sich überall dort, wo der nationale Gesetzgeber den räumlichen Anwendungsbereich seiner Strafrechtsnormen in Übereinstimmung mit dem Völkerrecht auf solche Auslandstaten begrenzt hat, die eine echte Beziehung zum inländischen Souveränitätsbereich besitzen. Wichtiger für eine weltweite Bekämpfung der Hijacking-Zwischenfälle — und damit auch für eine wirksame Abschreckung potentieller Täter — ist zudem die Tatsache, daß — wie eingangs gefordert — in jedem Landestaat überhaupt der „Arm des Gesetzes“ bereitsteht; mag die Art und Höhe der Strafe auch nicht immer dem vollen materiellen Unrechtsgehalt der Tat gerecht werden. Darüber hinaus besitzt in einem solchen Ausnahmefall der an einer sachgemäßen Aburteilung gehinderte Landestaat die Möglichkeit, den Täter an diejenigen Staaten auszuliefern, die aufgrund anderer Anknüpfungspunkte völkerrechtlich befugt sind, diese strafwürdigen Handlungen ihrer Gerichtsbarkeit zu unterwerfen.

VI. Zusammenfassung

1. Straftaten an Bord von Luftfahrzeugen auf internationalen Flügen weisen nur insofern eine Besonderheit auf, als die *örtlichen* Verhältnisse, unter denen sie begangen werden, eine Anwendbarkeit des Territorialitätsprinzips erschweren oder vereiteln können. Dieses Problem besteht jedoch nicht im Falle solcher „grenzüberschreitender“ Delikte wie der Flugzeugentführung, bei denen die Rechtsverletzungen bis zum Einflug in das Gebiet des Landestaates fortdauern.

2 In keinem Falle berührt der Umstand, daß eine Straftat in einem Flugzeug begangen wurde, die Anwendbarkeit der sonstigen Jurisdiktionsgrundsätze, mögen sie nun an die Nationalität des Täters, des Opfers oder des Luftfahrzeugs anknüpfen oder dem Schutz wichtiger staatlicher oder internationaler Interessen dienen. Denn für die Ausübung dieser extraterritorialen Gerichtsbarkeiten ist es völlig unerheblich, ob die Straftat „auf dem Lande, auf dem Meer oder in der Luft auf einem Luftfahrzeug begangen wird“[45]. Wie Charles *de Visscher* bereits in seinem 1937 dem *Institut de droit international* vorgelegten Bericht mit Recht gefordert hat, müssen daher diese Zutändigkeitsregelungen „demeurer complêtement en dehors d'une réglementation de compétence pénale spéciale à la navigation aérienne[46] und folglich ihre weitere Anwendung vorbehalten bleiben[47].

[45] So Alex *Meyer*, Stellungnahme zu dem in Genf (September 1956) abgefaßten Bericht des Unterausschusses des Legal Committee der ICAO, in Internationale Luftfahrtabkommen, Bd. V, S. 47.

[46] Vgl. RGDA 1937, S. 333.

[47] a.a.O., S. 335.

2. Kapitel: Die jurisdiktionellen Grundsätze des Tokioter Abkommens von 1963 über strafbare und bestimmte andere Handlungen an Bord von Luftfahrzeugen

I. Die Vorgeschichte des Abkommens

Bereits ein Jahr bevor den Gebrüdern *Wright* im Dezember 1903 der erste Aufstieg mit einer durch Motorkraft angetriebenen Flugmaschine gelang, legte *Paul Fauchille* auf der 19. Tagung des *Institut de droit international* einen Abkommensentwurf vor, der international verbindliche Zuständigkeitsregelungen für die Verfolgung strafbarer Handlungen an Bord von Luftfahrzeugen enthielt[1]. Obgleich auch in der Folgezeit Vorschläge für eine zwischenstaatliche Regelung luftstrafrechtlicher Probleme in zahlreichen wissenschaftlichen Vereinigungen, internationalen Organisationen sowie im luft- und völkerrechtlichen Schrifttum eingehend erörtert wurden[2], sind diese Fragen in den bisherigen Luftfahrtkonventionen entweder gar nicht oder doch nur am Rande berücksichtigt worden[3].

Nachdem die ICAO im Jahre 1947 ihre Tätigkeit aufgenommen hatte, wurde ihr Rechtsausschuß drei Jahre später mit der Ausarbeitung eines internationalen Abkommensentwurfes betraut. Ein besonderer Unterausschuß erarbeitete 1956 einen ersten Entwurf, der nach zahlreichen inhaltlichen Änderungen[4] am 14. September 1963 in Tokio von einer internationalen Staatenkonferenz angenommen wurde.

---

[1] Art. 15 des Projet d'un régime des aérostats, abgedruckt in den Annuaires de l'Institut de droit international 1902, S. 51 f.

[2] Eine umfassende Übersicht über diese Arbeiten findet sich in dem von Alex *Meyer* auf dem 7. Internationalen Strafrechtskongreß im Jahre 1957 in Athen erstatteten Generalbericht, der in der ZLR 1958, S. 90 ff. abgedruckt ist. Da jede historische Betrachtung dieses seit der Jahrhundertwende erörterten Themas im Grunde nur die von Alex *Meyer* dargelegten Fakten wiederholen kann, wird unter Verzicht auf eigene Darlegungen auf diese wichtigste Quelle verwiesen.

[3] So enthielt zwar der Entwurf der nach dem 1. Weltkrieg von den Siegermächten am 13. Oktober 1919 in Paris abgeschlossenen *Convention Internationale portant règlementation de la navigation aérienne* (abgekürzt CINA-Abkommen) ursprünglich in Art. 23 eine Regelung, wonach für die Bestrafung der an Bord von Luftfahrzeugen begangenen Straftaten grundsätzlich der Staat zuständig sein sollte, dessen Staatszugehörigkeit das betreffende Luftfahrzeug besitzt. Dagegen sollte eine Strafkompetenz des überflogenen Staates nur bei solchen Straftaten gegeben sein, welche die öffentliche Sicherheit oder die Luftverkehrsbestimmungen verletzen. Die Einführung dieser Vorschrift scheiterte jedoch am Widerstand der amerikanischen Delegation.

[4] Vgl. hierzu die drei Vorentwürfe: 1. Münchner Entwurf vom September 1959 (abgedruckt in ZLW 1960, S. 76 ff.); 2. Montrealer Entwurf vom April 1962 (abgedruckt in ZLW 1963, S. 52 ff.;) sowie 3. Römer Vorentwurf vom September 1962 (abgedruckt in ZLW 1963, S. 179 ff.), der den Beratungen in Tokio zugrunde lag.

II. Der sachliche und geographische Anwendungsbereich des Abkommens

Gegenstand des Abkommens bilden gemäß Art. 1 Straftaten (offences, infractions) an Bord von Flugzeugen sowie solche Handlungen, die — gleichgültig, ob sie strafbar sind oder nicht — die Sicherheit des Flugzeugs, der Insassen oder beförderten Sachen oder aber die Ordnung und Disziplin an Bord gefährden. Nach Art. 1 Abs. 2 findet das Abkommen auf alle derartigen Handlungen Anwendung, die in einem Flugzeug eines Vertragsstaates begangen werden, während es sich im Flug[5] oder auf der Oberfläche der hohen See oder eines anderen staatenlosen Gebietes befindet. Damit gilt das Tokioter Abkommen für alle strafbaren und sicherheitsgefährdenden Handlungen, selbst wenn sie auf innerstaatlichen Flügen, also im Luftraum des Eintragungsstaates, begangen wurden[6].

III. Die Regelung der strafrechtlichen Zuständigkeiten

Im Vordergrund der Beratungen des mit den Vorarbeiten befaßten ICAO-Ausschusses stand ursprünglich die Frage, ob ein internationales Abkommen über Luftstraftaten die ausschließliche Zuständigkeit einer bestimmten Jurisdiktion verbindlich vorschreiben oder aber zumindest eine Rangordnung innerhalb der in Betracht kommenden Jurisdiktionen einführen solle. Sinn eines solchen Prioritätssystems der Kompetenzen sollte es sein, das überwiegende Strafverfolgungsinteresse eines der beteiligten Staaten in der Weise sicherzustellen, daß die nachgeordneten Jurisdiktionen erst dann tätig werden dürften, wenn die vorrangige während eines bestimmten Zeitraums untätig geblieben ist oder ausdrücklich ihr mangelndes Interesse an einer Strafverfolgung erklärt hat. Diese Vorschläge erschienen dem Ausschuß aufgrund folgender Bedenken unannehmbar: Überschneidungen strafrechtlicher Zuständigkeiten gebe es seit langem bei transnationalen Verbrechen aller Art; es bedürfe daher im Falle einer Luftstraftat keines von den bestehenden Regelungen abweichenden Prioritätssystems. Derartige Kompetenzkonflikte würden im Einzelfall aufgrund der jeweils anwendbaren Auslieferungsverträge gelöst. Daher gebe es keinen Grund, bei Luftstraftaten von den anerkannten Grundsätzen des Auslieferungsrechts abzuweichen[7].

---

[5] Im Sinne dieses Abkommens gilt ein Flugzeug als im Fluge befindlich von dem Augenblick an, in dem zum Zwecke des Starts Kraft aufgewendet wird, bis zu dem Augenblick, in dem die Landung beendet ist (Art. 1 Abs. 3).

[6] Eine Einschränkung geographischer Art gilt lediglich gemäß Art. 5 für die polizeilichen Befugnisse des Flugzeugkommandanten.

[7] Vgl. ICAO Doc. LC/SC „Legal Status" WD 23 vom 10. 10. 1956, S. 6 f. sowie WD 63 vom 20. 9. 1958, S. 3.

Die Einführung einer internationalen Prioritätsregelung erscheint aber vor allem deshalb verfehlt, weil sie in der Praxis zu erheblichen, einer wirksamen Verbrechensbekämpfung abträglichen Schwierigkeiten führen muß, solange ein weltweites lückenloses Netz aufeinander abgestimmter Auslieferungsverträge nicht besteht. Gerade in der Luftfahrt wäre eine solche Regelung außerdem nicht nur „äußerst kompliziert und verzögerlich“[8], sondern würde auch für „die Gerechtigkeit der Strafrechtspflege keinen ersichtlichen Vorteil bringen“[9], zumal sich der Täter — worauf *Schmidt-Räntsch* hingewiesen hat[10] — häufig auf einem anderen Kontinent befinden wird als das im Falle einer Prioritätsregelung in erster Linie zuständige Gericht. Der schwerwiegendste Einwand gegen die Einführung eines luftstrafrechtlichen Prioritätssystems ist jedoch der, daß jede derartige Zuständigkeitsänderung die allgemeinen Grundsätze des Strafrechtsanwendungsrechts berührt und damit implicite eine Revision dieser Prinzipien darstellt. Hierdurch würde aber bereits die Annahme einer solchen Konvention in den meisten Ländern in Frage gestellt, denn

„... States may indeed be expected to be highly reluctant to accept the implicit abolition of bases of jurisdiction in respect of offences committed on board aircraft in flight, because these bases were established in their national law for the specific purpose of ensuring an efficient global defence of their public policy and all vital interests[11].

Diesen Erwägungen hat das Tokioter Abkommen Rechnung getragen. In klarer Ablehnung der noch auf den Vorkonferenzen von München, Montreal und Rom durch die Delegationen Belgiens, Frankreichs, Italiens und Spaniens eingebrachten Prioritätsvorschläge wird in seinem Art. 3 ausdrücklich bestimmt, daß keine der nach nationalem Recht bestehenden Strafgerichtsbarkeiten durch das Abkommen ausgeschlossen wird.

IV. Die vertragliche Anerkennung der strafrechtlichen Zuständigkeit des Eintragungsstaates

In Art. 3 Abs. 1 wird die Zuständigkeit des Registerstaates für die Bestrafung der an Bord seiner Flugzeuge begangenen Taten ausdrücklich anerkannt. Da es sich bei diesem dem Seerecht entlehnten Flaggen-

---

[8] *Jeschek*, Die an Bord von Luftfahrzeugen begangenen Straftaten, a.a.O., S. 216.

[9] Ebendort.

[10] *Schmidt-Räntsch*, G., Die internationale Luftrechtskonferenz in Tokio und das Abkommen über strafbare und bestimmte andere Handlungen an Bord von Luftfahrzeugen, in Internationale Luftfahrtabkommen, Bd. V, herausgegeben von Alex *Meyer*, S. 343/44.

[11] Ausführung des niederländischen Mitglieds des ICAO-Ausschusses, Prof. J. *Beekhuis*, in ICAO Doc. LC/SC WD No. 36.

prinzip um einen in der heutigen Staatenpraxis allgemein anerkannten Jurisdiktionsgrundsatz handelt, so gibt diese Abkommensbestimmung ohnehin geltendes Recht wieder und besitzt damit lediglich deklaratorische Bedeutung. Neu ist hingegen die in Art. 3 Abs. 2 enthaltene Verpflichtung der Vertragsstaaten, alle notwendigen Maßnahmen zu ergreifen — soweit dies nicht, wie in vielen Ländern, bereits geschehen ist[12] — um ihre Gerichtsbarkeit als Flaggenstaat zu begründen. Eine gerade im Hinblick auf die Bekämpfung der Hijacking-Zwischenfälle wünschenswerte weitergehende Verpflichtung, diese Gerichtsbarkeit im konkreten Fall auch tatsächlich auszuüben, enthält das Abkommen dagegen nicht. Damit ist der Wert dieser Bestimmung für eine wirksame internationale Verfolgung von Luftstraftaten, dem Anliegen des Tokioter Abkommens, gering. Denn wie *Jeschek* bereits 1957 nachdrücklich betont hat, besäße eine entsprechende internationale Regelung nur dann praktische Bedeutung, „wenn die Staaten verpflichtet würden, in diesen Fällen von ihrer Strafgewalt Gebrauch zu machen, sobald sich der Beschuldigte in ihrer Gewalt befindet“[13]. Darüber hinaus bleibt es durch das Tokioter Abkommen jedem Vertragsstaat freigestellt zu entscheiden, auf welche Delikte sein Strafrecht Anwendung finden soll und in welchem Umfang er sie für strafwürdig hält.

V. Kritische Würdigung und Alternativvorschlag

1. Welche Vorteile brächte eine globale Ratifizierung für die Strafverfolgung transnationaler Flugzeugentführungen?

Das Tokioter Abkommen wurde bislang von 29 Staaten ratifiziert. Ungeachtet seiner universalen Ausrichtung ist es damit gegenwärtig nur partikuläres Völkervertragsrecht. Stellt man nun die Frage, ob eine weltweite Ratifizierung dieser neuen Luftrechtskonvention empfehlenswert erscheint, so läßt eine kritische Würdigung ihres Inhalts unschwer erkennen, daß, soweit unser Problemkreis in Betracht kommt, in Tokio nur wenig erreicht worden ist[14]. Denn wie bereits bei der Erörterung der in Art. 11 niedergelegten rudimentären Regelung über die „unbe-

[12] Für das deutsche Recht vgl. § 5 StGB. Einen Überblick über alle Staaten, die für Luftstraftaten das Flaggenprinzip kennen, gibt ICAO Doc. LC/Col. No. 1 „National Legislations concerning the Legal Status of Aircraft (1959)“.

[13] a.a.O., S. 216.

[14] Diese Betrachtung beschränkt sich bewußt auf die im Falle einer Flugzeugentführung wesentlichen Teile des Abkommens. Deshalb muß der die Rechte und Pflichten des Flugzeugkommandanten regelnde Teil des Abkommens, der sich zweifelsohne als sehr zweckdienlich erweisen wird, außerhalb dieser Betrachtung bleiben, da die Überwältigung der Besatzung durch den Hijacker es ihr unmöglich macht, Maßnahmen der Gefahrenabwehr und Strafverfolgung vor der erzwungenen Landung zu ergreifen.

fugte Inbesitznahme von Luftfahrzeugen" dargelegt wurde[15], würde der von der ICAO und UNO dringend empfohlene Beitritt an der bestehenden Rechtslage kaum etwas ändern. Insbesondere im Hinblick auf die internationale Regelung der Strafkompetenzen beschränkt sich das Ergebnis dreizehnjähriger intensiver Arbeit auf das Schließen einer jurisdiktionellen Lücke in denjenigen Fällen, in denen ein Staat es bislang nicht für notwendig erachtete, den Geltungsbereich seiner Strafrechtsordnung auf Taten an Bord seiner im Ausland befindlichen Flugzeuge zu erstrecken. Tatsächlich bestand nur noch eine recht kleine Lücke, da die meisten Staaten bereits erkannt hatten, daß die Einführung dieser flaggenstaatlichen Jurisdiktion in ihrem eigenen Interesse liegt. Zudem handelt es sich hierbei gar nicht um ein Problem des internationalen Luftrechts, sondern ausschließlich um eine Lücke im innerstaatlichen Recht, die — wie *Jeschek* betont[16] — allein durch dieses selbst ausgefüllt werden kann und in den meisten Fällen auch bereits ausgefüllt worden ist. Doch selbst bei Fehlen einer flaggenstaatlichen Gerichtsbarkeit bestand niemals die von *Knauth* irrigerweise behauptete Gefahr, es sei „legally safe to commit almost any crime in the calendar while travelling in an airplane over the ocean[17]." Denn auch bei solchen Flügen in staatenlosem Gebiet können und werden weitere Staaten aufgrund des aktiven oder passiven Personalitätsgrundsatzes, des Schutzprinzips oder aufgrund der stellvertretenden Strafrechtspflege kumulativ zur strafrechtlichen Ahndung befugt sein. Bei Flugzeugentführungen und sonstigen Delikten, die bis zum Einflug in den Luftraum des Landestaates fortdauern, findet dessen Strafgerichtsbarkeit zusätzlich Anwendung.

Aus alledem folgt, daß die Notwendigkeit einer internationalen Regelung dieser Frage von Anfang an zweifelhaft war. Wenn gleichwohl die ICAO der Annahme war, das Fehlen einer flaggenrechtlichen Jurisdiktion bedeute eine Gefahr für die internationale Zivilluftfahrt, so hätte sie sich eines wesentlich einfacheren Verfahrens bedienen können, um dieselbe Wirkung zu erreichen: nämlich einer an alle Mitgliedstaaten ohne flaggenrechtliche Strafgerichtsbarkeit gerichteten Empfehlung des ständigen ICAO-Rates, solche gesetzgeberischen Maßnahmen zu ergreifen, „as may be necessary to establish their jurisdiction as the State of registration over offences committed on board aircraft registered in that State"[18]. Vermutlich wäre es den Staaten ein leichteres gewesen,

---

[15] Siehe 1. Teil, 2. Abschnitt, 1. Kapitel.

[16] *Jeschek*, H., Die an Bord von Luftfahrzeugen begangenen Straftaten, a.a.O., S. 215.

[17] *Knauth*, A., Crime in the High Air — A Footnote to History, 25 Tulane Law Review, S. 447.

[18] Wortlaut des Art. 3 Abs. 2, 2. Halbsatz des Tokioter Abkommens.

solch einer Empfehlung zu entsprechen als das Abkommen von Tokio in seiner Gesamtheit zu akzeptieren. Denn eine Annahme des Tokioter Abkommens bedeutet tatsächlich die Annahme eines ganzen Abkommenspakets, das nur lose unter dem Titel „Abkommen über strafbare und andere Handlungen" zusammengefaßt ist. Damit besteht aber die Gefahr, daß ein Staat dem Tokioter Abkommen fernbleiben wird; und zwar nicht, weil er mit den jurisdiktionellen Regelungen nicht einverstanden wäre, sondern weil er sonstigen Vorschriften, etwa über die Rechtstellung des Flugzeugkommandanten oder die vielfältigen Pflichten der Gewahrsamstaaten, nicht zuzustimmen vermag, die besser, entsprechend dem ursprünglichen Willen des ICAO-Rechtsausschusses, den Gegenstand eines besonderen Abkommens gebildet hätten.

2. *Grundsätzliche Bedenken*

Es war das ursprüngliche Ziel der ICAO, ein Abkommen zu entwerfen, in dem für alle Mitgliedstaaten verbindlich bestimmt werden sollte, welche Gerichte im Falle einer Luftstraftat zuständig sind. Die Aufgabe des ICAO-Rechtsausschusses bestand darin, hierfür eine international annehmbare Regelung zu finden. Im Laufe der langwierigen Beratungen zeigte es sich jedoch, daß es angesichts der großen politischen Schwierigkeiten und der zahlreichen sich gegenseitig ausschließenden Vorschläge nicht möglich war, eine allgemein akzeptable Lösung zu finden. Dies zwang den Ausschuß schließlich dazu, seine Vorschläge auf eine reine Wiedergabe bereits anerkannter nationaler Gerichtsbarkeiten zu beschränken[19].

Als Antwort auf die unbequeme Frage nach dem Sinn und Zweck eines internationalen Abkommens, das lediglich eine ohnehin geltende Rechtslage wiedergibt, verlagerte der Ausschuß den Schwerpunkt seiner Tätigkeit von den jurisdiktionellen Problemen zu dem ursprünglich subsidiären Teil, der die Rechte und Pflichten des Flugzeugkommandanten und der Landestaaten betrifft. Diese Bestimmungen müssen nun als der wichtigste Teil des Abkommens betrachtet werden, während die Fassung der Art. 3 und 4 deutlich die Auffassung der auf der Tokioter Konferenz vertretenen Staaten wiederspiegelt, daß die Voraussetzungen für eine universelle Rechtsvereinheitlichung auf dem Gebiet des Strafrechtsanwendungsrechts selbst für den Teilbereich der

[19] Der amerikanische Chefdelegierte auf der Tokioter Konferenz, *Boyle*, hat hierzu treffend gesagt: „It is perhaps an irony that the compromises which States must make in order to achieve a multilateral convention of world-wide acceptability may be such that some States will be forced to conclude that its positive value, measured against the *status quo*, is negligible." (*Boyle*, R., und *Pulsifier*, R., The Tokyo Convention on Offences and Certain Other Acts committed on Board Aircraft, JALC 1964, S. 306).

Luftfahrt gegenwärtig noch nicht vorhanden sind. Dieses Ergebnis ist nicht weiter verwunderlich; hatte sich doch die ICAO mit diesem Kodifikationsvorhaben in eine Domäne eifersüchtig gewahrter Hoheitsbefugnisse gewagt[20].

Zudem erscheint bereits der Ausgangspunkt falsch gewählt: Das Ziel, *jede* an Bord eines im internationalen Luftverkehr eingesetzten Flugzeugs begangene Straftat in das Abkommen aufzunehmen, geht weit über das schutzwürdige Interesse der Zivilluftfahrt hinaus. Wie häufig genug auf allen Vorkonferenzen betont wurde, sind die an Bord von Flugzeugen begangenen Straftaten für den internationalen Luftverkehr — und damit auch für ICAO[21] — nur insoweit von Interesse, als durch eine solche Tat die Sicherheit der Luftfahrt gefährdet wird. So wird etwa der Diebstahl einer Uhr oder eine Beleidigung an Bord eines Flugzeuges die Belange des Luftverkehrs nur insoweit berühren, als aufgrund dieses Zwischenfalls ein Streit oder Kampf entsteht, der die Ordnung an Bord und damit die Sicherheit der ständig wachsenden Zahl der Fluggäste gefährdet. Die Vereinigten Staaten gaben der Auffassung vieler anderer Länder Ausdruck, als sie beantragten, den Anwendungsbereich des Abkommens zu begrenzen:

„... to that necessary in order to provide adequate solutions for those special problems whose attempted resolution forms the *raison d'être* for the Convention. Thus, the Convention should be limited to making more definite and certain the application of criminal law to events occuring aboard aircraft which endanger the safety of the aircraft or persons or property on board ... The United States considers that ... the types of acts of offences covered by the Convention should (not) extend beyond those essential to achieve this desired objective ... The scope of the offences covered by the Convention is far in excess of the scope which would be necessary in order to protect air transportation from disruption and danger. The United States, therefore, ... recommends that the scope of the offences subject to the Convention be those offences which jeopardize the safety of the aircraft, the persons or property therein[22].“

---

[20] Bereits im Jahre 1926 hatte die Kodifikationskommission des Völkerbundes eine vertragliche Regelung und Abgrenzung der staatlichen Strafgerichtsbarkeiten für undurchführbar erachtet und daher von der Weiterverfolgung dieses Kodifikationsvorhabens abgesehen. (Vgl. hierzu den Bericht von *de Visscher* und *Brierly* in 20 AJIntL. 1926, Supplement, S. 252).

[21] Die Aufgaben der ICAO werden in Art. 44 des Abkommens von Chicago programmatisch umrissen. Von besonderem Interesse für den Gegenstand der vorliegenden Arbeit ist hierbei der Vorrang, der den Fragen der Sicherheit der internationalen Luftverkehrswege eingeräumt wird.

[22] Siehe ICAO Doc. 8302—LC/150—2, S. 65 und 67 sowie Doc. 8565—LC/152—1 (Protokoll der Tokioter Konferenz), S. 17. Auf der Tokioter Konferenz hatten u. a. die sowjetische, polnische, indische und italienische Delegation gleichfalls vorgeschlagen, daß die Konferenz sich darauf beschränken solle, „to solve those problems of which a settlement was necessary for the normal functioning of civil aviation“ und daß daher „the Convention should be restricted to acts which might jeopardize the safety of the aircraft“ (ICAO

Durch eine solche Beschränkung des sachlichen Anwendungsbereichs des Tokioter Abkommens wären die Belange des internationalen Luftverkehrs in befriedigender Weise gewahrt und die Voraussetzungen für eine weltweite Annahme dieser Konvention erheblich erhöht worden.

3. *Die Alternative: Schaffung eines besonderen Straftatbestandes zum Schutze der Sicherheit des Flugverkehrs*

Anstatt den Versuch zu unternehmen, international verbindliche Zuständigkeitsregelungen für die Verfolgung sämtlicher strafbarer Handlungen an Bord von Flugzeugen aufzustellen, hätte der ICAO ein wesentlich einfacherer — und unseres Erachtens auch weitaus wirksamerer — Weg zur Verfügung gestanden, um „die Flugsicherheit in der internationalen Luftfahrt zu fördern“[23]: Nämlich die Schaffung eines *besonderen materiellen Straftatbestandes* (substantive law) der *Fluggefährdung*[24] zur Bekämpfung unbefugter gefährlicher Eingriffe in die Flugführung. In Anlehnung an die bereits bestehenden Kollektivverträge zur Bekämpfung der Piraterie, des Sklaven- Kinder- und Frauenhandels hätten durch eine solche Regelung die Vertragsstaaten berechtigt und verpflichtet werden können, derartige Akte in ihrem innerstaatlichen Recht zu strafbaren Handlungen zu erklären, deren Ahndung im Sinne des primären Universalitätsprinzips ungeachtet des Tatortes und der Nationalität des Flugzeugs, Täters oder Opfers erfolgt.

Angesichts der raschen Entwicklung des Flugzeugs zu einem der bedeutendsten Beförderungsmittel des internationalen Verkehrs besitzt die Luftfahrt in gleicher Weise Anspruch auf strafrechtlichen Schutz durch die Völkergemeinschaft wie er früher bereits dem Seeverkehr zuteil wurde. Daraus folgt, daß ein die Sicherheit der internationalen Flugwege beeinträchtigendes Verbrechen zumindest durch alle am internationalen Verkehr beteiligten Staaten als ebenso strafwürdig angesehen werden sollte wie bislang bereits die Gefährdung der Seeschiffahrt durch piratische Akte.

Es wäre die Aufgabe der ICAO gewesen, solche Handlungen tatbestandsmäßig zu definieren, die ihrem Wesen nach eine direkte Gefahr

---

Doc. 8565—LC/152—1, S. 22). Dieser Vorschlag wurde nach längerer Debatte mit 22 zu 11 Stimmen abgelehnt (vgl. ICAO Doc. 8565—LC/152—1, S. 29).

[23] So Art. 44 (h) des Abkommens von Chicago.

[24] Wie *Schmidt-Räntsch* in seinem Bericht über den Münchner Entwurf (Internationale Luftfahrtabkommen, Bd. V, S. 241) ausgeführt hat, bildet die *Sicherheit des Fluges* auch ein praktikables Unterscheidungsmerkmal: „Der Kommandant vermag ohne juristische Schulung zu erkennen, wann sie beeinträchtigt oder gefährdet ist.“ Außerdem trage das Kriterium der sicherheitsgefährdenden Handlung „vor allem der Tatsache Rechnung, daß während des Fluges die Sicherheit das wichtigste ist“.

für das Flugzeug und alle an Bord befindlichen Personen darstellen, und für die Aufnahme dieses neuen internationalen Unrechtstatbestandes in eine gleichlautende nationale Gesetzgebung Sorge zu tragen. Diese Aufgabe wäre nicht allzu schwierig gewesen, da bereits zahlreiche Staaten Strafvorschriften zum Schutze des Luftverkehrs erlassen haben. So wird beispielsweise gemäß § 315 des deutschen StGB jeder bestraft der die Sicherheit des Luftverkehrs durch einen gefährlichen Eingriff, wofür Absatz 1 Nr. 1 bis 3 „Leitbeispiele“[25] nennt, beeinträchtigt und dadurch Leib oder Leben eines anderen oder fremde Sachen von bedeutendem Wert gefährdet.

Die Einführung eines international akzeptablen Unrechtstatbestandes der Fluggefährdung hätte es ermöglicht, „to achieve certainty of the applicable law and to bring about effective prosecution of persons who have taken refuge in countries that have — (otherwise) — no direct concern in the punishment of criminals of this category“[26]. Eine solche Regelung, die eine Anerkennung der Gemeinsamkeit staatlicher Interessen in dieser Frage bedeutet, hätte den weiteren Vorteil besessen, daß es die verschiedenen Systeme strafrechtlicher Jurisdiktion respektiert und eine Auslieferung erübrigt. Denn jeder Gewahrsamstaat wäre selbst vertraglich berechtigt und verpflichtet gewesen, den Beschuldigten wegen einer Handlung zu bestrafen, die von allen Vertragsstaaten als verbrecherisch angesehen wird.

4. Ergebnis

Gerade angesichts der steigenden Zahl sicherheitsgefährdender Handlungen in der internationalen Zivilluftfahrt erscheint es bedauerlich, daß die ICAO im Zuge der Vorbereitung des Tokioter Abkommens davon abgesehen hat, einen materiellen Straftatbestand der Fluggefährdung zu schaffen und ihn zum Weltrechtsdelikt zu erklären[27]. Anderenfalls hätte es der Schaffung eines zusätzlichen Abkommens zur Bekämpfung von Flugzeugentführungen — als eines speziellen Delikts aus dem Kreis sicherheitsgefährdender Straftaten an Bord von Luftfahrzeugen — gar nicht bedurft.

---

[25] So *Schwarz-Dreher*, StGB, § 315, Ziffer 4.

[26] So *Bierzanek*, Conclusions of the Report presented to the International Congress on Penal Law, Athen, 1957, ICAO Doc. LC/SC—WD 26, Anhang A, S. 6.

[27] Bereits im Jahre 1957 hatte der VII. Internationale Strafrechtskongreß in Athen in einer Entschließung gefordert, „that the principle of universality of penal competence should be applied to infractions which seriously compromise the security of aerial navigation“. (Abgedruckt in ICAO Doc. LC/SC Wd. No. 26, S. 3).

3. Kapitel: Besteht kraft geltenden Völkerrechts eine staatliche Verpflichtung zur strafrechtlichen Verfolgung von Flugzeugentführern?

I. Einleitung

Solange es einem Flugzeugentführer noch freigestellt ist, aus einer Anzahl erreichbarer Staaten dasjenige Land als Ziel auszuwählen, in dem er sich Straffreiheit erhofft, kann dem Kampf gegen diese Gewalttaten kein dauerhafter Erfolg beschieden sein. Aus diesem Grunde kommt der eingangs erhobenen Forderung nach einheitlichen strafrechtlichen Gegenmaßnahmen der Landestaaten entscheidende Bedeutung zu. Wohl konnte eine völkerrechtsgemäße *Strafkompetenz* aller Staaten, in deren Territorium Flugzeuge entführt werden, gegenüber den Tätern gleich welcher Nationalität nachgewiesen werden. Jedoch war gleichzeitig darauf hinzuweisen, daß eine allgemeine völkerrechtliche *Verpflichtung* der Staaten, in diesen Fällen von ihrer Strafgewalt auch tatsächlich Gebrauch zu machen, gegenwärtig nicht besteht. Auch das Tokioter Abkommen hat an dieser Rechtslage nichts geändert.

II. Die vertraglichen Verpflichtungen gemäß Art. 12 des Abkommens von Chicago

Indessen fragt es sich, ob eine vertragliche Verpflichtung zur strafrechtlichen Ahndung der Hijacking-Zwischenfälle nicht zumindest bereits für diejenigen 120 Staaten besteht, die gegenwärtig schon dem Abkommen von Chicago angehören. Denn gemäß Art. 12 dieses Abkommens haben sich die Vertragsstaaten verpflichtet, sicherzustellen, daß jedes ihr Hoheitsgebiet überfliegende oder darin verkehrende sowie jedes ihr Staatszugehörigkeitszeichen führende Flugzeug, wo immer es sich auch befinden mag, die in dem betreffenden Gebiet geltenden Flug- und Luftverkehrsregeln und -vorschriften[1] befolgt. Art. 12 Abs. 3 bestimmt ausdrücklich, daß alle Personen, die gegen diese Luftverkehrsvorschriften verstoßen, *strafrechtlich zu verfolgen sind*[2].

Da aus Gründen der Rechtsstaatlichkeit jede Bestrafung einer materiellen Rechtsgrundlage bedarf (nullum crimen sine lege, nulla poena sine lege), so dürften die Vertragsstaaten der zwingenden Strafverfol-

---

[1] Amtliche deutsche Übersetzung des englischen Ausdrucks „rules and regulations relating to the flight and manoeuvre of aircraft", vgl. BGBl 1956 II, S. 411 f.

[2] Vgl. den authentischen englischen und französischen Wortlaut: „Each contracting State undertakes to insure the prosecution of all persons violating the rules applicable"; „Chaque Etat Contractant s'engage à poursuivre toute personne en contravention avec les règlements applicables en l'espèce." Wegen der Entstehungsgeschichte des Art. 12 und seines Verhältnisses zu Art. 25 des früheren CINA-Abkommens siehe *Honig*, The Legal Status of Aircraft, S. 47 f. sowie S. 158 f.

gungspflicht des Art. 12 nur dann in ausreichender Weise genügen, wenn sie gesetzliche Bestimmungen erlassen, welche die Verletzung der luftverkehrsrechtlichen Vorschriften unter Strafe stellen[3]. Denn Art. 12 ist schon seinem Wortlaut nach nicht „self-executing", will also nicht selbständig angewendet werden[4].

III. Wesen und Inhalt der Luftverkehrsregeln

Hinsichtlich der Frage, was unter den *geltenden Flug- und Luftverkehrsregeln und -vorschriften* im Sinne des Art. 12 zu verstehen ist, wird im luftrechtlichen Schrifttum ganz überwiegend die Auffassung vertreten, daß die Strafverfolgungspflicht sich nicht auf die in dem Anhang 2 zum Abkommen von Chicago niedergelegten Luftverkehrsregeln im eigentlichen Sinne, also auf die während des Fluges zu beachtenden Vorschriften, beschränkt[5]. Richtigerweise dürfte sich diese Verpflichtung vielmehr auf alle für den Flug und die Führung von Luftfahrzeugen bedeutsamen Vorschriften beziehen. Diese Interpretationsfrage kann für den Gegenstand dieser Arbeit jedoch auf sich beruhen, da es feststeht, daß gewaltsame Flugzeugentführungen als krasse Verstöße gegen die eigentlichen Luftverkehrsvorschriften in jedem Falle in den Anwendungsbereich des Art. 12 fallen. Dies ergibt sich bereits aus den grundlegenden Verkehrsregeln des Anhangs 2, dessen Inhalt von nahezu allen Mitgliedstaaten der ICAO ohne wesentliche Änderungen in ihr nationales Recht übernommen wurde und der damit eine internationale Quelle weitgehend einheitlicher Luftverkehrsvorschriften bildet[6]. So bestimmt Ziffer 3.1.1 dieses Anhangs in dem Abschnitt: „Pro-

---

[3] Vgl. hierzu im einzelnen R. *Mankiewicz,* Kanadischer Landesbericht für den VII. Internationalen Strafrechtskongreß, Athen, 1957, auszugsweise übersetzt und abgedruckt bei Alex *Meyer,* Internationale Luftfahrtabkommen, Bd. V, S. 161 f.

[4] Zum Unterschied zwischen Völkerrechtsregeln, die „self-executing" und „non-self-executing" sind, vgl. *Seidl-Hohenveldern,* VR, Rdz. 394—399.

[5] Diese Auslegung stützt sich auch auf Erklärungen des ICAO-Rates (vgl. ICAO Doc. 5701, C 672, S. 60 und 7037, C 814, S. 21), der diese Rechtsauffassung bestätigte, als er den Anhang 11 (Luftverkehrssicherungsdienst) annahm. Vgl. hierzu u. a. auch R. *Mankiewicz,* a.a.O. und Alex *Meyer* Luftfahrtabkommen, Bd. V, S. 43 f. Sehr weitgehend *Verplaetse,* International Law in Vertical Space, S. 419: „Sometimes the contravened regulation is of a general nature and the sanction applied is, by no means, particular to air navigation. Ex: those who enter intentionally or mistakenly the territory of a State or leave it without proper authority may be subject to certain measures."

[6] Vgl. hierzu im einzelnen *Ruhwedel,* Die Rechtstellung des Flugzeugkommandanten im zivilen Luftverkehr, S. 65 f., der anhand rechtsvergleichender Studien nachweist, daß die (den Gegenstand seiner Arbeit betreffenden) Regelungen des Anhangs 2 in dem Luftrecht vieler Staaten inhaltlich oder sogar wörtlich wiederkehren und folglich „Bestandteil einer internationalen Rechtseinheitlichkeit" sind.

tection of persons or property": „An aircraft shall not be operated in a negligent or reckless manner so as to endanger life or property of others", und Ziffer 3.2.1.1 (Avoidance of collissions) schreibt vor, „aircraft shall not be operated in such proximity to other aircraft as to create a collision hazard".

Gemäß Ziffer 3.5.2.1 ist es ferner erforderlich, daß „an aircraft shall adhere to the current flight plan or the applicable portion of a current flight plan submitted for a controlled flight unless a request for a change has been made and clearance obtained from the appropriate air traffic control unit"[7]. Aufgrund der eingangs ausführlich geschilderten Sachlage bedarf es an dieser Stelle keiner weiteren Ausführungen, um nachzuweisen, daß ein Flugzeug, das von seinem ursprünglichen Kurs gewaltsam abgedrängt wird und dessen Besatzung nicht länger in der Lage ist, in den überfüllten Luftstraßen die Anweisungen der Flugsicherungsbehörden zu befolgen, in erheblichem Maße gegen die genannten Bestimmungen verstößt[8].

IV. Flugzeuginsassen als Verkehrsteilnehmer

Mit dieser Feststellung ist jedoch noch nicht die Frage beantwortet, wer der Adressat dieser Bestimmungen ist. Es ist daher geboten zu prüfen, wem die Pflicht zur Beachtung der geltenden Flug- und Luftverkehrsbestimmungen im Sinne des Art. 12 des Abkommens von Chicago obliegt und auf welchen Personenkreis sich folglich die staatliche Strafverfolgungspflicht im Falle einer Zuwiderhandlung erstreckt.

Sowohl in Art. 12 als auch in den angeführten Bestimmungen des Anhangs 2 wird das Verhalten des *Flugzeugs* selbst, nicht das einer bestimmten Person oder Gruppe, etwa der Besatzung, angesprochen[9]. Daraus erhellt, daß *alle*, die am Luftverkehr mittels eines Flugzeugs teilnehmen, verpflichtet sind, alles zu unterlassen, was das verkehrsge-

---

[7] Vgl. International Standards, Rules of the Air, Annex 2 to the Convention on International Civil Aviation, Chapter 3 (General Rules).

[8] Daneben werden durch das Hijacking noch eine Reihe anderer Luftverkehrsregeln verletzt, deren Zitierung angesichts der klaren Verstöße gegen die genannten Bestimmungen jedoch nicht erforderlich erscheint.

[9] Vgl. „*Aircraft* shall comply with"; bzw. „*Aircraft* shall not be operated". Dies entspricht vergleichbaren Regelungen im Seerecht, so Art. 6 GAHS, demzufolge der Registerstaat auf hoher See ausschließliche Jurisdiktion über die seine Flagge führenden Schiffe besitzt. Hier beschränkt sich der Ausdruck „Schiff" nicht auf das Fahrzeug als einer beweglichen Sache, sondern bezieht alle mit ein, die dieses Fahrzeug für Zwecke des Seeverkehrs benutzen. Vgl. hierzu *Meijers*, The Nationality of Ships, der zutreffend ausführt, daß „the whole of the law of the sea is a law regulating the use of the sea. The majority of those who make use of the sea is formed by those who use the sea through the medium of a ship (hereinafter called the ship-users)."

rechte Verhalten dieses Flugzeugs beeinträchtigt. Diese Auslegung ergibt sich aus dem Sinn und Zweck aller Verkehrsregelungen, einen sicheren und geordneten Ablauf des Verkehrs zu gewährleisten. Adressat sind hierbei alle am Verkehr Beteiligten. Wenn dies im motorisierten Verkehr auch in erster Linie der Führer des betreffenden Fahrzeugs sein wird, so bedeutet dies doch nicht, daß es damit allen übrigen Insassen gestattet wäre, den geregelten Ablauf des Verkehrs durch rechtswidrige Eingriffe in die Führung des Verkehrsmittels zu gefährden. Denn Teilnehmer am Verkehr ist jeder, der an einem Verkehrsvorgang, sei es befugt oder unbefugt, teilnimmt[10], also auch jeder Mitreisende.

Allerdings kann ein solcher Insasse, der sich lediglich befördern läßt, nur dann wegen eines Verkehrsverstoßes strafrechtlich verantwortlich sein, wenn er durch aktives Handeln oder pflichtwidriges Unterlassen auf den Verkehrsvorgang einwirkt, vor allem durch Übernahme der dem Fahrzeugführer obliegenden Tätigkeiten[11]. Das gilt auch im Luftverkehr für alle Personen an Bord, die unbefugt in die Flugführung körperlich eingreifen oder in sonstiger Weise unmittelbar auf sie einwirken. Im Falle eines so schwerwiegenden Eingriffs in die Flugführung, wie es die gewaltsame Übernahme der gesamten Befehlsgewalt über ein im Flug befindliches Luftfahrzeug darstellt, dürfte sogar der Schluß zulässig sein, daß der Hijacker durch die Tat gänzlich aus der Rolle des bloßen Mitreisenden heraustritt und nunmehr allen für die sichere Führung eines Flugzeugs geltenden Vorschriften unmittelbar unterworfen ist. Die Tatsache, daß der Entführer die Tätigkeit des verantwortlichen Flugzeugkommandanten widerrechtlich ausübt, ändert hierbei nichts an seiner luftverkehrsrechtlichen Verantwortung, wie auch im Falle eines Schwarzfluges oder eines Fluges mit einem gestohlenen Luftfahrzeug der Täter nicht von seinen Pflichten als Teilnehmer am Luftverkehr entbunden ist.

Berücksichtigt man darüber hinaus die bei jeder gewaltsamen Einwirkung auf die Flugführung drohende Absturzgefahr, so muß der Bodenstaat schon allein aus der Sicht des Schutzes wichtiger Rechtsgüter, insbesondere des Lebens der Fluggäste, der Besatzung sowie Dritter auf der Erde, allen innerhalb seines Luftgebietes begangenen Verkehrsverstößen strafrechtlich entgegentreten, und zwar unabhängig davon, von wem sie im Einzelfall begangen werden[12].

---

[10] Für das deutsche Recht vgl. hierzu die Entscheidung des BGHSt IV vom 2. 5. 1952, VR S. 4, S. 527.

[11] So für das deutsche Straßenverkehrsrecht *Floegel-Hartung*, Straßenverkehrsrecht, 17. A., 1968, Rdz. 4 zu § 1 StVO.

[12] Siehe hierzu im einzelnen *Kohlhaas*, M., Die Straf- und Bußgeldvorschriften des deutschen Luftverkehrsgesetzes, ZLW 1961, S. 159, der zutreffend betont, daß die beste staatliche Überwachung des Luftverkehrs (Luftaufsicht) unsinnig wäre, „wenn die allergefährlichste Form denkbarer Stö-

V. Der Kreis der zur Beachtung der Luftverkehrsvorschriften Verpflichteten im deutschen Recht

Ein Blick auf das deutsche Luftrecht bestätigt zudem die Richtigkeit dieser Auslegung. Die in Art. 12 des Abkommens von Chicago genannten Flug- und Luftverkehrsregeln und -vorschriften finden sich für das deutsche Recht vor allem im Luftverkehrsgesetz (LuftVG) in der Fassung vom 4. 11. 1968[13] und der Luftverkehrsordnung (LuftVO) in der Neufassung vom 14. 11. 1969[14]. Nach § 29 LuftVG besteht die Aufgabe der Luftfahrtbehörden in der Abwehr von Gefahren für die Sicherheit des Luftverkehrs sowie für die öffentliche Sicherheit oder Ordnung durch die Luftfahrt. Während des Fluges oder bei Start und Landung hat der verantwortliche Luftfahrzeugführer die zur Aufrechterhaltung der Sicherheit und Ordnung an Bord geeigneten Maßnahmen zu treffen (§ 29 Abs. 3, S. 1, LuftVG). Daneben wendet sich diese Vorschrift aber ausdrücklich an alle übrigen an Bord befindlichen Personen, die gemäß § 29 Abs. 3 Satz 2 gesetzlich verpflichtet sind, den hierzu notwendigen Anordnungen des Luftfahrzeugführers Folge zu leisten. Das bedeutet aber auch, daß sie ihn nicht gewaltsam in eine Lage versetzen dürfen, in dem es ihm nicht mehr möglich ist, überhaupt noch luftpolizeiliche Anordnungen zu treffen[15].

Noch deutlicher zeigt die Fassung des § 1 LuftVO, der eine dem § 1 der Straßenverkehrsordnung angeglichene Generalklausel enthält, daß der deutsche Gesetzgeber das in Art. 12 des Abkommens von Chicago und dessen Anhang 2 von den Luftfahrzeugen geforderte Verhalten in der Weise versteht, daß — soweit nicht der Luftfahrzeugführer direkt angesprochen wird — *alle Personen* an Bord die Vorschriften beachten müssen, die den Flugverkehr regeln. Nach dieser Grundregel für das Verhalten im Luftverkehr hat sich *jeder Teilnehmer* am Luftverkehr so zu verhalten, daß Sicherheit und Ordnung im Luftverkehr gewährlei-

---

rungen, nämlich solcher in dem Zeitpunkt, während dessen das Luftfahrzeug in der Luft ist und an Bord Unordnung eintritt, nicht unter sie eingeordnet werden könnte. Die öffentliche Sicherheit kann nirgends stärker gefährdet werden, als wenn das Luftfahrzeug führerlos ist oder durch Sabotageakte oder eine Panik führerlos wird und auf eine Ansiedlung abstürzt".

[13] BGBl. I S. 1113.

[14] BGBl. I S. 2117.

[15] Auch aus den §§ 27 und 61 LuftVG ergibt sich, daß der Kreis der zur Befolgung der Luftverkehrsvorschriften Verpflichteten neben dem Luftfahrer auch die sonstigen Insassen umfassen kann. So verbietet der dem Unterabschnitt *Verkehrsvorschriften* zugehörige § 27 Abs. 1 das unbefugte Mitführen von Waffen, Munition, Giftgasen und Kernbrennstoffen an Bord eines Luftfahrzeuges; und nach § 61 Abs. 1 Ziffer 1 handelt jeder ordnungswidrig, der außerhalb des Fluglinienverkehrs von einem Luftfahrzeug aus Lichtbildaufnahmen anfertigt. Das gleiche gilt für § 7 der LuftVO, der das Abwerfen von Gegenständen aus Luftfahrzeugen verbietet. Sein ICAO-Bezug ist Nr. 3.1.4. des Anhangs 2.

stet sind und kein anderer gefährdet, geschädigt oder mehr als nach den Umständen vermeidbar behindert oder belästigt wird[16].

VI. Zusammenfassung

Aus alledem folgt für die Frage des gemäß Art. 12 des Abkommens von Chicago zur Befolgung der Luftverkehrsregeln verpflichteten Personenkreises, daß — wie Verplaetse zutreffend schreibt — „flying aircraft, its crew *and passengers* must observe the regulations of both the State of the flag and of the State overflown, each in its sphere of authority“[17].

Da ein mit Waffengewalt ausgeführter Überfall an Bord die ordnungsgemäße Führung des Flugzeugs ernstlich beeinträchtigt und dadurch das Befolgen der maßgeblichen „Flug- und Luftverkehrsregeln und -vorschriften“ unmöglich macht, so wird man schon nach dem Abkommen von Chicago dessen Mitgliedstaaten für verpflichtet halten müssen, derartige Zuwiderhandlungen strafrechtlich zu verfolgen. Daraus ergibt sich für alle Vertragsstaaten, deren nationale Rechtsordnung noch keine Bestrafung dieser Taten vorsieht, die Verpflichtung, alle notwendigen Maßnahmen zu ergreifen, um ihre Strafgerichtsbarkeit entweder als Eintragungsstaat des entführten Flugzeugs oder als Staat, in dessen Gebiet das Flugzeug entführt worden ist, zu begründen. Der ihnen durch Art. 12 Abs. 3 vertraglich auferlegten Strafverfolgungspflicht dürften die 120 ICAO-Staaten nur dann mit der dort geforderten Sicherheit nachkommen, wenn sie in diesen Fällen von der Strafgewalt

---

[16] In der amtlichen Begründung zum Entwurf der LuftVO ist in einer Randnote zu § 1 Abs. 1 ausdrücklich darauf hingewiesen, daß dieser Bestimmung die vorstehend zitierte Vorschrift Nr. 3.1.1. des Anhangs 2 zum Abkommen von Chicago zugrunde liegt, in der das Verhalten des *Flugzeugs* angesprochen wird. Wie § 1 Abs. 1 LuftVO zeigt, versteht auch der deutsche Normengeber den Begriff *„aircraft“* in der Vorschrift Nr. 3.1.1. in der Weise, daß *alle*, die am Luftverkehr als Benutzer eines Flugzeugs teilnehmen, dafür verantwortlich sind, daß dieses Flugzeug „shall not be operated in a reckless manner so as to endanger life or property of others“.

[17] *Verplaetse*, International Law in Vertical Space, S. 419 (Hervorhebung vom Verfasser). So auch *Schaerer*, Les infractions commises à bord des aéronefs, Révue Internationale de Droit Pénal, 1957, Nr. 1 und 2, S. 455, der betont, daß das „délit de mise en danger par la navigation aérienne“ von allen Personen an Bord eines im Flug befindlichen Luftfahrzeugs begangen werden kann, „soit comme membres de l'équipage, soit comme passagers. Tous ceux qui utilisent ce mode de locomotion doivent par conséquent se conformer aux règles générales de circulation édictées par l'Etat en vue d'assurer la sécurité de la navigation aérienne“. Ebenso *Jeschek*, Die an Bord von Luftfahrzeugen begangenen Straftaten und ihrer Rechtsfolgen, a.a.O., S. 195 und S. 215 f. und *Dahm*, VR, Bd. I, S. 721, der in Bezug auf die Art. 11, 12 und 13 des Abkommens von Chicago ausführt, daß „Flugzeuge und alle Personen an Bord die Gesetze des Bodenstaates beachten, namentlich auch den Vorschriften gehorchen (müssen), die den Flugverkehr regeln“.

auch tatsächlich Gebrauch machen, sobald der Beschuldigte sich in ihrer Gewalt befindet.

Soweit ersichtlich, war es *Jeschek*[18], der als erster auf die grundlegende Bedeutung des Art. 12 für den Schutz des internationalen Luftverkehrs vor sicherheitsgefährdenden Straftaten an Bord von Flugzeugen hingewiesen hat. Er erachtete diese „internationale Gewährleistung sämtlicher Luftverkehrsregeln durch Art. 12“[19], für so bedeutsam, daß er eine weitergehende vertragliche Vereinbarung über das internationale Luftstrafrecht nicht für erforderlich hielt. Wie *Jeschek* mit Recht betont hat, ist das, was im Interesse der Luftfahrt auf internationaler Ebene sichergestellt werden muß, vor allem die strafrechtliche Verfolgung aller Zuwiderhandlungen von Besatzungsmitgliedern und Passagieren gegen luftpolizeiliche Vorschriften, da diese Bestimmungen die Sicherheit des Luftverkehrs gewährleisten sollen[20].

VII. Ergebnis

1. Diese Erkenntnisse lassen es ratsam erscheinen, der ICAO als eine erste *Sofortmaßnahme* vorzuschlagen, ihre Mitgliedstaaten in angemessener Form, etwa durch eine besondere Entschließung, auf ihre durch Art. 12 begründeten vertraglichen Pflichten nachdrücklich hinzuweisen. Sie sind im Interesse der Sicherheit des internationalen Luftverkehrs[21] zu ersuchen, binnen einer angemessenen Frist ihre nationalen Vorschriften — soweit dies nicht bereits geschehen ist — in der Weise zu ergänzen, daß Flugzeugentführungen als schwere Verstöße gegen die maßgeblichen Flug- und Luftverkehrsregeln und -vorschriften strafrechtlich geahndet werden können und müssen.

2. Des weiteren könnte die ICAO in Ergänzung der bestehenden 15 Anhänge (Annexes) zum Abkommen von Chicago einheitliche Regelungen oder Mustergesetzgebungen zur strafrechtlichen Verfolgung der Hijacking-Zwischenfälle schaffen, und zwar in der in Art. 37 dieses Abkommens vorgesehenen Form internationaler Richtlinien oder Empfehlungen („International Standards“ und „Recommended Practices“).

---

[18] *Jeschek*, Die an Bord von Luftfahrzeugen begangenen Straftaten und ihre Rechtsfolgen, a.a.O., S. 196 und 215 f.

[19] *Jeschek*, a.a.O., S. 215.

[20] a.a.O., S. 196.

[21] Die Verpflichtung der ICAO und ihrer Mitgliedstaaten, eine möglichst weitgehende Sicherheit des internationalen Luftverkehrs zu gewährleisten, ergibt sich auch aus dem in der Präambel zum Abkommen von Chicago niedergelegten Leitgedanken einer engen zwischenstaatlichen Zusammenarbeit mit dem Ziele, die internationale Luftfahrt in *sicherer* und *geordneter Weise* weiterzuentwickeln, sowie aus zahlreichen Abkommensbestimmungen der Kapitel II, V und VI dieses Abkommens (Hervorhebungen vom Verfasser).

Denn gemäß Art. 54 (e) gehört die Schaffung und Ergänzung solcher internationalen Vorschriften des Luftrechts zu den wesentlichen Aufgaben des Ständigen Rates dieser Organisation, der sie, soweit erforderlich, zu Anhängen des Grundabkommens bestimmen kann[22]. Wie sich aus Art. 37 Abs. 2 ergibt, beschränkt sich der Gegenstand dieser rechtsetzenden Tätigkeit der ICAO nicht auf die Luftverkehrsregeln im Sinne des Art. 12, sondern bezieht sich auch auf in Not geratene Luftfahrzeuge (Abs. 2 Buchst. K), sowie allgemein auf alle Angelegenheiten, die die Sicherheit, Regelmäßigkeit und Leistungsfähigkeit der Luftfahrt betreffen. Daher wird man mit *von Weber*[23] hierunter auch die Kompetenz zur Schaffung internationaler Richtlinien für die einheitliche Verfolgung sicherheitsgefährdender Straftaten verstehen müssen, die an Bord von Luftfahrzeugen begangen werden[24].

Auch nach Auffassung der *International Air Transport Association* (IATA) fällt die internationale Bekämpfung der Hijacking-Zwischenfälle als eine Angelegenheit „concerning the safety regulations and the efficiency of air navigation" unter den Aufgabenkatalog des Art. 37 und erscheint daher „to be appropriate for inclusion in an annex to the Chicago Convention in virtue of its Article 37"[25]. Der Vorteil solcher durch die ICAO erlassenen internationalen Richtlinien zur strafrechtlichen Verfolgung der Hijacker bestünde — wie die IATA zutreffend betont — darin, daß „they will achieve the status and respect that their importance deserves. Furthermore, by this procedure they could become effective with the minimum of delay"[26].

---

[22] Einzelheiten über die rechtsetzende Tätigkeit der ICAO bei *Erler*, J., Rechtsfragen der ICAO, S. 112 ff. *Erler* führt den Nachweis, daß die ICAO in weit stärkerem Maße als andere Sonderorganisationen der UN auf die nationale Gesetzgebung ihrer Mitgliedstaaten einwirkt. Unter „rechtsetzender" Tätigkeit versteht er im Gegensatz zu dem im innerstaatlichen Recht verwandten Begriff, dem die unmittelbare Verbindlichkeit und Vollziehbarkeit der Rechtsnormen eigen ist, die Ausarbeitung internationaler Normen des Luftrechts, die in der Regel erst durch die Zustimmung eines Mitgliedstaates für diesen verbindlich werden.

[23] Internationales Luftstrafrecht, a.a.O., S. 118.

[24] Vgl. hierzu auch *Erler*, a.a.O., S. 115, der aus der Tatsache, daß alle nur denkbaren Probleme der Luftfahrt mit der Sicherheit, Regelmäßigkeit und Leistungsfähigkeit des Luftverkehrs zu tun haben, der ICAO eine „eigentlich unbeschränkte Kompetenz zum Erlaß von luftfahrtrechtlichen Vorschriften" zuerkennt.

[25] International Air Transport Association, Submission by IATA to the ICAO Council-Committee on Unlawful Interference, Montreal, 1969, S. 7.

[26] a.a.O. Hinsichtlich des in den Art. 38 und 90 des Abkommens von Chicago geregelten Verfahrens zur Inkraftsetzung dieser internationalen Richtlinien, insbesondere der Verpflichtung zur Mitteilung von Abweichungen sowie der aus einer Nichtanzeige entstehenden Rechtsfolgen vgl. *Erler*, a.a.O., S. 116 ff. (126 f.), sowie *Buergenthal*, Th., Law-Making in the International Civil Aviation Organization, S. 57 ff. (66).

Diese Ansicht wird auch von der *Interpol*, der internationalen Koordinationsstelle für die Zusammenarbeit nationaler Kriminalämter, geteilt. In ihrer Stellungnahme zu dem vom Unterausschuß des ICAO-Rechtsausschusses vorgelegten Entwurf eines Abkommens betreffend die unbefugte Inbesitznahme von Luftfahrzeugen hat sie die Frage aufgeworfen, „whether the situation engendered by the nearly daily recurrence of these acts does not have a character of urgency that requires, at least in the initial stage, a much more expeditious solution than the preparation of a convention“[27].

Als ein rasches und wirksames Verfahren zur Bekämpfung der Hijacking-Zwischenfälle schlägt Interpol vor, die ICAO solle eine von ihren sachverständigen Gremien auszuarbeitende Mustergesetzgebung (model-law) allen Mitgliedstaaten zur unverzüglichen Annahme vorlegen.

Laut Interpol besäße dieses Verfahren einen dreifachen Vorteil: Erstens würde es in einfacher und schneller Weise eine Lücke schließen helfen, die in vielen nationalen Strafrechtsordnungen gegenwärtig noch im Hinblick auf angemessene strafrechtliche Sanktionen gegen Flugzeugentführer besteht. Zweitens würde es die Mitgliedstaaten in die Lage versetzen, einheitliche Abwehrmaßnahmen zu treffen, und drittens „it would prompt legislative action which would not only be rapid but be as widely adopted as any action resulting from a convention“[28].

Wie die Interpol ferner mit Recht betont hat, dürfte die Ausarbeitung und Vorlage einer gleichlautenden nationalen Gesetzgebung im Wege der durch das Abkommen von Chicago vorgesehenen Verfahren für die Mitgliedstaaten zweckdienlicher sein als eine internationale Konvention[29]. Denn auf diese Weise könnten selbst Detailfragen, einschließlich der auf den Flughäfen vor dem Abflug zu ergreifenden Polizeimaßnahmen, behandelt werden, ohne hierdurch den gesetzgeberischen Spielraum für sachlich gebotene Abweichungen einzuengen. Ein solches Vorgehen wäre zudem keineswegs unvereinbar mit der Schaffung internationaler Regelungen, sondern würde vielmehr als ein erster gemeinsamer Schritt zur Bekämpfung der Hijacking-Zwischenfälle die Vorbereitung einer solchen Konvention wirksam unterstützen.

---

[27] Vgl. Comments of Interpol, ICAO Doc. LC/WD No. 744—2 (9), S. 2.

[28] a.a.O.

[29] Vgl. hierzu auch die Auffassung des indischen Vertreters im ICAO-Unterausschuß, Gidwani, „that the problem of unlawful seizure of aircraft should be the subject of a continuing study aimed at advising Contracting States for establishing parallel national legislation or procedures which should have the effect of deterring the acts of unlawful seizure“. (ICAO Doc. LC/SC SA WD 36).

4. Kapitel: Ausblick auf künftige völkervertragliche Regelungen: Der ICAO-Entwurf eines internationalen Abkommens über die rechtswidrige Inbesitznahme von Luftfahrzeugen

I. Einleitung

In der Präambel zu seinem im März 1970 vorgelegten Abkommensentwurf[1], dessen Text im Anhang zu dieser Arbeit wiedergegeben ist, hat der Rechtsausschuß der ICAO auf das dringende Bedürfnis hingewiesen, die widerrechtliche Inbesitznahme von Flugzeugen zu einer strafbaren Handlung zu erklären und die Strafverfolgung und Auslieferung der Täter durch geeignete Maßnahmen zu erleichtern. Nach Ansicht des Rechtsausschusses sind hierfür besondere völkervertragsrechtliche Regelungen, „additional to those of international agreements in force and in particular to those of the (Tokyo) Convention“[2], erforderlich. Er hat daher einen aus zehn Artikeln bestehenden Entwurf vorgelegt, der anhand der Ergebnisse dieser Arbeit kritisch gewürdigt werden soll[3].

II. Der sachliche und geographische Anwendungsbereich des Abkommens

1. Der Begriff der strafbaren Handlung

a) Gemäß Art. 1 des Montrealer Vertragsentwurfs (nachfolgend abgekürzt: VE) findet das Abkommen auf rechtswidrige Handlungen an Bord eines im Fluge befindlichen Luftfahrzeugs Anwendung, durch die

aa) entweder mittels Gewalt oder Drohung mit ihr oder durch irgendeine Form der Einschüchterung (intimidation) das Luftfahrzeug in Besitz genommen, die Kontrolle darüber ausgeübt oder versucht wird, eine derartige Handlung zu begehen, oder

bb) Beihilfe zu einer derartigen versuchten oder vollendeten Tat geleistet wird.

b) Nach dieser Tatbestandsumschreibung umfaßt das künftige Abkommen die typischen Fälle einer gewaltsamen Flugzeugentführung,

---

[1] ICAO Doc. 8865 LC/159 16/3/70.

[2] Vgl. Abs. 4 der Präambel, a.a.O.

[3] Dieser Entwurf lag den Beratungen der Staatenkonferenz zugrunde, die unter der Schirmherrschaft der ICAO in der Zeit vom 1. bis 16. Dezember 1970 in Den Haag tagte. Er wurde von ihr mit einigen inhaltlichen Änderungen, auf die jeweils in einer Fußnote zur entsprechenden Abkommensbestimmung hingewiesen wird, unter der Bezeichnung: „Abkommen zur Bekämpfung der widerrechtlichen Inbesitznahme von Luftfahrzeugen“ angenommen. (Nachfolgend als Haager Abkommen bezeichnet).

Eine ausführliche Darstellung des Verlaufs dieser Konferenz und ihrer Ergebnisse gibt *Schmidt-Räntsch* in: Die Internationale Luftrechtskonferenz in Den Haag und das Abkommen zur Bekämpfung der widerrechtlichen Inbesitznahme von Luftfahrzeugen, ZLW 1971, S. 63 ff.

erstreckt sich aber zugleich auch auf andere sicherheitsgefährdende Gewalttaten an Bord.

Denn im Gegensatz zu dem vom Unterausschuß im Februar 1969 vorgelegten ersten Entwurf bildet die Absicht des Täters, den Flugweg zu ändern, kein selbständiges Tatbestandsmerkmal mehr. Damit folgte der Ausschuß der von Südafrika vertretenen Auffassung: „While the intention of the offender no doubt normally would be to change the itinerary of the aircraft, this need not be written into the Convention as one of the essential elements required for its application[4].“ Diese Erweiterung des sachlichen Anwendungsbereichs ist zu begrüßen, da aus der Sicht des Schutzes des internationalen Luftverkehrs die Absicht des Täters unbeachtlich ist.

c) Dagegen erscheint es sachlich nicht gerechtfertigt, die Anwendbarkeit des Abkommens lediglich auf solche Gewaltakte im Sinne des Art. 1 zu beschränken, die *während des Fluges* begangen werden[5]. Wohl wird damit der besonderen Anfälligkeit des fliegenden Luftfahrzeugs gegen störende Eingriffe gebührend Rechnung getragen. Jedoch haben gerade die Zwischenfälle der jüngsten Vergangenheit gezeigt, daß auch ein vor dem Abflug stehendes Verkehrsflugzeug, das jedem als Passagier Auftretenden leicht zugänglich ist, bereits in die Hand bewaffneter Hijacker fallen kann, ohne daß es den Polizeiorganen möglich wäre einzugreifen. Wie Großbritannien hierzu in seiner Stellungnahme vom 15. 1. 1970 zutreffend ausgeführt hat, besteht eine Bedrohung für die Sicherheit des Flugzeugs, der Passagiere und der Besatzung „just as much by acts committed by the hijacker at that time as by acts committed after power is applied“[6]. Deshalb hatte Großbritannien vorgeschlagen, das Abkommen solle alle in Art. 1 genannten Taten umfassen, die begangen werden „by a person at any time after he has boarded the aircraft“[7]. Wenngleich dieser Vorschlag keine Mehrheit im Rechtsausschuß finden konnte, so bleibt doch die endgültige Entscheidung hierüber der Kodifikationskonferenz vorbehalten[8]. Allerdings erscheint

---

[4] Vgl. ICAO Doc. LC/WD 744—2 (11) S. 2. So auch Dänemark in der Stellungnahme vom 25. 9. 1969, ICAO Doc. LC/SC. SA WD 35, und Interpol in ICAO Doc. LC WD 744—2 (9), S. 4.

[5] Gemäß Art. 2 Abs. 1 VE, der mit der Fassung des Art. 1 Abs. 3 des Tokioter Abkommens wörtlich übereinstimmt, gilt ein Flugzeug als im Fluge befindlich von dem Augenblick an, in dem zum Zwecke des Abflugs Kraft aufgewendet wird, bis zu dem Augenblick, in welchem die Landung beendet ist.

[6] ICAO Doc. LC/WD No. 744—2 (14).

[7] a.a.O.

[8] Bedeutsam kann diese Frage nur in den Fällen werden, in denen der gewaltsamen Inbesitznahme des Flugzeugs am Boden nicht auch ein erzwungener Start und Weiterflug folgt, da sonst aufgrund der fortgesetzten rechtswidrigen Kontrollausübung während des Flugs die Anwendbarkeit des Abkommens nicht fraglich sein kann.

anstatt eines Zusatzes im Sinne des britischen Antrags der holländische Vorschlag[9] geeigneter, in dem künftigen Abkommen die Worte „im Flug befindlich" sowie die Definition dieses Begriffs in Art. 2 gänzlich zu streichen[10].

d) Bedenklich im Hinblick auf künftige Entwicklungen erscheint auch die tatbestandsmäßige Beschränkung auf die *an Bord des Luftfahrzeugs* begangenen Gewaltakte. Damit unterliegen Angriffe auf Leib, Leben oder Entschlußfreiheit der Flugzeuginsassen durch Personen, die sich außerhalb des Flugzeugs oder an Bord eines anderen Luftfahrzeugs befinden, nicht den strafrechtlichen Sanktionen dieses Abkommens. Das gleiche gilt für die nicht an Bord befindlichen Mittäter oder Gehilfen eines Hijackers. Angesichts der Möglichkeit, die Besatzungen von Verkehrsflugzeugen auch durch andere Luftfahrzeuge mit Waffengewalt zu rechtswidrigen Kursänderungen zu zwingen, sollte ein Abkommen, das den Schutz der internationalen Zivilluftfahrt vor gefährlichen Gewaltakten bezweckt, sich nicht darauf beschränken, Sachverhalte zu regeln, die gerade aufgrund der augenblicklichen technischen Gegebenheiten und kriminellen Verhaltensweisen strafwürdig erscheinen. Denn wie bereits bei der Erörterung des Pirateriebegriffs des Art. 15 GAHS betont wurde, bringt ein solches Vorgehen die Gefahr in sich, daß ein internationales Vertragswerk als Ganzes oder in Teilen schon bei einem Wechsel krimineller Taktiken obsolet werden kann[11]. Aus der Sicht des Rechtsgüterschutzes ist ein internationales Vorgehen auch bei von

---

[9] Vgl. Comments of the Kingdom of the Netherlands, ICAO Doc. LC/WD No. 744—2 (19) vom 4. 2. 1970. Dieser Antrag wurde jedoch nach den Beratungen im Rechtsausschuß zurückgezogen (siehe ICAO Doc. No. 8865 LC/159, II).

[10] Die Staatenkonferenz hat in Art. 3 Abs. 1 des Abkommens eine wenig befriedigende Kompromißlösung gewählt. Danach gilt in Anlehnung an Art. 5 Abs. 2 des Tokioter Abkommens ein Luftfahrzeug als im Fluge befindlich von dem Augenblick an, in dem alle Außentüren nach dem Einsteigen geschlossen worden sind, bis zu dem Augenblick, in dem eine dieser Türen zum Aussteigen geöffnet wird. — Zu begrüßen ist dagegen die von der Kodifikationskonferenz gleichfalls aus dem Tokioter Abkommen (Art. 5 Abs. 2 Satz 2) übernommene Sonderregelung für den Fall einer Notlandung. In einem solchen Falle gilt der Flug als fortdauernd, bis die zuständigen Behörden die Verantwortung für das Flugzeug, seine Insassen und das an Bord befindliche Eigentum übernommen haben.

[11] Die ICAO beabsichtigt, die nicht unter das Haager Flugzeugentführungsabkommen fallenden rechtswidrigen Eingriffe in den internationalen Luftverkehr, insbesondere die gegen die Luftfahrt gerichteten Sabotageakte, zum Gegenstand einer besonderen Konvention zu machen. Der Rechtsausschuß der ICAO hat daher auf seiner 18. Tagung, die vom 29. 9. bis 22. 10. 1970 in London stattfand, den Entwurf einer entsprechenden „Convention on Acts of Unlawful Interference Against International Civil Aviation (Other Than Those Covered by the Draft Convention on Unlawful Seizure of Aircraft)" ausgearbeitet. (Abdruck des Textes sowie seiner nichtamtlichen deutschen Übersetzung in ZLW 1971, S. 10 ff.

außen erfolgenden Angriffen auf die Flugführung oder die Kommandogewalt dringend geboten[12].

2. *Zur Begriffsbezeichnung*

Abgesehen von der Überschrift: „Draft Convention concerning the *Unlawful Seizure of Aircraft*" enthält der Entwurf keine Begriffsbezeichnung, sondern begnügt sich in Art. 1 letzter Halbsatz mit dem Hinweis, daß jeder, dessen Handeln die genannten Tatbestandsmerkmale erfüllt, eine *strafbare Handlung* im Sinne dieses Abkommens begeht. Tat und Täter werden in den weiteren Bestimmungen des Entwurfs lediglich als *„the offence"* bzw. the *„offender"* bezeichnet[13].

Gegen eine Beibehaltung des Begriffs „unlawful seizure of aircraft" spricht neben den in dieser Arbeit angeführten allgemeinen Bedenken der Umstand, daß die in Art. 1 VE definierte strafbare Handlung tatbestandsmäßig nicht mit Art. 11 des Tokioter Abkommens übereinstimmt, der bereits die Bezeichnung „Unlawful Seizure of Aircraft" trägt. Hierunter versteht Art. 11 nicht nur die widerrechtliche Inbesitznahme oder Ausübung der Kontrolle, sondern auch bereits sämtliche mittels Gewalt oder Drohung verübten Fälle der Behinderung („acts of interference") eines im Flug befindlichen Luftfahrzeugs[14].

3. *Die unter den Abkommensentwurf fallenden Luftfahrzeuge*

a) Während das Tokioter Abkommen nur für Taten gilt, die in einem Flugzeug eines Vertragsstaates begangen werden, spricht Art. 1 VE von Luftfahrzeugen schlechthin. Nach dem Willen des Rechtsausschusses soll die Entscheidung darüber, ob die Luftfahrzeuge sämtlicher Staaten oder aber lediglich die in einem Vertragsstaat eingetragenen einen durch das Abkommen gewährten strafrechtlichen Schutz genießen sollen, der Kodifikationskonferenz vorbehalten bleiben. Im Interesse einer möglichst universalen Bekämpfung der Hijacking-Zwischenfälle steht zu hoffen,

---

[12] Soweit derartige von außen erfolgende Angriffe auf Zivilflugzeuge den Tatbestand der völkerrechtlichen Piraterie im Sinne des Art. 15 GAHS erfüllen, verpflichtet Art. 14 GAHS die Mitgliedstaaten bereits „to cooperate to the fullest extent in the repression". Zur Frage, ob durch Art. 14 eine Strafverfolgungspflicht begründet wird, siehe im einzelnen S. 105 f.

[13] Aus dem Bericht des Rechtsausschusses ist ersichtlich, daß „a suggestion was made that the offence described in Art. 1 be given a specific name in the Convention, but it was not pressed". ICAO Doc. 8865 LC/159, Teil II, S. 21.

[14] Die Staatenkonferenz hat den Art. 1 VE sowie die Bezeichnung: Unlawful seizure of aircraft" unverändert in das Haager Abkommen übernommen. Daher bleiben auch die angeführten Bedenken weiterhin bestehen.

daß die Konferenz die Strafwürdigkeit dieser Gewaltakte nicht von der Staatszugehörigkeit des betroffenen Luftfahrzeugs abhängig macht[15].

b) In wörtlicher Übereinstimmung mit Art. 1 Abs. 4 des Tokioter Abkommens nimmt Art. 2 Abs. 2 des Entwurfs Luftfahrzeuge, die im Militär-, Zoll- oder Polizeidienst verwendet werden, aus dem sachlichen Geltungsbereich des Abkommens aus[16]. Anders als in Art. 3 des Abkommens von Chicago wird damit die Verwendung des Begriffs „Staatsluftfahrzeug“ vermieden, der wegen des ausschließlichen Einsatzes staatseigener Verkehrsflugzeuge durch die meisten Ostblockstaaten kaum mehr geeignet ist, Luftfahrzeuge, die zivilen Zwecken dienen, von denjenigen, die hoheitliche Aufgaben erfüllen, zu unterscheiden. Daher wird ebenso wie im Tokioter Abkommen nicht auf das Eigentum am Luftfahrzeug, sondern auf dessen tatsächliche Verwendung abgestellt. Folglich fällt die Entführung eines für militärische Zwecke gecharterten Zivilflugzeugs nicht unter das Abkommen, während umgekehrt das Hijacking einer Militär-, Zoll- oder Polizeimaschine, die für zivile Zwecke eingesetzt wird, zur Anwendung des Abkommens führt. Damit werden aber auch die bereits bei der Anwendung des Tokioter Abkommens auftretenden Zweifelsfragen auf das neue Abkommen übertragen. So bleibt bei dieser Regelung beispielsweise offen, was gelten soll, falls — wie bei vielen Flügen amerikanischer Luftverkehrsgesellschaften nach Vietnam — ein Zivilflugzeug mit einem Teil seines Kabinen- oder Frachtraums für militärische Zwecke eingesetzt ist. Das Gleiche gilt etwa für einen Überfall an Bord einer Verkehrsmaschine, mit der eine Gruppe von Offizieren zu einer militärischen Konferenz reist.

4. Der geographische Geltungsbereich

Nach Art. 2 Abs. 3 VE soll das Abkommen nur Anwendung finden, falls der Abflug- oder der Landeort des Flugzeugs, an Bord dessen die strafbare Handlung begangen worden ist, außerhalb des Gebietes seines Eintragungsstaates gelegen ist. Damit sollen die auf einem ausschließlich innerstaatlichen Flug („domestic flight“) begangenen Straftaten ausgeschlossen bleiben. Wenngleich der Gedanke Zustimmung verdient, den Geltungsbereich auf Flüge mit transnationalen Aspekten zu beschränken, so erscheint doch die Vorschrift des Art. 2 Abs. 3 als zu eng. Denn wie die dänische Regierung in ihrer Stellungnahme vom 25. September 1969 mit Recht betont hat, werden hierdurch nicht nur

---

[15] Ebenso wie der Vorentwurf gewährt nun auch das Haager Abkommen Luftfahrzeugen aus Drittstaaten diesen strafrechtlichen Schutz.

[16] Ebenso Art. 3 Abs. 2 des Haager Abkommens.

innerstaatliche, sondern möglicherweise auch internationale Flüge ausgeschlossen, nämlich dann, wenn ein Flugzeug „on an internationally scheduled flight takes off on the territory of the State of registration and is being brought to land again on that same territory after the occurence of the offence“[17]. Solche Zwischenfälle seien von internationalem Interesse und sollten daher unter das Abkommen fallen. Ferner kann nach dänischer Auffassung, die von Norwegen[18] und Großbritannien[19] geteilt wird, auch ein innerstaatlicher Flug internationale Aspekte besitzen, beispielsweise dann, wenn der Täter vergeblich versucht hat, das Flugzeug zuvor in einem fremden Territorium zur Landung zu zwingen. Trotz dieser berechtigten Bedenken wurde der von Großbritannien und Dänemark eingebrachte Antrag, Art. 2 Abs. 3 des Entwurfs zu streichen, vom Rechtsausschuß mit 19 zu 9 Stimmen abgelehnt[20].

III. Die Bestrafung der Hijacking-Tatbestände nach nationalem Recht

Im Rechtsausschuß bestand Einigkeit darüber, daß alle dem künftigen Abkommen beitretenden Staaten sich verpflichten sollten, Hijakking-Zwischenfälle im Sinne der Begriffsbestimmung des Art. 1 VE zu einer Straftat gemäß ihrem nationalen Recht zu erklären. Sie sollten

---

[17] ICAO Doc. LC/SC. SA. WD 35.

[18] Nach norwegischer Ansicht kann ein Flug nur dann als innerstaatlich angesehen werden, wenn das betreffende Flugzeug in dem Gebiet seines Eintragungsstaates startet, ausschließlich in dessen Luftraum verkehrt und ferner die Landung ebenfalls in diesem Staate vorgesehen ist und auch tatsächlich erfolgt: All other flights have an international aspect and ought therefore to be covered by the Convention“ (vgl. ICAO Doc. LC/WD No. 744—2 [16]).

[19] Großbritannien hatte zudem darauf hingewiesen, falls „domestic acts of hijacking are not covered by the convention, a problem may arise in relation to the extradition of a person who has committed an act of hijacking on a ‚domestic‘ flight and has fled to the territory of another State. Those States which do not need to legislate in order to bring the convention into force may well not, even though they ratify the convention, legislate to make ‚domestic‘ hijackings an offence. If they do not it will be impossible to make provision for the extradition of ‚domestic‘ hijackers from such States. This is unsatisfactory and leaves a gap in the convention which should be avoided“. (ICAO Doc. LC/WD No. 744—2 [14]).

[20] Vgl. ICAO Doc. 8865 LC/159 II, S. 22. Nachdem Großbritannien auf der Haager Konferenz seinen Antrag auf Streichung des Art. 2 Abs. 3 VE zurückgenommen hatte, wurde diese Regelung mit geringfügigen Änderungen als neuer Art. 3 Abs. 3 in das Abkommen aufgenommen. Durch die auf Antrag der griechischen Delegation erfolgte Einfügung des Wortes „actual“ ist klargestellt, daß sich die Frage der Anwendbarkeit des Abkommens nach dem Ort der *tatsächlichen* Landung und nicht nach dem im Flugplan vorgesehenen bestimmt. Zur Bedeutung des dem gleichen Zweck dienenden Zusatzes am Ende des Absatzes 3: regardeless of whether the aircraft was carrying out an international or domestic flight, der auf Vorschlag, der russischen Delegation beschlossen wurde, siehe Schmidt-Räntsch, Die Internationale Luftrechtskonferenz in Den Haag, S. 75/76.

sich ferner verpflichten, diese Straftat in wirksamer Weise, unter Berücksichtigung ihrer Schwere, unter Strafe zu stellen. Allerdings bestimmt der Entwurf weder die Art der zu verhängenden Strafe noch den Strafrahmen, sondern begnügt sich in Art. 3 mit der Forderung nach „harten Strafen" (severe penalties).

Angesichts der Tatsache, daß die in Art. 1 genannten Tatbestände bereits nach dem geltenden Recht vieler Staaten strafbar sind, — mag es im Einzelfall auch erforderlich sein, „to lay a number of charges against an alleged perpetrator of unlawful seizure which, taken together, cover the offence as described in the Convention"[21] — hatte Kanada eine inhaltliche Änderung des Art. 3 VE vorgeschlagen. Hiernach sollten die Vertragsstaaten lediglich verpflichtet werden, die einzelnen Akte, die den Gesamttatbestand der Flugzeugentführung erfüllen, unter Strafe zu stellen. Folglich sollte die ursprüngliche Fassung des Art. 3: „Each Contracting State undertakes to make *the offence* punishable", wie folgt abgeändert werden: „Each Contracting State undertakes to make *the acts constituting the offence* punishable"[22]. Dieser Antrag wurde jedoch mit 19 gegen 11 Stimmen bei 6 Stimmenthaltungen abgelehnt[23]. Sollte die Kodifikationskonferenz diesem Mehrheitsbeschluß folgen, so wird jeder Vertragsstaat verpflichtet sein, in seine nationale Rechtsordnung eine besondere Strafnorm aufzunehmen, welche den tatbestandsmäßigen Voraussetzungen des Art. 1 entspricht[24].

IV. Die Regelung der strafrechtlichen Zuständigkeiten

1. Gemäß Art. 2 des Entwurfs hat jeder Vertragsstaat die notwendigen Schritte zu ergreifen, um seine Strafgerichtsbarkeit über einen Hijacker in den folgenden Fällen zu begründen:

a) falls die Tat an Bord eines Flugzeugs begangen wird, das seine Flagge führt[25], und

b) falls das Flugzeug mit dem Täter an Bord in seinem Gebiet landet.

---

[21] Siehe Comments of Canada, ICAO Doc. LC/WD No. 744—2 (7) vom 6. 1. 1970.

[22] a.a.O.

[23] Vgl. ICAO Doc. 8865 LC/159 II, S. 22.

[24] Art. 3 VE wurde als neuer Art. 2 in unveränderter Fassung in das Haager Abkommen aufgenommen. Damit sind die Mitgliedstaaten vertraglich verpflichtet, den Tatbestand der Luftfahrzeugentführung als besonderes Delikt in das nationale Strafrecht aufzunehmen. (So auch Schmidt-Räntsch, a.a.O., S. 77).

[25] Vertragsstaaten, die Betriebsgemeinschaften für den Luftverkehr oder internationale Betriebsstellen bilden, die Flugzeuge einsetzen, welche einer gemeinsamen oder inernationalen Eintragung unterliegen, haben gemäß Art. 5 des Entwurfs denjenigen Staat unter ihnen zu bezeichnen, der für die Zwecke dieses Abkommens als Eintragungsstaat gilt.

2. Damit entspricht der Entwurf nicht den berechtigten Forderungen all derer, die im Interesse einer einheitlichen weltweiten Bekämpfung der Hijacking-Zwischenfälle die Schaffung eines besonderen internationalen Unrechtstatbestandes im Sinne des primären Universalitätsprinzips für notwendig halten[26]. Angesichts des gemeinsamen Bedürfnisses der Staatengemeinschaft nach einem wirksamen Schutz des Flugverkehrs vor sicherheitsgefährdenden Straftaten ist es schwer verständlich, weshalb der Rechtsausschuß nicht dem Beispiel der bestehenden Kollektivverträge zur Bekämpfung der Piraterie, des Sklaven-, Frauen- und Kinderhandels, des Kabelbruchs, usw. gefolgt ist und eine Strafkompetenz aller Vertragsstaaten ohne Rücksicht auf den Tatort und die Nationalität des Täters oder des entführten Luftfahrzeugs vorgesehen hat.

Auf die grundsätzlichen Vorteile einer solchen vertraglichen Regelung, die die unterschiedlichen Systeme strafrechtlicher Jurisdiktion respektiert und eine Auslieferung erübrigt, wurde bereits an anderer Stelle ausführlich hingewiesen[27].

3. Allerdings sollte die Bedeutung dieser Frage für die Fälle transnationaler Flugzeugentführungen nicht überschätzt werden. Denn, wie bereits mehrfach betont, sind es allein die Staaten der erzwungenen Landung, die durch eine angemessene Bestrafung des in ihrer Gewalt befindlichen Täters oder durch seine Auslieferung potentielle Hijacker wirksam abschrecken und damit den Kampf gegen diese gefährlichen Gewalttaten erfolgreich führen können. Deshalb wird in der Praxis die Frage der strafrechtlichen Jurisdiktion anderer Staaten nur dann relevant, wenn der Landestaat den Täter unbehelligt weiterreisen läßt oder ihn nach seiner Bestrafung abschiebt.

Für diese Fälle bestimmt Art. 4 Abs. 2 VE, daß neben der in seinem Abs. 1 vorgesehenen Strafkompetenz des Flaggenstaates auch die sonstigen aufgrund anderer zulässiger Anknüpfungspunkte ausgeübten nationalen Strafgerichtsbarkeiten durch das Abkommen unberührt bleiben.

4. Prüft man anhand dieser Überlegungen die praktische Bedeutung des Art. 4 VE für den Gegenstand dieser Arbeit, so ist festzustellen, daß er entbehrlich ist, da er im wesentlichen nur eine bereits bestehende Rechtslage wiedergibt. Das gilt insbesondere hinsichtlich der bereits aufgrund des weltweit geltenden Territorialitätsprinzips bestehenden Strafgerichtsbarkeit der Landestaaten gegenüber Flugzeugentführern,

---

[26] Für die Schaffung eines Weltrechtsdelikts haben sich u. a. die Vertreter der ILA, IATA, IFALPA und Interpol sowie die Delegierten Israels und der Niederlande ausgesprochen.

[27] Vgl. S. 157 f.

deren Rechtsgüterverletzungen notwendigerweise bis zum Einflug in den Luftraum des Zielstaates, zumeist gar bis zur erzwungenen Landung, fortdauern.

Um eine wirksame internationale Abschreckung zu gewährleisten, hätte es vielmehr der Schaffung einer Jurisdiktionsregelung bedurft, durch die alle Vertragsstaaten zur Strafverfolgung unabhängig vom Tatort und der Nationalität des Täters, Opfers oder des Luftfahrzeugs verpflichtet werden[28].

V. Staatliche Verpflichtung zur vorläufigen Festnahme von Hijackern

In entsprechender Anwendung der bereits erörterten Bestimmungen des Art. 13 Abs. 2 bis 5 des Tokioter Abkommens[29] sieht Art. 6 VE vor, daß die Vertragsstaaten jeden der Tat Verdächtigen, der sich in ihrem Staatsgebiet aufhält, vorläufig in Gewahrsam zu nehmen oder sonstige Maßnahmen zu treffen haben, um seine Anwesenheit sicherzustellen; und zwar solange, als es angemessenerweise für die Einleitung eines Straf- oder Auslieferungsverfahrens erforderlich ist.

Im Gegensatz zur jurisdiktionellen Regelung des Art. 4 Abs. 1 Buchstabe b VE trifft diese Verpflichtung nicht nur diejenigen Vertragsstaaten, in denen das überfallene Flugzeug mit dem mutmaßlichen Täter an Bord landet, sondern jeden Mitgliedstaat, in dessen Gebiet sich

---

[28] Es darf mit Befriedigung vermerkt werden, daß die hier aufgezeigten Bedenken gegen die lückenhafte Jurisdiktionsregelung des Art. 4 VE von der Mehrzahl der auf der Haager Kodifikationskonferenz vertretenen Staaten geteilt worden sind. Es waren vornehmlich die Delegationen Österreichs, der Schweiz, Großbritanniens, Spaniens und der Vereinigten Arabischen Republik, die nachdrücklich eine Ausdehnung der Strafkompetenz desjenigen Vertragsstaates, in dem der Flugzeugentführer nach Begehung der Tat aufgefunden wird (Aufenthaltsstaat) für den Fall forderten, daß dieser Staat nicht bereits aufgrund des Territorialitäts-, Personalitäts- oder des Flaggenprinzips zur Aburteilung zuständig ist. Der Einführung des reinen Weltrechtsgrundsatzes durch eine besondere völkerrechtliche Norm bedarf es — wie Schmidt-Räntsch, a.a.O., S. 80 dargelegt hat — in den Fällen, in denen der Täter aus dem Landestaat entkommt, aber auch dann, wenn der Landestaat dem Abkommen nicht angehört und den Täter unbehelligt ausreisen läßt. In einem solchen Falle ist der Aufenthaltsstaat nunmehr aufgrund des mit 73 Stimmen bei einer Enthaltung gebilligten neuen Art. 4 Abs. 2 verpflichtet, seine Gerichtsbarkeit „für den Fall zu begründen, daß der Verdächtige sich in seinem Hoheitsgebiet aufhält und daß der betreffende Staat ihn nicht nach Artikel 8 an einen der in Absatz 1 des vorliegenden Artikels genannten Staaten ausliefert“.

Darüberhinaus begründet das Abkommen eine weitere Strafzuständigkeit bei der Entführung eines ohne Besatzung vermieteten Flugzeugs (vgl. Art. 4 Abs. 1 Buchstabe c).

[29] Vgl. S. 58. Die Übernahme einiger bereits im Tokioter Abkommen enthaltener Regelungen erschien erforderlich, da die neue Vereinbarung in der Form eines selbständigen Vertrages abgeschlossen wurde und damit unabhängig vom Tokioter Abkommen ratifizierbar ist.

der Täter befindet[30]. Hieraus folgt, daß auch ein Flugzeugentführer, der den Staat der erzwungenen Landung ohne Bestrafung oder nach deren Verbüßung wieder verlassen hat, grundsätzlich der Festnahme in allen übrigen Vertragsstaaten gewärtig sein muß.

Da sich die Voraussetzungen einer Festnahme oder einer sonstigen sichernden Maßnahmen jedoch ausschließlich nach dem Recht des Aufenthaltsstaates bestimmen (Art. 6 Abs. 1 Satz 2 VE), so bringt diese Vorschrift keine Änderung der geltenden Rechtslage: Denn soweit es in einem Aufenthaltsstaat bislang an den entsprechenden Zulässigkeitsvoraussetzungen fehlt, so wird er weder durch Art. 6 noch durch irgendeine andere Abkommensbestimmung zu einer entsprechenden Ergänzung seines innerstaatlichen Rechts verpflichtet; es sei denn, es handle sich zugleich um den Eintragungsstaat des entführten Flugzeugs oder den Landestaat[31].

VI. Die vertragliche Regelung der Strafverfolgung

Bei den Beratungen des Unterausschusses bestanden Meinungsverschiedenheiten darüber, ob ein Staat, der einen gemäß Art. 6 VE vorläufig festgenommenen Hijacker aus bestimmten Gründen nicht ausgeliefert hat, zur Bestrafung des Täters verpflichtet werden solle. Die Mehrheit der Ausschußmitglieder war der Ansicht, daß es im Ermessen des Gewahrsamstaates stehen solle, ob er die Tat verfolgen wolle oder nicht. Die Entscheidung hierüber sollte den zuständigen staatlichen Strafverfolgungsbehörden und Gerichten überlassen bleiben.

Die von einigen Ausschußmitgliedern erhobene Forderung, das künftige Abkommen solle im Interesse einer wirksamen Abschreckung ausdrücklich vorschreiben, daß die zuständigen Behörden bei ihrer Entscheidung etwaige politische Beweggründe außer acht zu lassen hätten, wurde von der Mehrheit abgelehnt. Nach ihrer Ansicht wäre das Abkommen für eine große Anzahl von Staaten unannehmbar, wenn ein Staat entgegen seiner nationalen Überlieferung verpflichtet würde, die politisch motivierte Handlungsweise eines Täters im Einzelfalle unberücksichtigt zu lassen. Dementsprechend sieht Art. 7 VE vor, daß jeder Gewahrsamstaat, der den mutmaßlichen Täter nicht ausliefert, den Fall seinen zuständigen Stellen zur Entscheidung darüber vorzulegen hat,

---

[30] Vgl. Art. 6 VE. Das gleiche gilt für Art. 9 (Maßnahmen betreffend das Luftfahrzeug, die Fluggäste und die Besatzung), der in seinem wesentlichen Inhalt Art. 11 des Tokioter Abkommens entspricht.

[31] In diesem Punkte hat nunmehr das Haager Abkommen durch Einführung der auf dem Weltrechtsprinzip beruhenden Strafkompetenz des Aufenthaltstaates (Art. 4 Abs. 2) eine entscheidende Verbesserung gebracht (vgl. hierzu im einzelnen Fußnote 28).

ob der Verdächtige strafrechtlich verfolgt werden soll. Nach Art. 7 Satz 2 treffen diese Stellen ihre Entscheidung in gleicher Weise wie bei anderen Straftaten.

Hieraus folgt, daß ein Hijacker gegenüber anderen Verbrechern keine Sonderstellung genießt[32]. Daher sind selbst in dem Falle, in dem ein Flugzeugentführer aus politischen Gründen um Asyl nachsucht, unabhängig von der Frage der Asylgewährung oder -verweigerung die Voraussetzungen für ein Strafverfahren zu prüfen[33]. Liegen sie vor, so ist der Täter auch der Schwere seiner Verfehlungen entsprechend zu verurteilen, wobei es durchaus möglich ist, beachtenswerte politische Beweggründe, etwa eine mittels des Flugzeugs bewerkstelligte Flucht vor politischer Verfolgung, im Rahmen des individuellen Schuldvorwurfs strafmildernd zu berücksichtigen.

VII. Auslieferung (Art. 8)

1. Flugzeugentführungen als Auslieferungstaten

Der Rechtsausschuß beschloß mit 18 gegen 6 Stimmen, daß die rechtswidrige Inbesitznahme von Luftfahrzeugen als eine der Auslieferung unterliegende Straftat nach jedem zwischen den Vertragsstaaten bestehenden Auslieferungsabkommen gelten soll. Die Mitgliedstaaten sind darüber hinaus verpflichtet, die in Art. 1 genannten strafbaren Handlungen als auslieferungsfähige Taten in jedes zwischen ihnen künftig abzuschließende Auslieferungsabkommen aufzunehmen. Vertragsstaaten, welche die Auslieferung nicht von dem Bestehen eines Abkommens

---

[32] Vgl. hierzu auch die Stellungnahme der amerikanischen Regierung: The United States believes that the decision was one of the general principle that hijackers should be treated like any other criminal within the particular municipal legal system (ICAL Dok. LC/SC. SA WD 29 vom 10. 9. 1969).

[33] Ebenso Interpol (ICAO-Dok. LC WD. No. 744—2 [9]) S. 8: „Even in the most interesting case, that where the alleged offender requests the right of asylum, legal proceedings should be undertaken and a judgment should be pronounced since there is no doubt that the individual has committed a serious offence for which he is answerable before the courts, which of course does not preclude granting him the right of asylum."

Im Gegensatz zu dem Vorentwurf enthält die von der Haager Konferenz mit großer Mehrheit beschlossene endgültige Fassung des Artikels 7 nunmehr einen ausdrücklichen Hinweis auf die Unerheblichkeit der der Tat zugrundeliegenden Motive für die Frage der Einleitung der Strafverfolgung. Denn den Aufenthaltsstaat trifft die vertragliche Verpflichtung, jeden Flugzeugentführungsfall *ohne irgendeine Ausnahme* („without exception whatsoever") seinen zuständigen Behörden zum Zwecke der Strafverfolgung zu unterbreiten. — Dagegen fand der Vorschlag der USA keine Mehrheit, der vorsah, in einem neu einzufügenden Art. 6 a ausdrücklich niederzulegen, daß „(f)or the purposes of Articles 7 and 8 of the convention, the offence, whatever its motivation, shall be considered to be a serious common crime and not a political offence".

abhängig machen, haben die Taten im Verhältnis zueinander als der Auslieferung unterliegend anzuerkennen, jedoch vorbehaltlich der nach dem Recht des ersuchten Staates geltenden Bedingungen[34].

Im Verhältnis der Vertragsstaaten untereinander gilt zum Zwecke der Auslieferung jede unbefugte Inbesitznahme von Luftfahrzeugen nicht nur als an dem eigentlichen Tatort begangen, sondern auch in den Gebieten des Flaggenstaates sowie jedes Staates, in dem das Flugzeug mit dem Täter an Bord landet.

2. *Zur Auslieferung politischer Täter*

Bei den Vorberatungen des Unterausschusses hatten mehrere Delegierte die Auffassung vertreten, die Auslieferung von Flugzeugentführern dürfe auch bei Vorliegen politischer Beweggründe nicht verweigert werden. Demgegenüber war die Mehrheit der Ausschußmitglieder der Ansicht, jeder Vertragsstaat könne die Auslieferung des mutmaßlichen Täters entsprechend seiner nationalen Rechtsordnung verweigern, insbesondere dann, wenn der Täter ein Staatsangehöriger des ersuchten Staates sei oder Asyl vor politischer Verfolgung suche oder es sich um ein politisches Verbrechen handele.

Angesichts der Tatsache, daß viele Flugzeugentführer sich auf den politischen Charakter ihrer Taten berufen haben, erscheint es notwendig, nachfolgend den Begriff des politischen Verbrechens im asyl- und auslieferungsrechtlichen Sinne zu untersuchen.

3. *Der Begriff des politischen Verbrechens in der internationalen Auslieferungspraxis*

a) Das Prinzip der Nichtauslieferung politischer Straftäter

Nach internationaler Gepflogenheit werden politische Straftäter in aller Regel nicht ausgeliefert. Dieses als Folge der französischen Revolution entstandene Prinzip[35] hat in nahezu allen Auslieferungsgesetzen und -verträgen sowie in Artikel 14 der Allgemeinen Menschenrechtserklärung der Vereinten Nationen vom 10. Dezember 1948[36] seinen Nie-

[34] Während der Montrealer Vorentwurf keine Regelung für den Fall vorsah, daß ein Vertragsstaat, der eine Auslieferung vom Bestehen eines entsprechenden zwei- oder mehrseitigen Vertrages abhängig macht, ein Auslieferungsersuchen von einem anderen Vertragsstaat enthält, mit dem er keinen solchen Vertrag abgeschlossen hat, so schließt nun der neu eingefügte Absatz 2 des Artikels 8 diese Lücke.

[35] Zur Entstehungsgeschichte siehe insbesondere *Oppenheim-Lauterpacht*, International Law, I, S. 704 f. und *Dahm*, VR I, S. 283.

[36] Hiernach wird das grundsätzlich jedermann zustehende Recht, in anderen Ländern Asyl vor Verfolgungen zu genießen, nur dann ausgeschlossen,

derschlag gefunden. Dennoch gibt es bislang weder eine Regel des allgemeinen Völkerrechts, welche die Auslieferung politischer Täter verbietet[37], noch eine einheitliche Interpretation des Begriffs des politischen Verbrechens[38]. Vielmehr ist, wie *Berber* anhand zahlreicher Beispiele nachgewiesen hat, der Inhalt des Prinzips der Nichtauslieferung politischer Verbrecher „so labil, daß es im wesentlichen nicht dem Täter aus politischer Gesinnung überhaupt, sondern dem politischen Gesinnungsfreund des im Aufenthaltsstaat herrschenden politischen Regimes zugutekommt, also von einer innerpolitisch gefärbten Staatsräson bestimmt bleibt“[39].

b) Zur Abgrenzung des asylwürdigen politischen Delikts gegenüber dem gemeinen Verbrechen

aa) Einer rein subjektiven Deutung folgend beurteilen einige Staaten den politischen Charakter einer Straftat entweder aufgrund der vom Täter verfolgten Ziele oder aber nach den Motiven, die ihn zur Begehung der Tat bestimmt haben[40]. Diese Auffassung erscheint insofern bedenklich, als nach ihr auch gemeine Verbrecher unter Berufung auf einen politischen Beweggrund einer Auslieferung entgehen können.

---

wenn die Strafverfolgung wegen nichtpolitischer Verbrechen oder aber wegen Taten erfolgt, die gegen die Ziele und Grundsätze der Vereinten Nationen verstoßen. Daraus folgt die Nichtauslieferung politischer Täter, soweit sie sich keines Verstoßes gegen die Ziele und Grundsätze der UN schuldig gemacht haben.

[37] Nach der ganz überwiegenden Meinung im Schrifttum handelt es sich bei der UN-Menschenrechtserklärung nur um Programmsätze für künftig zu verwirklichendes Recht, nicht aber um unmittelbar verpflichtendes Recht. Vgl. die ausführlichen Nachweise bei *Dahm*, VR I, S. 429 f. Anders jedoch *Sohn*, L. B., Die Allgemeine Erklärung der Menschenrechte, Journal der Internationalen Juristenkommission, Sonderausgabe 1968, Teil I, S. 21 ff., der die Auffassung vertritt, daß aufgrund einer beständigen und konsequenten Praxis der UN die Erklärung „zu einem der Charta selbst beinahe ebenbürtigen Rang erhoben“ worden (S. 30) und so „zu einem Teil des Verfassungsrechts der Weltgemeinschaft“ geworden sei. (S. 31). Zur Einschränkung der Asylgewährung für Personen, die Kriegsverbrechen, Verbrechen gegen den Frieden oder die Menschlichkeit begangen haben, vgl. auch Art. 1 Abs. 2 der UN-Declaration on Territorial Asylum vom 14. Dezember 1967 (UN Resolution 2312 [XXII]).

[38] Dazu *Oppenheim-Lauterpacht*, a.a.O., S. 707/8: „Up to the present day all attempts to formulate a satisfactory conception of the term have failed, and the reason of the thing will, probably, for ever exclude the possibility of finding a satisfactory definition.“

[39] VR I, S. 392. Ähnlich bereits *Dahm*, VR I, S. 283, der anhand des Art. 120 der französischen Verfassung von 1793 zeigt, daß „nicht das politische Motiv in abstracto, sondern die Gesinnungsgemeinschaft“ den Grund für die Asylgewährung bildete.

[40] Einzelheiten bei *Oppenheim-Lauterpacht*, International Law I, S. 707 f. und *Dahm*, VR I, S. 284, Fußnote 17.

bb) In ihrer Mehrzahl stellen daher die Staaten auf die *objektive* Beschaffenheit der Straftat ab, also auf die Art des angegriffenen Rechtsgutes[41]. Diese sogenannte objektive Theorie liegt auch dem deutschen Auslieferungsgesetz (DAG) zugrunde, nach dessen in § 3 Abs. 2 enthaltener Legaldefinition politische Taten diejenigen strafbaren Angriffe sind, „die sich unmittelbar gegen den Bestand oder die Sicherheit des Staates, gegen eine verfassungsmäßige Körperschaft, gegen die staatsbürgerlichen Rechte bei Wahlen oder Abstimmungen oder gegen die guten Beziehungen zum Ausland richten"[42].

cc) Es besteht jedoch weitgehende Übereinstimmung in der Staatenpraxis darüber, daß neben der rein politischen Straftat, die gegen den Staat selbst oder seine Organe gerichtet ist, auch die sogenannte Zusammenhangstat (crime connexe) der Auslieferung entzogen ist. Hierunter wird eine gemeine Straftat verstanden, die nicht um ihrer selbst willen, sondern zur Vorbereitung, Sicherung oder Deckung eines rein politischen Delikts verübt wird und damit in einem unauflösbaren Zusammenhang mit diesem Delikt steht[43].

dd) Die eigentliche Problematik des Auslieferungsrechts bilden jedoch die sogenannten *gemischten* Verbrechen (crimes complexes), die zugleich die Merkmale eines politischen und eines gemeinen Delikts enthalten[44]. Zwecks Unterscheidung von den rein politischen Delikten werden diese komplexen Straftaten auch als relativ-politische Delikte bezeichnet[45]. In der Staatenpraxis lassen sich mehrere Lösungsversuche unterscheiden, die der Abgrenzung schutzwürdiger Fälle von denen „besonderer Asylunwürdigkeit"[46] dienen sollen. Einen ersten Versuch bildete die Einschränkung des privilegierten Täterkreises durch die zuerst in Belgien im Jahre 1856 eingeführte und mittlerweile weitverbreitete Attentatsklausel, wonach Anschläge auf ein fremdes Staatsober-

---

[41] Vgl. *Dahm*, a.a.O., S. 284.

[42] Deutsches Auslieferungsgesetz vom 23. 12. 1929 (RGBl. 1929 I, S. 239), geändert durch das Gesetz vom 12. 9. 1933 (RGBl. 1933 I, S. 618), in der Fassung vom 19. 12. 1964 (BGBl. I, S. 1067).

[43] Vgl. § 3 Abs. I DAG, der das konnexe politische Delikt als eine Tat definiert, die „mit einer politischen Tat derart in Zusammenhang steht, daß sie diese vorbereiten, sichern, decken oder abwehren sollte". Beispiele bei Dahm, VR I, S. 286. Zur Verbreitung dieses Grundsatzes in der zwischenstaatlichen Praxis siehe *Hambro*, E., New Trends in the Law of Extradition and Asylum, V, The Western Political Quarterly, 1952, S. 7.

[44] Hierzu zählt beispielsweise das Attentat auf einen Staatsmann oder die Begehung von Mord, Brandstiftung, Raub usw., um die bestehenden Machtverhältnisse gewaltsam zu ändern. Vgl. im einzelnen *Oppenheim-Lauterpacht*, VR I, S. 708, Fußnote 2.

[45] So etwa das Schweizerische Bundesgericht im *Jugoslawischen Flugzeugfall* (BGE 78 I, S. 50).

[46] So *Dahm*, a.a.O., S. 284.

haupt oder Mitglieder seiner Familie nicht als asylwürdige politische Verbrechen gelten[47]. Da die Beschränkung auf diesen Personenkreis wenig befriedigend ist, so gestatten zahlreiche Auslieferungsgesetze und -verträge die Auslieferung ganz allgemein bei Verbrechen gegen das Leben, es sei denn, daß die Tat im offenen Kampf begangen ist[48]. Diese Tendenz, den Kreis der asylwürdigen relativ-politischen Verbrechen einzuschränken, wird in der jüngsten Vergangenheit in immer stärkerem Maß erkennbar. Sie beruht in erster Linie auf der allgemeinen Zunahme gefährlicher Formen pseudo-politischer Kriminalität, die entweder unter Mißachtung der elementarsten Grundsätze der Menschlichkeit mit besonderer Brutalität oder Grausamkeit verübt werden[49] oder aber — wie der Terrorismus — nur darauf abzielen, Furcht und Schrekken zu verbreiten. Auf internationaler Ebene zeigt sich diese Neigung besonders deutlich in den bereits erörterten Bestrebungen zur Bekämpfung des Terrorismus[50], und den Bemühungen der Vereinten Nationen, bestimmte Verbrechen gegen die Menschlichkeit[51] oder die Grundsätze und Ziele dieser Organisation, ungeachtet der vom Täter hiermit verfolgten Zwecke, der Auslieferung zu unterwerfen[52].

Angesichts der wachsenden Zahl von Flugzeugentführungen, die ausschließlich terroristischen Zwecken dienen, ist es bedauerlich, daß die in dem Genfer Abkommen zur Verhütung und Unterdrückung des Terrorismus vom 16. 11. 1937 in Aussicht genommene Auslieferung von Terroristen bis heute lediglich ein rechtspolitisches Postulat geblieben ist. Obgleich gerade diese Terrorakte eine erschreckende Gering-

---

[47] Zur Entstehungsgeschichte dieser nach dem Attentat auf *Napoleon* III erlassenen Novelle zum belgischen Auslieferungsgesetz vom 1. 10. 1833 vgl. *Oppenheim-Lauterpacht,* a.a.O., S. 709.

[48] So für das deutsche Recht § 3 Abs. 3 DAG. Siehe hierzu die Entscheidung des Bundesgerichtshofs (BGH St. 8, 59) mit der Anmerkung von *Seidl-Hohenveldern* in JuS 1961, S. 15. Nachweise hinsichtlich der Verbreitung dieser Klausel bei *Dahm,* VR I, S. 285 Fußnote 25, sowie im Harvard Draft on Extradition, 29 AJIL (1935), Suppl. I, S. 115 ff.

[49] Vgl. etwa Art. 5 II des französischen Auslieferungsgesetzes von 1927, der im Falle eines Aufstandes oder Bürgerkriegs die Privilegierung solcher politischen Verbrechen ausschließt, die „actes de barbarie odieuse et de vandalisme défendus suivant les lois de la guerre" darstellen. (Zitiert nach *Dahm,* VR I, S. 285).

[50] Siehe S. 52 f.

[51] Das Abkommen über den Völkermord vom 9. 12. 1948 (UNTS 78, S. 278) bestimmt im Artikel VII ausdrücklich, daß Völkermord nicht als politisches Delikt im Sinne des Auslieferungsrechts gilt.

[52] Das Europäische Rechtshilfeabkommen trägt dieser Entwicklung gleichfalls Rechnung, denn es schließt eine Rechtshilfe in politischen Strafsachen nicht mehr schlechthin aus, sondern bestimmt lediglich in Art. 2, daß sie in einem solchen Fall verweigert werden kann. (Vgl. Europäisches Übereinkommen über die Rechtshilfe in Strafsachen vom 20. 4. 1959, BGBl. 1964 II S. 1386. Internationale Quelle: European Treaty Series No. 30).

schätzung des Lebens vieler am politischen Kampf gänzlich unbeteiligter Teilnehmer des internationalen Luftverkehrs erkennen lassen, bleibt es auch nach dem ICAO-Abkommensentwurf jedem Landestaat weiterhin unbenommen, solchen Gewalttätern die herkömmlichen Privilegien politischer Straftäter einzuräumen.

c) Zur Asylwürdigkeit von Flugzeugentführungen als Mittel einer Flucht vor politischer Verfolgung

Unter den bisherigen Flugzeugentführungen mit politischer Färbung gibt es eine beträchtliche Anzahl von Fällen einer Flucht vor vermeintlicher oder tatsächlicher politischer Verfolgung. Bei starrer Anwendung der in der Staatenpraxis vorherrschenden objektiven Theorie müßte der politische Charakter dieser Taten verneint werden. Denn die in diesen Fällen begangenen Rechtsgutverletzungen, wie Nötigung und Freiheitsberaubung, richten sich nicht gegen den Staat selbst oder seine Organe, sondern gegen die persönliche Freiheit der Insassen und sind damit keine politischen Delikte im herkömmlichen Sinne. Eine solche Betrachtungsweise wird jedoch der heutigen politischen Situation nicht mehr gerecht, die — wie das Bundesverfassungsgericht in seinem Beschluß vom 4. Februar 1959 ausgeführt hat — gekennzeichnet ist durch „tiefgreifende gesellschaftspolitische und weltanschauliche Gegensätze zwischen Staaten, die wesensverschiedene innere Strukturen entwickelt haben“[53]. Die Politisierung weiter Lebensbereiche in den totalitären Staaten und die Verwendung des Strafrechts zur Erreichung sozialer und politischer Umwälzungen in einer Weise, die den Grundsätzen freiheitlicher Demokratie widerspricht, hat nach Ansicht des Bundesverfassungsgerichts die Grenze zwischen „kriminellen“ und „politischen“ Straftaten verwischt und damit eine Erweiterung des asylwürdigen Personenkreises erforderlich gemacht. Er bestimmt sich daher nicht mehr allein nach der Art der begangenen Tat. Asylwürdig sind vielmehr auch nichtpolitische Täter, wenn sie im Falle der Auslieferung aus politischen Gründen Verfolgungsmaßnahmen „mit Gefahr für Leib und Leben oder Beschränkungen ihrer persönlichen Freiheit“[54] ausgesetzt sind. In diesem Sinne ist auch in der neueren Rechtsprechung der Begriff des politischen Verbrechens weiterentwickelt worden, und zwar in der Weise, daß den im aktiven politischen Kampf begangenen Delikten die aus Furcht vor politischer Verfolgung unternommenen Fluchtdelikte gleichgestellt werden.

Als markante Beispiele für eine solche Neuorientierung der Auslieferungsrechtsprechung sind die für den Gegenstand dieser Arbeit be-

[53] Abgedruckt in NJW 1959, S. 763 (764).

[54] Vgl. BGH St 3, S. 395.

sonders bedeutsamen Entscheidungen des Schweizerischen Bundesgerichts im sog. *Jugoslawischen Flugzeugfall*[55] und des britischen High Court in *Re Kolczynski*[56], zu nennen.

aa) Der Jugoslawische Flugzeugfall

In diesem bereits im Teil I erwähnten Fall[57] hatte das Bundesgericht über das Ersuchen der jugoslawischen Regierung um Auslieferung der beiden Piloten *Kavic* und *Bjelanovic* sowie des Passagiers *Arsenijevic* zu befinden, die am 17. Oktober 1951 ein für Inlandflüge eingesetztes jugoslawisches Verkehrsflugzeug in die Schweiz geflogen hatten. Dort meldeten sie sich als politische Flüchtlinge. Während des Fluges hatten sie den Funker mit Waffengewalt zum Abbruch der Funkverbindung gezwungen, ihn alsdann gefesselt sowie den Mechaniker und die Passagiere mit Warnschüssen eingeschüchtert. In der dem Ersuchen beigefügten Anklageschrift der Staatsanwaltschaft Belgrad wurde ihnen Nötigung und Freiheitsberaubung vorgeworfen; den beiden Piloten weiterhin Sachentziehung und Gefährdung der Sicherheit des öffentlichen Verkehrs. Die drei Jugoslawen machten geltend, sie hätten aus politischen Beweggründen gehandelt.

Die Zulässigkeit der Auslieferung bestimmte sich nach dem eidgenössischen Auslieferungsgesetz vom 22. Januar 1892 (AG) sowie nach dem schweizerisch-serbischen Auslieferungsvertrag vom 28. November 1887. Da zumindest die Freiheitsberaubung zweifelsfrei zu dem Katalog der Auslieferungsdelikte gehörte, so bildete die Frage, ob es sich hierbei um eine politische Tat gehandelt habe, das eigentliche Kernproblem der Entscheidung.

Nach Ansicht des Gerichts dienten die in der Anklage genannten Delikte ausschließlich dazu, die Flucht aus dem Heimatstaat zu ermöglichen, in dem die Betroffenen als Gegner des dort herrschenden politischen Regimes Verfolgungsmaßnahmen befürchten mußten. Da es ihnen nicht möglich gewesen sei, das Land auf legalem Wege zu verlassen, so besäßen sowohl die Flucht selbst als auch die zu ihrer Ausführung begangenen Straftaten eine politische Färbung. Das Gericht hob jedoch hervor, daß diese Färbung allein noch nicht ausreiche, um das Vorliegen einer relativ-politischen Straftat zu bejahen und damit eine Auslieferung auszuschließen. Vielmehr müsse bei freier richterlicher Würdigung aller Umstände des Einzelfalles der politische Charakter der

---

[55] Urteil vom 30. April 1952 in Sachen Kavic, Bjelanovic und Arsenijevic, in BGE I 78 (1952), S. 39 f.

[56] Urteil vom 13. Dezember 1954, Queen's Bench Division (1955), 1 All Eng. L. R. 31.

[57] Vgl. S. 29.

Tat überwiegen. Bei dieser Würdigung hatte die ältere Praxis des Bundesgerichts entscheidendes Gewicht auf den Grundgedanken des Auslieferungsgesetzes gelegt, Asyl dem des Mitgefühls würdigen Fremdling zu gewähren, der um seine politischen Überzeugungen gekämpft hat und deshalb verfolgt wird[58]. Spätere Entscheidungen beruhten dagegen auf einer engeren Auslegung des Begriffs des politischen Verbrechens; und zwar forderten sie, daß die Tat in Beziehung zu einer unmittelbar auf die Verwirklichung gewisser politischer Ziele gerichteten Aktion stehen, also bei einem Kampf um die politische Macht begangen sein müsse. Fälle einer Flucht politischer Gegner entsprechen dieser Definition aber nur dann, wenn auf diese Weise der Kampf um die Macht im Staate vom Ausland aus weitergeführt werden soll.

Nach Ansicht des Bundesgerichts wird diese bisherige Rechtsprechung den jüngsten politischen und geschichtlichen Entwicklungen nicht mehr gerecht. Sie berücksichtige insbesondere nicht die Existenz totalitärer Staatssysteme, in denen jede politische Opposition unterdrückt wird und damit der Kampf um die Macht im herkömmlichen Sinne von vornherein ausgeschlossen oder zumindest praktisch aussichtslos ist: Damit bleibe denjenigen, die dem politischen Zwang entgehen wollten, nur die Flucht ins Ausland. Dieses mehr passive Verhalten sei nicht weniger asylwürdig als früher die aktive Teilnahme am Kampf um die politische Macht. Da zudem auch das natürliche Rechtsempfinden einer solchen Flucht ohne jeden Zweifel politischen Charakter zumesse, so hielt es das Bundesgericht für gerechtfertigt, auch passives Fluchtverhalten vor Willkür und Unterdrückung als ein relativ-politisches Delikt zu werten. In seiner Begründung betont das Gericht, daß gerade die Rechtsprechung in Auslieferungssachen der geschichtlichen Entwicklung Rechnung zu tragen hat und sich nicht zugunsten juristischer Konstruktionen von dem natürlichen Rechtsempfinden entfernen darf.

In Übereinstimmung mit der bisherigen Rechtsprechung des Bundesgerichts fordert das Urteil jedoch eine gewisse Verhältnismäßigkeit zwischen dem Zweck der Tat und den zu seiner Verwirklichung eingesetzten Mitteln[59]. Hiernach müssen die der Flucht zugrundeliegenden idealen Beweggründe stark genug sein, um die mit der Tat verbundene Schädigung privater Rechtsgüter als nicht allzu schwerwiegend und den Täter als des Asyls würdig erscheinen zu lassen.

Im vorliegenden Falle bejahte das Bundesgericht die Verhältnismäßigkeit zwischen Mittel und Zweck und damit den vorwiegend politischen Charakter dieses Fluchtdelikts.

---

[58] Vgl. BGE 21 I, S. 539.

[59] Vgl. BGE 56 I, S. 462 f. und die dort angegebene Rechtsprechung.

bb) Der Kolczynski-Fall

Auf dieser Weiterentwicklung des relativ-politischen Deliktsbegriffs im Sinne einer Gleichstellung des passiven Fluchtverhaltens zum aktiven politischen Kampf beruht auch die Entscheidung des britischen High Court of Justice in Re Kolczynski vom 13. Dezember 1954. In diesem seerechtlichen Hijacking-Fall hatten sieben Besatzungsmitglieder eines polnischen Fischkutters in der Nordsee gewaltsam die Kontrolle über das Schiff übernommen. Hierbei verwundeten sie einen politischen Offizier und sperrten den Kapitän und die restliche Besatzung bis zu ihrer Landung in England ein, wo sie um politisches Asyl baten. Als Grund für ihr Handeln gaben sie an, während der Reise habe der politische Offizier ihre Unterhaltungen belauscht und mit der Absicht aufgezeichnet, sie nach der Rückkehr wegen der im Widerspruch zur Regierungspolitik stehenden Äußerungen anzuzeigen.

Das Gericht verneinte die Begründetheit des polnischen Ersuchens, die Täter wegen Meuterei auf hoher See — sowie im Fall Kolczynski auch wegen Körperverletzung — auszuliefern, unter Hinweis auf den politischen Charakter der Taten. In der Urteilsbegründung führte Chief Justice Lord *Goddard* aus:

„... The revolt of the crew was to prevent themselves being prosecuted for a political offence and in my opinion, therefore, the offence had a political character... The evidence as to the law prevalent in the Republic of Poland today shows that it is necessary, if only for reasons of humanity, to give a wider and more generous meaning to the words we are now, construing, which we can do without in any way encouraging the idea that ordinary crimes which have no political significance will be thereby excused[60]."

d) Ergebnis

Die von der neueren Judikatur und Staatenpraxis entwickelten auslieferungsrechtlichen Grundsätze sind von wesentlicher Bedeutung für den Gegenstand dieser Arbeit. Denn sie ermöglichen es in einer gerechten und zugleich den Bedürfnissen der Staatengemeinschaft entsprechenden Weise, aus der Vielzahl der schlechthin als politisch bezeichneten Flugzeugentführungen die wirklich asylwürdigen Fälle auszuwählen. Insbesondere bieten sie dem um Auslieferung ersuchten Staat eine Richtschnur, um auch die mittels eines entführten Flugzeugs ausgeführte Flucht zur Rettung von Leib, Leben oder persönlicher Freiheit nach Würdigung aller Umstände des Einzelfalles als relativpolitisches Delikt anzuerkennen und andererseits bloße Gewaltakte

---

[60] (1955) All Eng. L. R. 31. Das Urteil ist auszugsweise abgedruckt im AJIL 1955, S. 411 f.

pseudopolitischen Terrors oder sensationeller Propaganda aus dem Kreis der asylwürdigen Straftaten auszuscheiden.

VIII. Zusammenfassung

Der ICAO-Entwurf läßt deutlich erkennen, daß seine Verfasser sich im Interesse einer möglichst universalen Annahme des Abkommens dafür entschieden haben, lediglich eine für die Mehrheit der Staaten akzeptable Mindestregelung zu schaffen, die im wesentlichen der bereits geltenden Rechtslage entspricht und alle strittigen Probleme weitgehend ausklammert. Zwar soll nicht verkannt werden, daß gerade im Falle transnationaler Flugzeugentführungen ein möglichst eng geknüpftes Netz von Vertragsstaaten eine wesentliche Voraussetzung für die Abschreckung potentieller Täter bildet. Jedoch kann eine solche internationale Vereinbarung nur dann eine generalpräventive Wirkung entfalten, wenn der jeweilige Landestaat auch tatsächlich verpflichtet wird, jeden Täter einer der Schwere seiner Tat angemessenen Bestrafung zuzuführen oder aber — sofern die Tat keinen politischen Charakter trägt — ihn auszuliefern. Angesichts des vom Rechtsausschuß gewählten Verfahrens, nur solche Regelungen aufzunehmen, die als „kleinster gemeinsamer Nenner"[61] allgemeiner Zustimmung sicher sein können, erscheint es fraglich, ob das Abkommen dieser Aufgabe gerecht zu werden vermag.

Zudem wird ein hinreichender Schutz der internationalen Zivilluftfahrt vor verbrecherischen Eingriffen künftig nur dann zu gewährleisten sein, wenn sich der Entwurf nicht wie bisher darauf beschränkt, nur gewisse Verhaltensweisen, deren Gefährlichkeit gegenwärtig offenkundig ist, als strafwürdig anzusehen. Auch im Falle des ICAO-Entwurfs gilt der besonnene Hinweis der Verfasser des Harvard Draft on Piracy, ein internationales strafrechtliches Abkommen „should not be drafted to fit only cases raised by present conditions of business, the arts and criminal operations"[62]. Um jedoch auch künftige Entwicklungen angemessen berücksichtigen zu können, erscheint es dringend erforderlich, sämtliche unbefugten gewaltsamen Eingriffe, welche die Sicherheit des internationalen Luftverkehrs beeinträchtigen und dadurch in konkreter Weise Leib oder Leben der Insassen oder Dritter gefährden, zu strafwürdigen Tatbeständen zu erklären. Da bereits zahlreiche Staaten entsprechende Strafvorschriften zum Schutze des Luftverkehrs erlassen haben, wäre es nicht schwierig, solche Handlungen auch auf internationaler Ebene tatbestandsmäßig zu definieren.[63]

---

[61] Vgl. *Seidl-Hohenveldern*, VR, Rdz. 338.

[62] Harvard Draft on Piracy, a.a.O., S. 768.

[63] Vgl. hierzu im einzelnen S. 157 dieser Arbeit.

Ferner sollte nach dem Abkommen jeder Vertragsstaat im Sinne des primären Universalitätsprinzips zur strafrechtlichen Verfolgung solcher sicherheitsgefährdenden Eingriffe in den Flugverkehr zuständig sein, also unabhängig vom Tatort und der Nationalität des Flugzeugs, Täters oder Opfers. Um das Abkommen zu einem schlagkräftigen Instrument für die internationale Bekämpfung solcher Gewaltakte zu machen, wäre es wünschenswert, wenn bei nicht-politischen Taten eine allgemeine vertragliche *Auslieferungspflicht* begründet würde. Schließlich erscheint es bedauerlich, daß die Frage der Asylwürdigkeit bestimmter Verbrechen gegen die Sicherheit der Zivilluftfahrt gänzlich ausgeklammert wurde. Brutale Gewaltverbrechen pseudopolitischen Charakters sollten im Interesse der Menschlichkeit ausdrücklich in den Kreis der auslieferungsfähigen Delikte aufgenommen werden. Angesichts der heutigen Bedeutung der Luftfahrt und ihrer besonderen Anfälligkeit gegenüber Terrorakten, durch die in unverantwortlicher und hinterhältiger Weise jeweils das Leben einiger hundert Menschen in Gefahr gebracht wird, erscheint dies eine dringende und durchaus realistische Forderung.

Anmerkung:

Vergleicht man die Fassung des Montrealer Vorentwurfs mit dem in Den Haag angenommenen Abkommenstext, so ist festzustellen, daß bei den Beratungen der Staatenkonferenz wesentliche Fortschritte im Hinblick auf eine wirksamere internationale Bekämpfung gewaltsamer Flugzeugentführungen erzielt worden sind. Dies gilt insbesondere für die mit großer Mehrheit beschlossene Erweiterung der staatlichen Strafkompetenzen in Art. 4 des Abkommens. Kraft der nunmehr auch dem Aufenthaltsstaat vertraglich gewährten besonderen Strafgewalt über im Ausland begangene Hijackingfälle kann ein Flugzeugentführer künftig auch dann nicht mehr mit Straflosigkeit rechnen, wenn es ihm gelingt, aus dem Landestaat in einen anderen Staat zu entkommen, der das Haager Abkommen angenommen hat. Auch im Falle einer tatsächlich oder angeblich politisch motivierten Tat wird ein Hijacker nicht mehr darauf vertrauen können, auf freiem Fuß zu bleiben. Denn durch Art. 7 in seiner endgültigen Fassung wird jeder Aufenthaltsstaat, der von einer Auslieferung absieht, ausdrücklich verpflichtet, jeden Hijacking-Fall *ohne irgendeine Ausnahme* und unabhängig davon, wo die Tat begangen wurde, seinen zuständigen Behörden zum Zwecke der Strafverfolgung vorzulegen. Diese staatliche Verpflichtung beschränkt sich allerdings auf die Prüfung, ob die Voraussetzungen für ein Strafverfahren im Einzelfall vorliegen; eine weitergehende Verpflichtung, jeden Flugzeugentführer auch dann, wenn seine Tat eine politisch motivierte Handlungsweise erkennen läßt, tatsächlich zu bestrafen, wird durch das Abkommen hingegen nicht begründet. Vielmehr bestimmt sich diese Frage weiterhin ausschließlich nach den Vorschriften des innerstaatlichen Rechts.

Das auf der Haager Konferenz Erreichte sollte jedoch nicht vergessen lassen, daß die anderen im Montrealer Vorentwurf offengebliebenen oder nur unbefriedigend geregelten Fragen auch weiterhin ihrer völkervertraglichen Lösung harren. Ungeachtet dieser Mängel stellt diese neue Konvention aber einen bedeutsamen Schritt im Kampf gegen die den internationalen Luftverkehr ernstlich beeinträchtigenden Flugzeugentführungen dar. In Kenntnis des Schicksals des Tokioter Abkommens, das vom Zeitpunkt seiner Zeichnung bis zum Inkrafttreten sechs Jahre benötigte, ist mit Schmidt-Räntsch zu wünschen, daß das Haager Abkommen schneller als manches andere luftrechtliche Abkommen weltweite Anerkennung finden möge (a.a.O., S. 101). Solange es aber den im Haager Abkommen enthaltenen Regelungen an der für ihre wirksame Anwendung notwendigen allgemeinen Geltung fehlt, besteht für die Staatengemeinschaft weiterhin das dringende Gebot, durch rasches und entschlossenes solidarisches Handeln alle aufgrund des geltenden Rechts bereits zur Verfügung stehenden Möglichkeiten voll auszuschöpfen, um es einem potentiellen Hijacker zu verwehren, aus einer großen Anzahl von Staaten dasjenige Land als Ziel auszuwählen, in dem ihm weder die Gefahr einer Bestrafung noch einer Auslieferung droht.

Schlußbetrachtung

Aufgabe der internationalen Zivilluftfahrt ist die Schaffung schneller und sicherer Verkehrsverbindungen zwischen den Völkern. Aufgrund der raschen Entwicklung des Flugzeuges zu einem der bedeutendsten Beförderungsmittel im internationalen Verkehr ergab sich für die Staatengemeinschaft die Notwendigkeit einer engen Zusammenarbeit mit dem Ziel, den geordneten und störungsfreien Betrieb des weltumspannenden Netzes von Flugliniendiensten zu gewährleisten. Im Rahmen dieser zwischenstaatlichen Zusammenarbeit kommt der Frage der Sicherheit der internationalen Luftverkehrswege vorrangige Bedeutung zu. Denn angesichts der besonderen Verhältnisse der Luftfahrt, insbesondere der ihr eigentümlichen Gefahrenlagen, besteht — allen politischen Spannungen zum Trotz — ein gemeinsames Bedürfnis der Staatengemeinschaft nach einem wirksamen Schutz des Flugverkehrs vor folgenschweren Unfällen und allen vermeidbaren Störungen.

Eine besondere Gefahr für die Flugsicherheit bedeutet die in letzter Zeit zu beobachtende starke Zunahme gewaltsamer Flugzeugentführungen. Zur wirksamen Bekämpfung dieser Verbrechen bedarf es eines raschen und entschlossenen Handelns aller am Luftverkehr beteiligten Staaten, das in seiner Wirkung zumindest der früheren Staatenpraxis im Kampf gegen die Piraterie als einer gemeinsamen Gefahr für die internationale Seeschiffahrt entsprechen sollte. *Seidl-Hohenveldern* hat eindringlich darauf hingewiesen, daß die Vorteile, die der moderne Welthandel und Weltverkehr bieten, nur bei einer gesicherten weltweiten Zusammenarbeit voll zur Geltung kommen, während jede Störung dieser Zusammenarbeit sich früher oder später ungünstig für jeden Bewohner des Erdballs auswirkt[1]. Deshalb steht zu hoffen, daß auch diejenigen Staaten, in denen Flugzeugentführer heute noch mit Duldung oder gar Unterstützung rechnen können, sich im wohlverstandenen eigenen Interesse von der Notwendigkeit energischer Gegenmaßnahmen überzeugen lassen.

Es soll in diesem Zusammenhang keineswegs verkannt werden, daß gerade das Problem politisch motivierter Entführungen jedes Vorgehen auf internationaler Ebene erheblich erschwert, vor allem, soweit es sich bei den beteiligten Staaten um Länder mit unterschiedlichen

---

[1] In VR, Rdz. 3.

Rechtsauffassungen oder entgegengesetzten politischen Ideologien handelt. In diesen Fällen ist es denkbar, daß ein Auslieferungsersuchen des Flaggenstaates in Widerspruch zum politischen Asylrecht des Landestaates oder gar zu einer in der Verfassung verankerten Pflicht zur Asylgewährung für politisch Verfolgte tritt[2]. Doch für alle Staaten, die ein Interesse daran haben, daß der internationale Luftverkehr auch künftig in sicherer und zivilisierter Weise abgewickelt wird, ist dies kein unlösbarer Konflikt. Denn es ist durchaus möglich, einem Hijacker politisches Asyl zu gewähren, — um ihn beispielsweise von einer politischen Verfolgung in dem Staat, aus dem er flüchtete, zu bewahren — ihn trotzdem aber wegen der durch seine Tat bewußt in Kauf genommenen schweren Gefährdung aller an Bord befindlicher Personen angemessen zu bestrafen.

[2] So für die Bundesrepublik Deutschland Art. 16 des Grundgesetzes.

Anhang A

Draft Convention Concerning the Unlawful Seizure of Aircraft Prepared by the Legal Committee of the ICAO During its Seventeenth Session

Montreal, 9 February to 11 March 1970 (ICAO Doc. 8865 LC/159 16/3/70)
The States Parties to this Convention

Considering that unlawful acts of seizure or exercise of control of aircraft in flight jeopardize the safety of persons and property, seriously affect the operations of international air services, and undermine the confidence of the peoples of the world in the safety of civil aviation;

Considering that the occurence of such acts is a matter of grave concern;

Considering that for the purpose of deterring such acts, there is an urgent need to make them punishable as an offence and to provide for appropriate measures to facilitate prosecution and extradition of offenders;

Considering, in consequence, that it is necessary to adopt provisions additional to those of international agreements in force and in particular to those of the Convention signed at Tokyo on 14. September 1962 on Offences and Certain Other Acts Committed on Board Aircraft.

Have Agreed as follows:

Article 1

Any person who on board an aircraft in flight:

a) unlawfully, by force or threat thereof, or by any other form of intimidation, seizes or exercises control of that aircraft, or attempts to perform any such act, or

b) is an accomplice of a person who performs or attempts to perform any such act,
commits an offence (hereinafter referred to as „the offence").

Article 2

1. For the purposes of this Convention, an aircraft is considered to be in flight from the moment when power is applied for the purpose of take-off until the moment when the landing run ends.

2. This Convention shall not apply to aircraft used in military, customs or police services.

3. This Convention shall apply only if the place of take-off or the place of landing of the aircraft on board which the offence is committed is situated outside the territory of the State of registration of that aircraft.

4. In the cases mentioned in Article 5 this Convention shall not apply if the place of take-off and the place of landing of the aircraft on board which the offence is committed are situated whithin the territory of the same State where that State is one of those referred to in that Article.

Article 3

Each Contracting State undertakes to make the offence punishable by severe penalties.

Article 4

1. Each Contracting State shall take such measures as may be necessary to establish its jurisdiction over the offence in the following cases:

a) when the offence is committed on board an aircraft registered in that State;

b) when the aircraft lands in its territory with the alleged offender still on board.

2. This Convention does not exclude any criminal jurisdiction exercised in accordance with national law.

Article 5

The Contracting States which establish joint air transport operating organizations or international operating agencies, which operate aircraft which are subject to joint or international registration shall, by appropriate means, designate for each aircraft the State among them which shall exercise the jurisdiction and have the attributes of the State of registration for the purposes of this Convention and shall give notice thereof to the International Civil Aviation Organization which shall communicate the notice to all States Parties to this Convention.

Article 6

1. Upon being satisfied that the circumstances so warrant, any Contracting State in the territory of which the alleged offender is present, shall take him into custody or take other measures to ensure his presence. The custody and other measures shall be as provided in the law of that State but may only be continued for such time as is reasonably necessary to enable any criminal or extradition proceedings to be instituted.

2. Such State shall immediately make a preliminary enquiry into the facts.

3. Any person in custody pursuant to paragraph 1 shall be assisted in communicating immediately with the nearest appropriate representative of the State of which he is a national.

4. When a State, pursuant to this Article, has taken a person into custody, it shall immediately notify the State of registration of the aircraft and the State of nationality of the detained person and, if it considers it advisable, any other interested States of the fact that such person is in custody and of the circumstances which warrant his detention. The State which makes the preliminary enquiry contemplated in paragraph 2 of this Article shall promptly report its findings to the said States and shall indicate whether it intends to exercise jurisdiction.

Article 7

The Contracting State which has taken measures pursuant to Article 6, paragraph 1 shall, if it does not extradite the alleged offender, be obliged to submit the case to its competent authorities for their decision whether to prosecute him. These authorities shall take their decision in the same manner as in the case of other offences.

Article 8

1. The offence shall be deemed to be included as an extraditable offence in any extradition treaty existing between Contracting States. Contracting States undertake to include the offence as an extraditable offence in every extradition treaty to be concluded between them.

2. The Contracting States which do not make extradition conditional on the existence of a treaty shall recognize the offence as an extraditable offence between themselves subject to the conditions established by the law of the State requested to extradite.

3. The offence shall be treated, for the purpose of extradition between Contracting States, as if it had been committed not only in the place in which it occurred but also in the territory:

a) of the State of registration of the aircraft;

b) of every State in which the aircraft lands with the alleged offender still on board.

Article 9

1. When any of the acts mentioned in Article 1a) has occurred or is about to occur, Contracting States shall take all appropriate measures to restore control of the aircraft to its lawful commander or to preserve his control of the aircraft.

2. In the cases contemplated in the preceding paragraph, the Contracting State in which the aircraft lands shall permit its passengers and crew to continue their journey as soon as practicable, and shall return the aircraft and its cargo to the persons lawfully entitled to possession.

Article 10

Contracting States shall, in accordance with the applicable law, afford one another the greatest measure of assistence in connection with proceedings brought in respect of the offence.

Anhang B

Übereinkommen zur Bekämpfung der widerrechtlichen Inbesitznahme von Luftfahrzeugen, gezeichnet in Den Haag am 16. Dezember 1970*

Präambel [Einleitung]

Die Vertragsstaaten dieses Übereinkommens,

in der Erwägung, daß widerrechtliche Handlungen der Inbesitznahme eines im Flug befindlichen Luftfahrzeugs oder der Ausübung der Herrschaft darüber die Sicherheit von Personen und Sachen gefährden, den Betrieb von Luftverkehrsdiensten ernstlich beeinträchtigen und das Vertrauen der Völker der Welt in die Sicherheit der Zivilluftfahrt untergraben,

in der Erwägung, daß solche Handlungen Anlaß zu ernster Besorgnis geben,

in der Erwägung, daß es zur Abschreckung von solchen Handlungen dringend notwendig ist, geeignete Maßnahmen zur Bestrafung der Täter vorzusehen,

haben folgendes vereinbart:

Artikel 1

Jede Person, die an Bord eines im Flug befindlichen Luftfahrzeugs

a) widerrechtlich durch Gewalt oder Drohung mit Gewalt oder durch eine andere Form der Einschüchterung dieses Luftfahrzeug in Besitz nimmt oder die Herrschaft darüber ausübt oder eine dieser Handlungen zu begehen versucht oder

b) sich an der Begehung oder der versuchten Begehung einer dieser Handlungen beteiligt,

begeht eine strafbare Handlung (im folgenden als „die strafbare Handlung" bezeichnet).

Artikel 2

Jeder Vertragsstaat verpflichtet sich, die strafbare Handlung mit schweren Strafen zu bedrohen.

Artikel 3

1. Im Sinne dieses Übereinkommens gilt ein Luftfahrzeug als im Flug befindlich von dem Augenblick an, in dem alle Außentüren nach dem Einsteigen geschlossen worden sind, bis zu dem Augenblick, in dem eine dieser Türen zum Aussteigen geöffnet wird. Im Fall einer Notlandung gilt der Flug als fortdauernd, bis die zuständigen Behörden die Verantwortung für das Luftfahrzeug und für die Personen und Sachen an Bord übernehmen.

2. Dieses Übereinkommen findet keine Anwendung auf Luftfahrzeuge, die im Militär-, Zoll- oder Polizeidienst verwendet werden.

---

* Gemeinsame amtliche Übersetzung der Bundesrepublik Deutschland, der Schweiz und der Republik Österreich.

3. Dieses Übereinkommen findet nur Anwendung, wenn der Abflugort oder der tatsächliche Landeort des Luftfahrzeugs, an Bord dessen die strafbare Handlung begangen wird, außerhalb des Hoheitsgebiets des Eintragungsstaats dieses Luftfahrzeugs gelegen ist, gleichviel ob es sich um ein Luftfahrzeug auf einem internationalen Flug oder auf einem Inlandflug handelt.

4. In den in Artikel 5 genannten Fällen findet dieses Übereinkommen keine Anwendung, wenn der Abflugort und der tatsächliche Landeort des Luftfahrzeugs, an Bord dessen die strafbare Handlung begangen wird, im Hoheitsgebiet desselben Staates gelegen sind und wenn dieser Staat einer der in jenem Artikel erwähnten Staaten ist.

5. Ungeachtet der Absätze 3 und 4 dieses Artikels finden die Artikel 6, 7, 8 und 10 unabhängig vom Abflugort oder vom tatsächlichen Landeort des Luftfahrzeugs Anwendung, wenn der Täter oder der Verdächtige im Hoheitsgebiet eines anderen Staates als des Eintragungsstaats dieses Luftfahrzeugs aufgefunden wird.

Artikel 4

1. Jeder Vertragsstaat trifft die notwendigen Maßnahmen, um seine Gerichtsbarkeit über die strafbare Handlung sowie über jede sonstige gewalttätige Handlung gegen Fluggäste oder Besatzungsmitglieder, die der Verdächtigte im Zusammenhang mit der strafbaren Handlung begangen hat, in folgenden Fällen zu begründen:

a) wenn die strafbare Handlung an Bord eines in diesem Staat eingetragenen Luftfahrzeugs begangen wird;

b) wenn das Luftfahrzeug, an Bord dessen die strafbare Handlung begangen wird, mit dem noch an Bord befindlichen Verdächtigen in seinem Hoheitsgebiet landet;

c) wenn die strafbare Handlung an Bord eines Luftfahrzeugs begangen wird, das ohne Besatzung an eine Person vermietet wurde, die ihre Hauptbetriebsleitung oder, wenn eine solche nicht besteht, ihren ständigen Aufenthalt in diesem Staat hat.

2. Ebenso trifft jeder Vertragsstaat die notwendigen Maßnahmen, um seine Gerichtsbarkeit über die strafbare Handlung für den Fall zu begründen, daß der Verdächtige sich in seinem Hoheitsgebiet befindet und daß der betreffende Staat ihn nicht nach Artikel 8 an einen der in Absatz 1 des vorliegenden Artikels genannten Staaten ausliefert.

3. Dieses Übereinkommen schließt eine Strafgerichtsbarkeit, die nach nationalem Recht ausgeübt wird, nicht aus.

Artikel 5

Vertragsstaaten, die Betriebsgemeinschaften für den Luftverkehr oder internationale Betriebsstellen bilden, welche einer gemeinsamen oder internationalen Eintragung unterliegende Luftfahrzeuge einsetzen, bezeichnen in geeigneter Weise für jedes Luftfahrzeug den Staat unter ihnen, der die Gerichtsbarkeit ausüben und die Eigenschaften des Eintragungsstaats im Sinne dieses Übereinkommens haben soll; sie zeigen dies der Internationalen Zivilluftfahrt-Organisation an, die allen Vertragsstaaten dieses Übereinkommens davon Kenntnis gibt.

Artikel 6

1. Hält ein Vertragsstaat, in dessen Hoheitsgebiet sich der Täter oder der Verdächtige befindet, es in Anbetracht der Umstände für gerechtfertigt, so nimmt er ihn in Haft oder trifft andere Maßnahmen, um seine Anwesenheit sicherzustellen. Die Haft und die anderen Maßnahmen müssen mit dem Recht dieses Staates übereinstimmen; sie dürfen nur so lange aufrecherthalten werden, wie es notwendig ist, um die Einleitung eines Strafverfahrens oder Auslieferungsverfahrens zu ermöglichen.

2. Dieser Staat führt unverzüglich eine vorläufige Untersuchung zur Feststellung des Sachverhalts durch.

3. Einer auf Grund des Absatzes 1 in Haft befindlichen Person wird jede Erleichterung gewährt, damit sie mit dem nächsten zuständigen Vertreter des Staates, dessen Staatsangehörigkeit sie besitzt, unmittelbar verkehren kann.

4. Hat ein Staat eine Person auf Grund dieses Artikels in Haft genommen, so zeigt er unverzüglich dem Eintragungsstaat des Luftfahrzeugs, dem in Artikel 4 Absatz 1 Buchstabe c genannten Staat, dem Staat, dessen Staatsangehörigkeit die in Haft genommene Person besitzt, sowie, wenn er es für angebracht hält, jedem anderen interessierten Staat die Tatsache, daß die Person in Haft ist, und die Umstände an, welche die Haft rechtfertigen. Der Staat, der die vorläufige Untersuchung nach Absatz 2 durchführt, unterrichtet die genannten Staaten unverzüglich über das Ergebnis der Untersuchung und teilt ihnen mit, ob er seine Gerichtsbarkeit auszuüben beabsichtigt.

Artikel 7

Der Vertragsstaat, in dessen Hoheitsgebiet der Verdächtige aufgefunden wird, ist, wenn er ihn nicht ausliefert, verpflichtet, den Fall ohne irgendeine Ausnahme und unabhängig davon, ob die strafbare Handlung in seinem Hoheitsgebiet begangen wurde, seinen zuständigen Behörden zum Zwecke der Strafverfolgung zu unterbreiten. Diese Behörden treffen ihre Entscheidung in der gleichen Weise wie im Falle einer gemeinrechtlichen strafbaren Handlung schwerer Art nach dem Recht dieses Staates.

Artikel 8

1. Die strafbare Handlung gilt als eine in jeden zwischen Vertragsstaaten bestehenden Auslieferungsvertrag einbezogene, der Auslieferung unterliegende strafbare Handlung. Die Vertragsstaaten verpflichten sich, die strafbare Handlung als eine der Auslieferung unterliegende strafbare Handlung in jeden zwischen ihnen zu schließenden Auslieferungsvertrag aufzunehmen.

2. Erhält ein Vertragsstaat, der die Auslieferung vom Bestehen eines Vertrags abhängig macht, ein Auslieferungsersuchen von einem anderen Vertragsstaat, mit dem er keinen Auslieferungsvertrag hat, so steht es ihm frei, dieses Übereinkommen als Rechtsgrundlage für die Auslieferung in bezug auf die strafbare Handlung anzusehen. Die Auslieferung unterliegt im übrigen den im Recht des ersuchten Staates vorgesehenen Bedingungen.

3. Vertragsstaaten, welche die Auslieferung nicht vom Bestehen eines Vertrags abhängig machen, erkennen unter sich die strafbare Handlung als eine

der Auslieferung unterliegende strafbare Handlung vorbehaltlich der im Recht des ersuchten Staates vorgesehenen Bedingungen an.

4. Die strafbare Handlung wird für die Zwecke der Auslieferung zwischen Vertragsstaaten so behandelt, als sei sie nicht nur an dem Ort, an dem sie sich ereignet hat, sondern auch in den Hoheitsgebieten der Staaten begangen worden, die verpflichtet sind, ihre Gerichtsbarkeit nach Artikel 4 Absatz 1 zu begründen.

Artikel 9

1. Ist eine der in Artikel 1 Buchstabe a genannten Handlungen begangen worden oder im Begriff begangen zu werden, so treffen die Vertragsstaaten alle geeigneten Maßnahmen, um die Herrschaft des rechtmäßigen Kommandanten über das Luftfahrzeug wiederherzustellen oder aufrechtzuerhalten.

2. In den Fällen des Absatzes 1 erleichtert jeder Vertragsstaat, in dem sich das Luftfahrzeug, die Fluggäste oder die Besatzung befinden, so bald wie möglich den Fluggästen und der Besatzung die Fortsetzung der Reise und gibt das Luftfahrzeug und seine Ladung unverzüglich den zum Besitz berechtigten Personen zurück.

Artikel 10

1. Die Vertragsstaaten gewähren einander die weitestgehende Hilfe im Zusammenhang mit Verfahren, die in bezug auf die strafbare Handlung oder sonstige in Artikel 4 genannte Handlungen eingeleitet werden. In allen Fällen ist das Recht des ersuchten Staates anwendbar.

2. Absatz 1 läßt Verpflichtungen auf Grund eines anderen zwei- oder mehrseitigen Vertrags unberührt, der ganz oder teilweise die Rechtshilfe in Strafsachen regelt oder regeln wird.

Artikel 11

Jeder Vertragsstaat übermittelt dem Rat der Internationalen Zivilluftfahrt-Organisation in Übereinstimmung mit seinem nationalen Recht so schnell wie möglich alle in seinem Besitz befindlichen sachdienlichen Angaben über

a) die Umstände der strafbaren Handlung;

b) die nach Artikel 9 getroffenen Maßnahmen;

c) die in bezug auf den Täter oder den Verdächtigten getroffenen Maßnahmen und insbesondere das Ergebnis eines Auslieferungsverfahrens oder eines anderen Verfahrens.

Artikel 12

1. Jede Streitigkeit zwischen zwei oder mehr Vertragsstaaten über die Auslegung oder Anwendung dieses Übereinkommens, die nicht durch Verhandlungen beigelegt werden kann, wird auf Verlangen eines dieser Staaten einem Schiedsverfahren unterworfen. Können sich die Parteien binnen sechs Monaten nach dem Zeitpunkt, zu dem das Schiedsverfahren verlangt worden ist, über seine Ausgestaltung nicht einigen, so kann jede dieser Parteien die Streitigkeit dem Internationalen Gerichtshof unterbreiten, indem sie einen seiner Satzung entsprechenden Antrag stellt.

2. Jeder Staat kann bei der Unterzeichnung oder der Ratifikation des Übereinkommens oder dem Beitritt zu diesem erklären, daß er sich durch Absatz 1 nicht als gebunden betrachtet. Die anderen Vertragsstaaten sind gegenüber einem Vertragsstaat, der einen solchen Vorbehalt gemacht hat, durch Absatz 1 nicht gebunden.

3. Ein Vertragsstaat, der einen Vorbehalt nach Absatz 2 gemacht hat, kann diesen Vorbehalt jederzeit durch eine an die Verwahrregierungen [Depositarregierungen] gerichtete Notifikation zurückziehen.

Artikel 13

1. Dieses Übereinkommen liegt am 16. Dezember 1970 in Den Haag für die Teilnehmerstaaten der vom 1. bis 16. Dezember 1970 in Den Haag abgehaltenen Internationalen Luftrechtskonferenz (im folgenden als „Haager Konferenz" bezeichnet) zur Unterzeichnung auf. Nach dem 31. Dezember 1970 liegt das Übereinkommen für alle Staaten in Moskau, London und Washington zur Unterzeichnung auf. Ein Staat, der dieses Übereinkommen nicht vor seinem Inkrafttreten nach Absatz 3 unterzeichnet, kann ihm jederzeit beitreten.

2. Dieses Übereinkommen bedarf der Ratifikation durch die Unterzeichnerstaaten. Die Ratifikations- und Beitrittsurkunden werden bei den Regierungen der Union der Sozialistischen Sowjetrepubliken, des Vereinigten Königreichs Großbritannien und Nordirland und der Vereinigten Staaten von Amerika hinterlegt, die hiermit zu Verwahrregierungen [Depositarregierungen] bestimmt werden.

3. Dieses Übereinkommen tritt dreißig Tage nach Hinterlegung der Ratifikationsurkunden durch zehn Unterzeichnerstaaten dieses Übereinkommens, die an der Haager Konferenz teilgenommen haben, in Kraft.

4. Für andere Staaten tritt dieses Übereinkommen mit seinem Inkrafttreten nach Absatz 3 oder dreißig Tage nach Hinterlegung ihrer Ratifikations- oder Beitrittsurkunde in Kraft, je nachdem, welcher Zeitpunkt später liegt.

5. Die Verwahrregierungen [Depositarregierungen] unterrichten unverzüglich alle Unterzeichnerstaaten und beitretenden Staaten über den Zeitpunkt jeder Unterzeichnung, der Hinterlegung jeder Ratifikations- oder Beitrittsurkunde, des Inkrafttretens dieses Übereinkommens sowie über alle sonstigen Mitteilungen.

6. Die Verwahrregierungen [Depositarregierungen] lassen dieses Übereinkommen sogleich nach seinem Inkrafttreten gemäß Artikel 102 der Charta [Satzung] der Vereinten Nationen und gemäß Artikel 83 des Abkommens über die Internationale Zivilluftfahrt (Chicago, 1944) registrieren.

Artikel 14

1. Jeder Vertragsstaat kann dieses Übereinkommen durch eine an die Verwahrregierungen [Depositarregierungen] gerichtete schriftliche Notifikation kündigen.

2. Die Kündigung wird sechs Monate nach Eingang der Notifikation bei den Verwahrregierungen [Depositarregierungen] wirksam.

Zu Urkund dessen haben die unterzeichneten, hierzu von ihren Regierungen gehörig befugten Bevollmächtigten dieses Übereinkommen unterschrieben.

Geschehen zu Den Haag am 16. Dezember 1970 in drei Urschriften, jede in vier verbindlichen Wortlauten in englischer, französischer, russischer und spanischer Sprache.

Literaturverzeichnis

Abendroth, W.: Piraterie, WdVR, Bd. II, S. 768.

Akademie der Wissenschaften der UdSSR: Völkerrecht, Deutsche Übersetzung in Veröffentlichungen des Instituts für Internationales Recht an der Universität Kiel, Nr. 43, 1960.

Anzilotti, D.: Lehrbuch des Völkerrechts, Berlin, 1929.

Archinard, A.: La Suisse et les Infractions Non Aériennes Commises à Bord des Aéronefs Civils, SVLR, Bulletin Nr. 1 und Nr. 2, 1969.

Arias, L. G.: La pirateria Como Delito Del Derecho de Gentes, Revue Temis, her. von der Juristischen Fakultät der Universität Saragossa, No. 9, 1961.

Barth, W.: Das völkerrechtliche Delikt, Marburg, 1932.

Bauer, E.: Die völkerrechtswidrige Entführung, Diss. Köln, 1967.

Baxter, R.: The Privy Council on the Qualifications of Belligerents, AJIL, 1969, S. 290.

Bedjaoui, M.: La Révolution Algérienne et le Droit, Brüssel, 1961.

Berber, Fr.: Lehrbuch des VR, Allgemeines Friedensrecht, Bd. I, München, 1960.

— VR, Dokumentensammlung, Bd. I Friedensrecht, München/Berlin, 1967.

Bergmann, L.: Der Begehungsort im internationalen Strafrecht Deutschlands, Englands und der Vereinigten Staaten von Amerika, Diss. Köln, 1966.

Bergner, M./*Bäcker*, H./*Lange*, R./*Teuchert*, W.: Internationales Verkehrsrecht, Berlin, 1969.

Bierzanek, R.: Les Crimes Contre la Sécurité de la Navigation Aérienne, RIDP, 26e année, 1956, S. 367.

Billyou, F.: Air Law, 2. A., New York, 1964.

Binding, K.: Handbuch des Strafrechts, Bd. I, Leipzig, 1885.

Bluntschli, J. K.: Das moderne VR der civilisierten Staaten, 3. A., Nördlingen 1878.

Bose, H. von: Die Nacheile im VR, Berlin, 1935.

Boyle, R./*Pulsifer*, R.: The Tokyo Convention on Offences and Certain Other Acts Committed on Board Aircraft, JALC, 1964, S. 306.

Bradford, J.: The Legal Ramifications of Hijacking Airplanes, 48 ABAJ, 1962, S. 1034.

Brierly, J. L.: The Law of Nations, 6. A., Oxford, 1963.

Brital, O. F.: El Caso Juridico del Avion Secuestrado en Vuelo y Llevado a las Malvinas, Revista Nacional Aeronautica y Especial, No. 294, Buenos Aires, 1966, S. 50.

Brownlie, J.: International Law and the Activities of Armed Bands, 7 J. C. L. Q., 1958, S. 712.

Buergenthal, Th.: Law-Making in the ICAO, New York, 1969.

Calvo, Ch.: Le Droit International Théorique et Pratique, 6 Bände, 5. A., Paris, 1887—1896.

Carjen, P. M.: Projet d'une Juridiction Pénale Internationale, Paris, 1953.

Chauveau, P.: Droit Aérien, Paris, 1951.

Cheng, Bin: The Law of Air Transport, London, 1962.

— Crimes on Board Aircraft, CLP, 1959, S. 177.

— Recent Developments in International Air Law, 9 CLP, 1956.

— The Right to Fly, 42 Grot. Soc., 1957.

— Analogies and Fictions in Air and Space Law, 21 CLP, 1968, S. 137.

Colombos, J. C.: The International Law of the Sea, London, 1962.

Cooper, J. C.: The Right to Fly, New York, 1947.

— National Status of Aircraft, JALC, 1950, S. 292.

Dahm, G.: VR, Bd. I—III, Stuttgart, 1958—1961.

— Zur Problematik des Völkerstrafrechts, Veröffentlichungen des Instituts für Internationales Recht an der Universität Kiel, 1956.

Dean, A. H.: The Second Geneva Conference on the Law of the Sea: The Fight for Freedom of the Seas, 54 AJIL, 1960, S. 752.

Debbasch, Ch.: La zone contigué en droit aérien, in RGA, 1961, S. 249.

Denaro, J. M.: In Flight Crimes, The Tokyo Convention and Federal Judicial Jurisdiction, 35 JALC, No. 2, 1969, S. 171.

Dickinson, E.: Is the Crime of Piracy Obsolete?, 38 Harv. L. Rev., 1924—1925, S. 334.

Donnedieu de Vabres, H.: Introduction à l'Etude du Droit Pénal International, Paris, 1922.

— Les Principes Modernes du Droit Pénal International, Paris, 1928.

Drion, H.: The Council of ICAO as International Legislator over the High Seas, in Studi in onore di A. Ambrosini, Mailand 1957, S. 325.

Dubois, B.: Die Frage der völkerrechtlichen Schranken landesrechtlicher Staatsangehörigkeit, 1955.

Erler, J.: Rechtsfragen der ICAO — Die Internationale Zivilluftfahrtorganisation und ihre Mitgliedstaaten, Diss. Heidelberg, 1966.

Evans, A. E.: Acquisition of Custody over International Fugitive Offenders — Alternations to Extradition: A Survey of United States Practice, 40 BYIL, 1964, S. 77.

— Aircraft Hijacking: It's Cause and Cure, 63 AJIL, 1969, S. 695.

Fauchille, P.: Traité de Droit International Public, Bd. I, Paris, 1922.

— Le domaine aérien et le régime juridique des aérostats, RGDJP 1901, S. 414.

Fenston, J. and *De Saussure*, H.: Conflicts in Competence and Jurisdiction of Courts of Different States to Deal with Crimes Committed on Board Aircraft, McGLJ, 1952, S. 66.

Fenwick, Ch. G.: International Law, New York, 1948.

— Piracy in the Caribbean, 55 AJIL, 1961, S. 426.

Finch, G. A.: Piracy in the Mediterranean, 31 AJIL, 1937, S. 659.

Fitzgerald, G.: The Development of International Rules Concerning Offences and Certain Other Acts Committed on Board Aircraft, CanYIL, Bd. I, 1963, S. 230.

— Offences and Certain Other Acts Committed on Board Aircraft: The Tokyo Convention of 1963, CanYIL, 1964, S. 191.

Fitzmaurice, G.: The Case of the „I'm Alone", 12 BYIL, 1936, S. 82.

— Some Results of the Geneva Conference on the Law of the Sea, ICLQ, 8, 1959.

Forman, B.: International Law of Piracy and the Santa Maria Incident, 15 Judge Advocate General Journal, 1961, S. 143.

Fragali, M.: La legge penale imperante su un aeromovile secondo l'ordinamento italiano, Il Diritto Aereo, No. 27, Rom, 1968, S. 243.

Franck, Th.: To Define and Punish Piracies — the Lesson of the Santa Maria, 36 New York University Law Review, 1961.

Francois, J. P. A.: Sixth Report on the Regime of the High Seas, UN. Doc. No. A/CN 4/79/1954.

Freitas, J.: Jurisdiction over Events Aboard Aircraft, Thesis, Institute of Air and Space Law, McGill University, Montreal, 1962.

Garroz, J.: Die internationale Gesetzgebung für die Luftfahrt über Hoher See, ZLW 1959, S. 3.

Genet, R.: The Charge of Piracy in the Spanish Civil War, 32 AJIL, S. 253.

Gidel, G.: Le Droit International Public de la Mer, Bd. I—III, Le Temps de Paix, Paris, 1932—1934.

Goedhuis, D.: Conflicts of Law and Divergencies in the Legal Regimes of Air Space and Outer Space, RdC, Bd. I, 1963.

Götz, H. N.: Jugoslawischer Flugzeugfall, WdVR II, S. 177.

Gosse, Ph.: The History of Piracy, London, 1934.

Goyard, C.: L'Affaire du „Santa Maria", RGDIP, 1962, S. 123.

Gretschaninow, A. von: Der Plan eines internationalen Abkommens betreffend die Bekämpfung des Terrorismus und die Einrichtung eines internationalen Strafgerichtshofs (1935), 5 ZaöRVR. S. 87 ff.

Green L. C.: The Santa Maria: Rebels or Pirates?, 37 BYIL, 1961, S. 496.

Grotius, H.: De iure belli ac pacis, libri tres, 1625. In deutscher Übersetzung von Walter Schätzel, Tübingen, 1950.

Guerreri, G.: The Status of the Aircraft Commander in Italian und International Law, Thesis, Institute of Air and Space Law, McGill Univ., Montreal, 1961.

Guggenheim, P.: Traité de Droit International Public, Bd. I und II, Genf, 1953—1954.

Hackworth, G. H.: Digest of International Law, 8 Bände, Washington, 1940—1944.

Hall, W. E.: A Treatise on International Law, 8. A. von Pearce Higgins, Oxford, 1924.

Harvard Research on International Law: Draft Convention on Piracy, 26 AJIL, Special Supplement, 1932.

Haucke M.: Piratensender auf See, Diss. Köln, 1968.

Haupt, G.: Der Luftraum, eine staats- und völkerrechtliche Studie, Breslau, 1931.

Heffter, A. W.: Das europäische Völkerrecht der Gegenwart, 1. A., Berlin, 1844.

Hermann, Fr.: Über die Seeräuber im Mittelmeer und ihre Vernichtung — Ein Völkerwunsch an den erlauchten Kongreß in Wien, Lübeck, 1815.

Herndl, K.: Lotusfall, WdVR, II, S. 433.

Hermoso, J. P.: Criminal and Civil Jurisdiction Relating to Aircraft, Thesis, Institute of Air and Space Law, McGill University, Montreal, 1955.

Heydte, A. von der: Haager Luftkriegsregeln von 1923, WdVR II, S. 441.

— Luftkriegsrecht, WdVR II, S. 438.

Hirschberg, R.: Das Problem des internationalen Luftrechts nach den Entwürfen zum neuen Strafgesetzbuch, Niemeyers Zeitschrift f. intern. Recht, Bd. 42, 1930, S. 138.

Hoffmann, G.: Strafrechtliche Verantwortung im Völkerrecht — Zum gegenwärtigen Stand des völkerrechtlichen Strafrechts, Frankfurt und Berlin, 1962.

Honig, J. P.: The Legal Status of the Aircraft, Den Haag, 1956.

Hoog, G.: Die Genfer Seerechtskonferenzen von 1958 und 1960, Frankfurt und Berlin, 1961.

Hudson M. O.: International Legislation, Bd. 1—9, Washington, 1931—1950.

Hyde, Ch. Ch.: International Law Chiefly as Interpreted and Applied by the United States, III Bd., 2. A., Boston, 1947.

Internationale Zivil-Luftfahrt-Organisation

— Luftrechtskonferenz, Tokio, 1963
  1) Dok. 8565-LC/152-1 (Konferenzprotokoll)
  2) Dok. 8565-LC/152-2 (Dokumente)

— Rechtsausschuß, 14. Sitzung, Rom 1962.
  1) Dok. 8302-LC/150-1 (Protokoll).
  2) Dok. 8302-LC/150-2 (Dokumente).

— — Unterausschuß des Rechtsausschusses zur Behandlung der Rechtsstellung von Luftfahrzeugen
  1. Tagung, 1954: Dok. LC/SC „Legal Status" WD 14.
  2. Tagung, Genf. 1956: Dok. LC/SC „Legal Status" WD 23.
  4. Tagung, Montreal, 1958: Dok. LC/SC „Legal Status" WD 63.

— — Unterausschuß des Rechtsausschusses betr. die unbefugte Inbesitznahme von Luftfahrzeugen, Tagungsberichte und Dokumentation, Dok. 8838-LC/157.

— Rechtsausschuß, 17. Sitzung, Montreal, Februar—März 1970
1) Dok. 8865-LC/159.
2) Dok. 8877-LC/161.

Jacchia, R.: Osservazioni sul Tokyo Convention Act 1967, Diritto Aereo, Rom, 1968, S. 105.

— La Convenzione di Tokio 1962 nell'ordinamento italiano, Diritto Aereo, Nr. 29, 1969, S. 1.

Jaenicke, G.: Völkerrechtsquellen, WdVR, Bd. III, S. 766.

Jennings R. Y.: The Progressive Development of International Law and its Codification, 24 BYIL, 1947, S. 301.

Jeschek H.: Die an Bord von Luftfahrzeugen begangenen Straftaten, Deutsche Beiträge zum VII. Internationalen Strafrechtskongreß, Athen, 26. 9.—2. 10. 1957, S. 195.

— Die Entwicklung des Völkerstrafrechts nach Nürnberg, Schweizer Zeitschrift für Strafrecht, Nr. 72, 1957.

— Strafrecht, Internationales, WdVR, Bd. III, S. 396.

— Völkerstrafrecht, WdVR, Bd. III, S. 781.

— Zur Reform der Vorschriften des StGB über das internationale Strafrecht, Internationales Recht und Diplomatie, 1956, S. 75 ff.

Jessup, P. C.: The Law of Territorial Waters and Maritime Jurisdiction, New York, 1927.

— A modern Law of Nations, New York, 1950.

— The Geneva Conference on the Law of the Sea: A Study in International Law Making, 52 AJIL, 1958.

— Transnational Law, New York, 1956.

— The UN Conference on the Law of the Sea, 59 Columbia Law Review, 1959, S. 265.

Juglart, M. de: Les Infractions Commises à Bord des Aéronefs dans la Doctrine Internationale, Extrait, RFDA, No. 2 und 3, Paris, 1960.

Kamminga, M. S.: The Aircraft Commander in Commercial Air Transportation, Den Haag, 1953.

Karanikas, D.: Les Infractions Commises à Bord des Aéronefs et leurs Conséquences, RIDP, 27e année, 1957, S. 467.

Katzenbach de Belleville, N.: Conflicts on an Unruly Horse: Reciprocal Claims and Tolerances in Interstate and International Law, 65 Yale LJ, 1956, S. 1087.

Kelsen, H.: Théorie Générale du Droit International Public, RdC, 1932, S. 120.

— General Theory of Law and State, Cambridge (Mass.), 1949.

— Principles of International Law, New York, 1952.

Kenny's Outlines of Criminal Law, 18 A. bearb. von J. W. Cecil Turner 1962, 19. Aufl. 1966.

Klein, Fr.: Krieg und völkerrechtliche Verträge, in WdVR II, S. 321.

Knackstedt, H: Kombattanten, WdVR II, S. 259.

Knauth, A.: Aviation and Shipping Considerations of the Relations Between Aircraft and Vessels, 1 Air Law Review, 1930, S. 425.

— Aircraft Commander in International Law — Citeja Draft of Convention, 14 Air Law & Com., 1947, S. 157.

— Crime in the High Air, A Footnote to History, 25 Tulane Law Report, 1951, S. 446.

— Status of Aircraft with Reference to Criminal Law for Aircraft, 48 ILA Report, New York Conference, 1958.

— Collected Maritime Conventions, New York, 1957.

Kohlhaas, M.: Die Straf- und Bußgeldvorschriften des deutschen Luftverkehrsgesetzes, ZLW, 1961, S. 159.

La Pradelle, P. de: Les Frontières de l'Air, RdC, 1954, S. 121.

— Le détournement d'aéronefs et le droit international, RGA, No. 3, Paris, 1969.

— L'Enlévement aérien des chefs Fellagha, RGA, 1956, S. 235.

Lauterpacht, H.: Insurrection et piraterie, 46 RGDIP, 1939, S. 513.

— The Function of Law in the International Community, Oxford, 1933.

— Codification and Development of International Law, 49 AJIL, 1955, S. 16.

Lawrence, T. J.: The Principles of International Law, 7. A., London, 1927.

Ledebur, L.: La Recourse sur les Pirates, Leyden, 1931.

Lee, L. T.: Jurisdiction over Foreign Merchant Ships in the Territorial Sea, 55 AJIL, 1961, S. 77.

Lemoine, M.: Traité de Droit Aérien, Paris, 1947.

Lewin, D. B. (Hrsg.): Völkerrechtslehrbuch, Berlin, 1967.

Lissitzyn, O.: The Treatment of Aerial Intruders in Recent Practice and International Law, 47 AJIL, 1953, S. 559.

Liszt, Fr. von: Völkerrecht, 12. A., bearb. v. M. Fleischmann, Berlin, 1925.

Lopez-Gutierrez, J.: Should the Tokyo Convention of 1963 be Ratified?, 31 JALC, 1965, S. 1.

Lorimer, J.: Principes de droit international (Institutes of the Law of Nations), Traduit de l'anglais par Ernest Nys, Brüssel u. Paris, 1885.

Maciel, R. N.: Desviación compulsiva de aeronaves en vuelo, Revista Aereo-Aero-espacio, Buenos Aires, April 1969.

Makarov, A.: Staatsangehörigkeit, WdVR, Bd. III, S. 323.

Mankiewicz, R.: Le Droit Pénal de l'Aviation, 4 McGLJ, 1957, S. 13.

— Aspects et problèmes du Droit Pénal de l'Aviation Internationale, Annuaire Francais de Droit International, 1958, S. 112.

Mapelli Y Lopez, E.: Consideraciones Sobre la Extorsion de Aeronaves, Arbeit vorgelegt dem 5. Congreso Penal y Penitenciario Ibero-Americano Y Filipino, 4.—6. Sept. 1969, La Coruna (Spanien).

Martens, H. L.: Das Recht der Nacheile zur See, Grömitz, 1937.

Martial, J. A.: State Control of the Air Space over the Territorial Sea and the Contiguous Zone, Can. Bar Rev. 1952, S. 244.

Massin, J.: La Poursuite en Droit Maritime, Paris, 1937.

Matteesco M.: Traité de Droit Aérien-Aéronautique, 2. A., Paris, 1964.

McDougal, M./*Burke*, W./*Vlasic*, I.: The Maintenance of Public Order at Sea and the Nationality of Ships, 54 AJIL. 1960, S. 25.

McDougal, M./*Burke*, W.: The Public Order of the Oceans, New Haven und London, 1962.

McDougal, M./*Laswell*, H./*Vlasic*, I.: Law and Public Order in Space, New Haven und London, 1963.

McNair, A.: The Law of the Air, 3. A., London, 1964.

McWhinney, E. und *Bradley*, M. (Hrsg.): The Freedom of the Air, Leyden, 1968.

Meijers, H.: The Nationality of Ships, Den Haag, 1967.

Menzel, E.: Völkerrecht, München und Berlin, 1962.

Meyer, A.: Freiheit der Luft als Rechtsproblem, Zürich, 1944.

— Strafbare Handlungen an Bord von Luftfahrzeugen im Hinblick auf den Bericht des Unterausschusses des „Legal Committee" der ICAO. ZLR 1957, S. 170.

— Strafbare Handlungen an Bord von Luftfahrzeugen, Generalbericht, VII. Internationaler Strafrechtskongreß Athen (1957), ZLR 1958, S. 87.

— Bemerkungen zu dem Münchner Entwurf des Rechtsausschusses der ICAO betr. ein Abkommen über strafbare und best. andere Handlungen an Bord von Luftfahrzeugen, ZLR, 1960, S. 150.

— Luftrecht in fünf Jahrzehnten, Köln, 1961.

— Straftaten im Weltraum, Jahrbuch der Rechts- und Wirtschaftswissenschaftlichen Fakultät, Bd. 14, Thessaloniki, 1966.

— Luftpiraterie als Rechtsproblem — Die Suche nach international bindenden Regelungen, ZLW, 1969.

— Staatshoheit im Luftraum und die Entwicklung im Weltraum, ZLW 1965, S. 303.

Meyer-Lindenberg, H.: Die Menschenrechte im Völkerrecht, Berichte der Deutschen Gesellschaft für Völkerrecht, Heft 4, 1961, S. 84.

Mezger, E.: Strafrecht, 2. A., München und Leipzig, 1933.

Mössner, J.: Die Völkerrechtspersönlichkeit und die Völkerrechtspraxis der Barbareskenstaaten, Berlin, 1968.

Molloy, Ch.: De Jure Maritimo et Navali 1676, 9. A., 1769.

Moore, J. B.: A Digest of International Law, Bd. II, Washington, 1906,

Moritz, G.: Kriegslist, WdVR II, S. 349.

Morpurgo, E.: Quelques considérations sur les conflicts internationaux de juridiction en matière pénale aéronautique, 12 Révue Juridique internationale de la locomotion aérienne, 1928, S. 397.

Mosler, H.: Die Erweiterung des Krieges der Völkerrechtssubjekte, Berichte der Deutschen Gesellschaft für Völkerrecht, Heft 4, 1961, S. 39.

Mosler, H.: Die Konferenz zur Internationalen Bekämpfung des Terrorismus (November 1937), 8 ZaöRVR (1938), S. 99.

Moursi, F. K.: Jurisdiction over Acts and Occurences on Board Aircraft, Thesis, Institute of Air and Space Law, McGill University, Montreal, 1955.

Mueller, G. (Hrsg.): International Criminal Law, South Hackensack (New Jersey) und London, 1965.

Müller, A.: Die Piraterie im VR, Diss. Leipzig, 1929.

Müller, R.: Das Flaggenrecht von Schiffen und Luftfahrzeugen nach Völkerrecht und Landesrecht, Abhandlungen und Mitteilungen aus dem Seminar für Öffentliches Recht an der Universität Hamburg, 1926.

Münch, Fr.: Die Internationale Seerechtskonferenz in Genf 1958, Arch. VR (59/60), S. 180.

— Die zweite internationale Seerechtskonferenz 1960 (Arch. VR (60/61), S. 59.

— Nacheile, WdVR, Bd. II, S. 560.

Münch, I. von: Das völkerrechtliche Delikt in der modernen Entwicklung der Völkerrechtsgemeinschaft, Frankfurt/Main, 1963.

Murchison, J.: The Contiguous Air Space Zone in International Law, Ottawa, 1956.

Nussbaum, A.: A Concise History of the Law of Nations, 2. A., 1954, Deutsche Übersetzung 1960.

O'Higgins, P.: Unlawful Seizure and Irregular Extradition, 36 BYIL, 1960 S. 279.

Oppenheim, L./*Lauterpacht*, H.: International Law, Bd. I, 8. A., London/New York/Toronto, 1955.

Ortolan, T.: Règles Internationales et Diplomatiques de La Mer, Bd. I, Paris 1845.

Papathanassiou, Ph. S.: Les Infractions Commises à Bord des Aéronefs et leurs Conséquences, RIDP, 1957, S. 418.

Partsch, K. J.: Individuum im Völkerrecht, WdVR, Bd. II, S. 12.

Pella, V.: La Repression de la Piraterie, 15 RdC, 1926, S. 149.

— La Codification du Droit Pénal International, RGDIP, No. 3, 1952.

Perels, F.: Das internationale öffentliche Seerecht der Gegenwart, 2. A., Berlin, 1903.

Peterson, E. A.: Aircraft Piracy, JALC, 1964, S. 292.

Politis, N.: Les nouvelles tendances du droit international public, Paris, 1927.

Poulantzas, N.: The Right of Hot Pursuit, especially under the Geneva Convention, Den Haag, 1959.

— The Right of Hot Pursuit in International Law, Leyden, 1969.

Pourcelet, M.: La capture illicite d'aéronefs (Hijacking), RGA, No. 3, Paris, 1969, S. 269.

Pontavice, E. du: La piraterie aérienne: notion et effets, RGA, No. 3, Paris, 1969, S. 276.

Pulsifer, R. u. *Boyle*, R. P.: The Tokyo Convention on Offenses and Certain Other Acts Committed on Board Aircraft, 30 JALC, 1964, S. 305.

Remec, P.: The Position of the Individual in International Law according to Grotius and Vattel, Den Haag, 1960.

Reuter, P.: Droit International Public, Paris, 1959.

Riese, O.: Luftrecht, Stuttgart, 1949.

— Internationalprivatrechtliche Probleme auf dem Gebiet des Luftrechts, ZLR, 1958, S. 271.

Riese, O., und *Lacour*, J. T.: Précis de Droit Aérien, Paris, 1951.

Rinck, G.: Luftrecht, WdVR Bd. II, S. 442.

Ritchie M.: Crimes Aboard Aircraft, Thesis, Mc Gill University, Montreal, 1958.

Rosswog, E.: Das Problem der Vereinbarkeit des aktiven und passiven Personalgrundsatzes mit dem Völkerrecht, Bonn, 1965.

Rousseau, Ch.: Droit International Public, Paris, 1953.

Rudolf, A.: Die Ahndung fliegerischer Verstöße gegen die Sicherheit und Ordnung im zivilen und militärischen Luftverkehr, ZLW, 1962, S. 206.

— Die Strafnormen zum Schutz des Luftverkehrs im Entwurf des neuen Strafgesetzbuches, ZLW 1968, S. 11.

Ruhwedel, E.: Die Rechtsstellung des Flugzeugkommandanten im zivilen Luftverkehr, Schrifttum z. deutschen und europäischen Zivil-, Handels- und Prozeßrecht, Bd. 27, Bielefeld, 1964.

Sand, P./*Pratt*, G./*Lyon*, J.: An Historical Survey of the Law of Flight, Institute of Air and Space Law, McGill University, Montreal, 1961.

Sandiford, R.: Evolution du droit de la guerre maritime et aérienne, 68 RdC, II, 1939, S. 561.

Sauer, E.: Grundlehre des Völkerrechts, Berlin, 1955.

Sauer, W.: System des Völkerrechts, Bonn, 1952.

Scelle, G.: Précis du droit des Gens, Bd. I, Paris, 1932.

Schaerer, F.: Les Infractions Commises à Bord des Aéronefs et leurs Conséquences, RIDP, 27e année, S. 446.

Schaps, G./*Abraham*, H. J.: Das deutsche Seerecht, Kommentar, Bd. I, 3. A., Berlin, 1959.

Scheuner, U.: Seekriegsrecht, WVR, Bd. III, S. 229.

— Völkerrechtsgeschichte, WVR, Bd. III, S. 680.

Schleicher/Reymann/Abraham: Das Recht der Luftfahrt, 3. A., Frankfurt/Main, 1960.

Schlikker, G.: Die völkerrechtliche Lehre von der Piraterie und der ihr gleichgestellten Verbrechen, Diss. Erlangen, Leipzig 1907.

Schlochauer, H. J.: Die Einwirkung des Krieges auf den Bestand völkerrechtlicher Verträge, DRZ 1, 1946, S. 161.

Schmid, J.: Partisanen, WdVR II, S. 744.

Schmidt-Räntsch, G.: Die internationale Luftrechtskonferenz in Tokio 1963 und das Abkommen über strafbare und bestimmte andere Handlungen an Bord von Luftfahrzeugen, in Meyer, A., Internationale Luftfahrtabkommen, Bd. V, 1964, S. 330.

— Die Internationale Luftrechtskonferenz in Den Haag und das Abkommen zur Bekämpfung der widerrechtlichen Inbesitznahme von Luftfahrzeugen, ZLW 1971, S. 63.

Schmitt, C.: Der Begriff der Piraterie, Völkerbund und Völkerrecht, 1937/38, S. 351.

Schnorr von Carolsfeld, L.: Straftaten in Flugzeugen, zugleich ein Beitrag zum deutschen Strafrecht, Erlanger Forschungen, Reihe A, Geisteswissenschaften, Bd. 18, Erlangen, 1965.

Schröder, H.: Die Teilnahme im internationalen Strafrecht, zugleich ein Beitrag zur Lehre vom Geltungsbereich des deutschen Strafrechts, ZSTW 61, 1941, S. 57.

Schulte, H.: Die „billigen Flaggen" im Völkerrecht, Abhandlungen der Forschungsstelle für Völkerrecht und ausl. öffentl. Recht der Universität Hamburg, Bd. XI, Frankfurt/Main und Berlin, 1962.

Schwarzenberger, G.: The Problem of an International Criminal Law, CLP, 1950, S. 263.

— International Law, Bd. I, 3. A., 1957 und 5. A., London, 1967.

Schwenk, W.: Grundlagen für die Verleihung der Staatszugehörigkeit an Luftfahrzeuge, ZLW 1965, S. 195.

— Zum räumlichen Geltungsbereich des deutschen Luftrechts, ZLW 1970, S. 125.

Scrimali, A.: Natur und Grundlage der Rechtsverbindlichkeit des VR unter besonderer Berücksichtigung der Wirksamkeit der internationalen Verträge und Übereinkommen für jene Staaten, die nicht an ihrer Gestaltung teilgenommen haben, 21 ZöR, 1941, S. 190.

Seidl-Hohenveldern, I.: Völkerrecht, Köln-Berlin-München-Bonn, 1965.

— Der deutsche Festlandsockel und die Bundesländer, Festschrift für H. Jahrreiß, Köln-Berlin-Bonn-München, 1964, S. 395.

— Transformation or Adoption of International Law into Municipal Law, 12 ICLQ, 1963, S. 88.

— Völkerrechtswidrige Akte fremder Staaten vor innerstaatlichen Gerichten, Festschrift 150 Jahre Carl Heymanns Verlag KG, Köln-Berlin-Bonn-München, 1965, S. 591.

— Zum Verhältnis vom VR zum innerstaatlichen Recht, JuS 1961, S. 15.

Shawcross & Beaumont on Air Law, 3. A., neu bearbeitet von Keenan, A./ Lester, A./Martin, P., London, 1966.

Shigemi, Y.: Strafbare Handlungen an Bord von Luftfahrzeugen und ihre Folgen, ZLR 1958, S. 55.

Sidou, J. M.: Convecao de Toquio sobre infracoes e certos outros atos cometidos a bordo de aeronaves, Revista Brasileira de Dereito Aeronautico Rio de Janeiro, Juli—Dez. 1963, S. 41.

Slotemaker, L. H.: Freedom of Passage for International Air Services, Leyden, 1932.

Smith H. A.: The Law and Custom of the Sea, 3. A., London, 1959.

Soder, J.: Die Idee der Völkerrechtsgemeinschaft, Frankfurt/Main, Berlin, 1913.

Sörensen, M.: „Pirate" Broadcasting from the High Seas, Festschrift für F. Castberg, Kopenhagen-Stockholm, 1963, S. 319.

— Principes de Droit International Public, 101 RdC, III, 1960, S. 4.

Soulsby, H.: The Right of Search and the Slave Trade in Anglo-American Relations, 1933.

Spaight, M.: Aircraft in Peace and the Law, New York, 1919.

Spiropoulos, J.: L'individu en droit international, Paris, 1928.

Stalder, Fr.: Die Luftpiraterie in rechtlicher Sicht, ZLW Nr. 3, 1969, S. 151.

Starke, J. G.: An Introduction to International Law, 4. A., London, 1958.

Stephen, J. E.: Going South — Air Piracy and Unlawful Interference with Air Commerce, Artikel für die American Bar Association, Section of International and Comp. Law, Washington, 13. 8. 1969.

Stephen, J. F.: A Digest of Criminal Law, 9. A., bearb. v. L. F. Sturge, London, 1950.

Stiel, P.: Der Tatbestand der Piraterie nach geltendem Völkerrecht, Leipzig, 1905.

Stier-Somlo, Fr.: Die Freiheit der Meere und das Völkerrecht, Leipzig, 1917.

Strebel H.: Widerstandsbewegung, WdVR III, S. 841.

— Kriegsgefangene, WdVR II, S. 343.

Strupp, K.: Wörterbuch des Völkerrechts und der Diplomatie, begonnen von J. Hatschek, 3 Bände, Berlin und Leipzig, 1924.

— Das völkerrechtliche Delikt, Berlin-Stuttgart-Leipzig, 1920.

Strupp-Schlochauer: Wörterbuch des Völkerrechts, begründet von K. Strupp, völlig neu bearbeitete 2. A., 3 Bände, Berlin, 1960 und 1962.

Tapia Salinas, L.: El apoderamiento ilicito de una aeronave. Trabajo presentado en la Confederaciòn Interamericana de Transporte Aéreo, Quito, 1969.

Testa, S. C.: Le Droit International Maritime, Paris, 1886.

United Nations Conference on the Law of the Sea, Geneva 24. 2—27. 4. 1958, Official Records:

Bd. I: Preparatory Documents A/Conf. 13/37

Bd. II: Plenary Meeting Summary Record of Meetings and Annexes A/Conf. 13/38

Bd. IV: 2nd Committee (High Seas: General Regime) Summary Records of Meetings and Annexes A/Conf. 13/40.

United Nations International Law Commission, Report, 1956, G. A. 11/Supplement No. 9, A/3159.

United States — Aircraft Piracy, Preliminary Report of the Committee on Interstate and Foreign Commerce, House of Representatives, 91st Congress, 1st Session, House Report No. 91—33, Washington, 1969.

Valay, M. E.: Le déroutement des aéronefs, RGA, No. 3 1969, S. 340.

Valladao, H.: La Piraterie Aérienne, nouveau délit international, RGA, No. 3, 1969, S. 261.

Verdross, A.: Völkerrecht, 5. A., unter Mitarbeit von Verosta, St. und Zemanek, K., Wien, 1964.

Verplaetse, J.: International Law in Vertical Space, South Hackensack (New Jersey), 1960.

Villamin, M.: Piracy and Air Law, Diss. Montreal, 1962.

Visscher, Ch. de: Coutûme et traité en droit international public, RGDIP, 59, 1955.

— Le Règlement des Compétences Pénales en Droit Aérien (Rapport présenté en Sept. 1937 à l'Institut de Droit International, Luxembourg), 6 Rev. Int. Droit Aé, 1937, S. 329.

Vollmar, S.: Das Durchsuchungsrecht in Friedenszeiten aus Gründen des Selbstschutzes, Diss. Bonn, 1966.

Weber, H. von: Zum Bericht des Unterausschusses des Rechtsausschusses der ICAO über die Bestrafung der an Bord von Luftfahrzeugen begangenen strafbaren Handlungen, ZLR, 1957, S. 162.

— Internationales Luftstrafrecht, Festschrift für Theodor Rittler, 1957, S. 111.

— Terrorismus, WdVR, S. 439.

Wengler, W.: Völkerrecht, Bd. I-III, Berlin-Göttingen, Heidelberg, 1964.

Westerburg, W.: Die Polizeigewalt des Luftfahrzeugkommandanten, Rechtsvergleichende Untersuchungen zur Gesamten Strafrechtswissenschaft, Heft 28, Bonn, 1961.

Wessels, H.: Weltraumrecht, in WdVR III, S. 831.

Westlake, J.: International Law, Peace, 2. A., Cambridge, 1910.

Wheaton, H.: Elements of International Law, London, 1866.

Zwanenberg, A. van: Interference with Ships on the High Seas, 10 ICLQ, 1961, S. 785.

FSC
www.fsc.org
MIX
Papier | Fördert gute Waldnutzung
FSC® C083411

Kolibri 360 GmbH
Ferdinand-Jühlke-Straße 7
99095 Erfurt, Deutschland
produktsicherheit@kolibri360.de

Druck:
CPI Druckdienstleistungen GmbH
im Auftrag der
Kolibri 360 GmbH
Ferdinand-Jühlke-Str. 7
99095 Erfurt